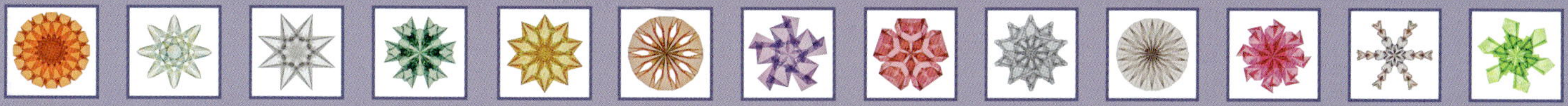

Frédérique Guéret

Magische Fenstersterne

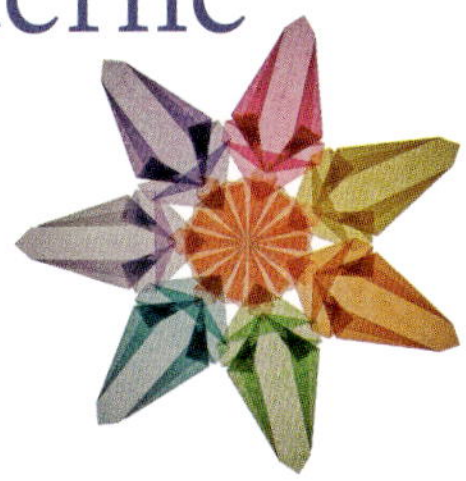

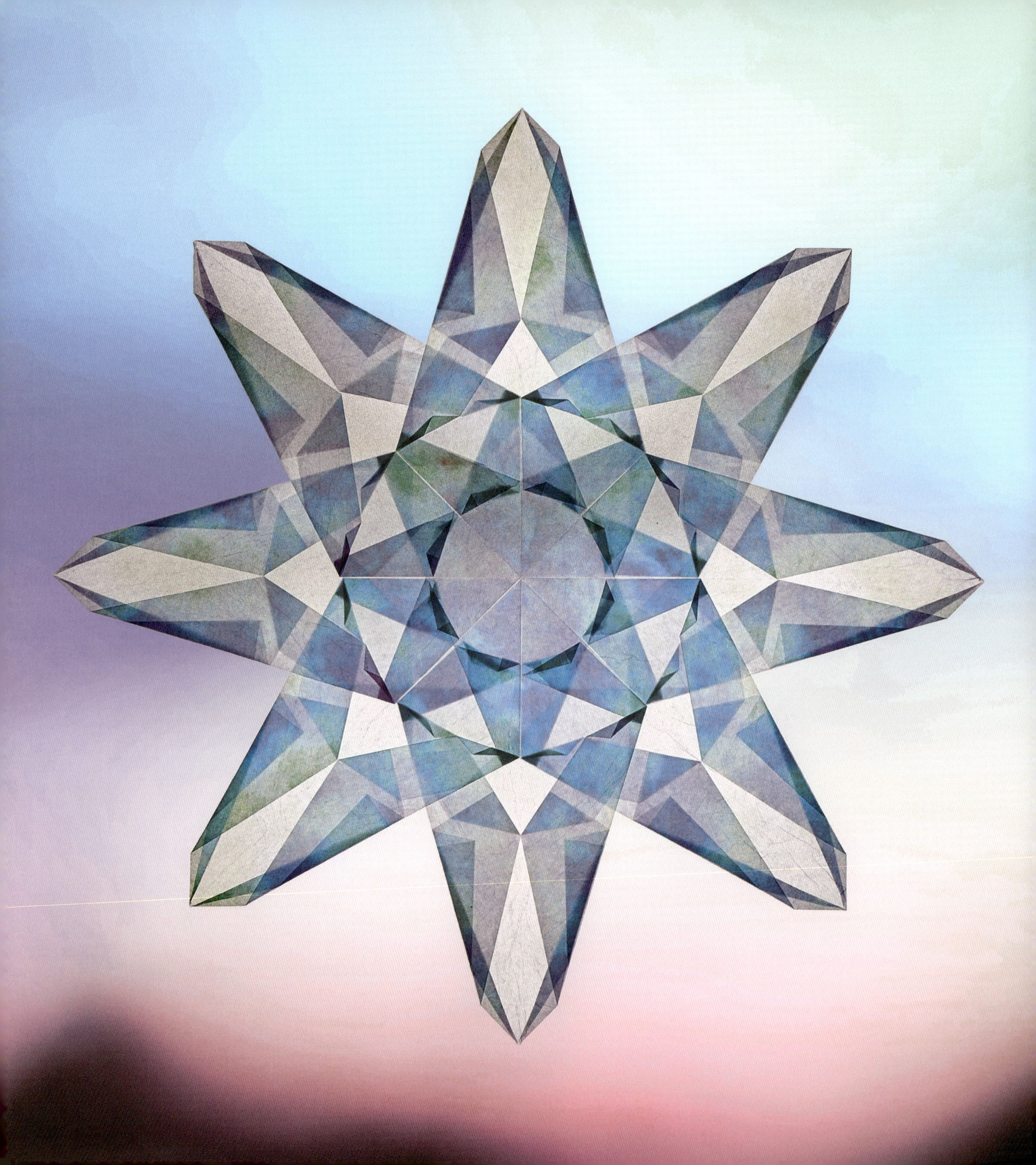

Frédérique Guéret

Magische Fenstersterne

aus Seidenpapier

Verlag Freies Geistesleben

Frédérique Guéret geboren 1949 in Aix-les-Bains, war bis 1980 in einer Pariser Werbeagentur tätig. Danach lebte sie in Nürnberg, heute wohnt sie in Stuttgart, wo sie eine Mal- und Zeichenausbildung absolvierte. Aus ihren vielseitigen Interessen heraus entwickelte sie eine eigene, lebendige Methode in der Faltkunst mit Seidenpapier. Weitere ihrer besonderen Fenstertransparente veröffentlichte sie in den Büchern *Leuchtende Fenstersterne*, *Zauberhafte Fenstersterne* und *Funkelnde Fenstersterne*.

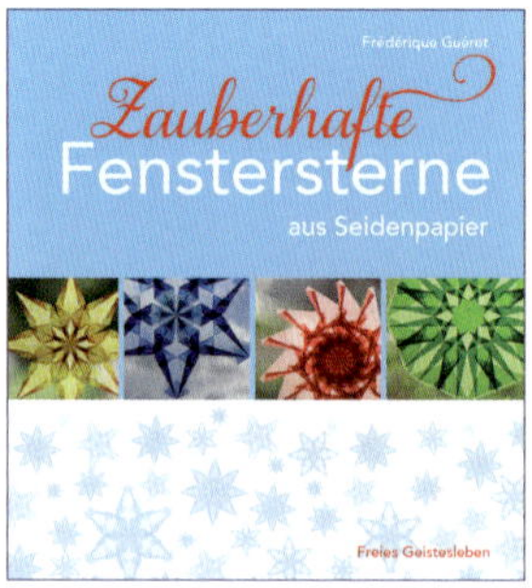

ISBN 978-3-7725-2934-4

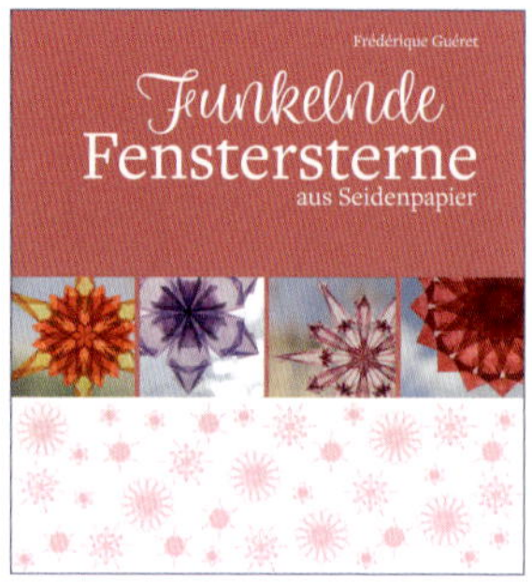

ISBN 978-3-7725-2263-7

1. Auflage 2021

Verlag Freies Geistesleben
Landhausstraße 82, 70190 Stuttgart
www.geistesleben.com

ISBN 978-3-7725-3144-6

Fotos: Jürgen Pfeiffer
Zeichnungen: Frédérique Guéret
Gestaltung & Satz: Bianca Bonfert
Druck: GPS Group
Printed in Europe

FSC www.fsc.org MIX Papier aus verantwortungsvollen Quellen FSC® C118234

Inhalt

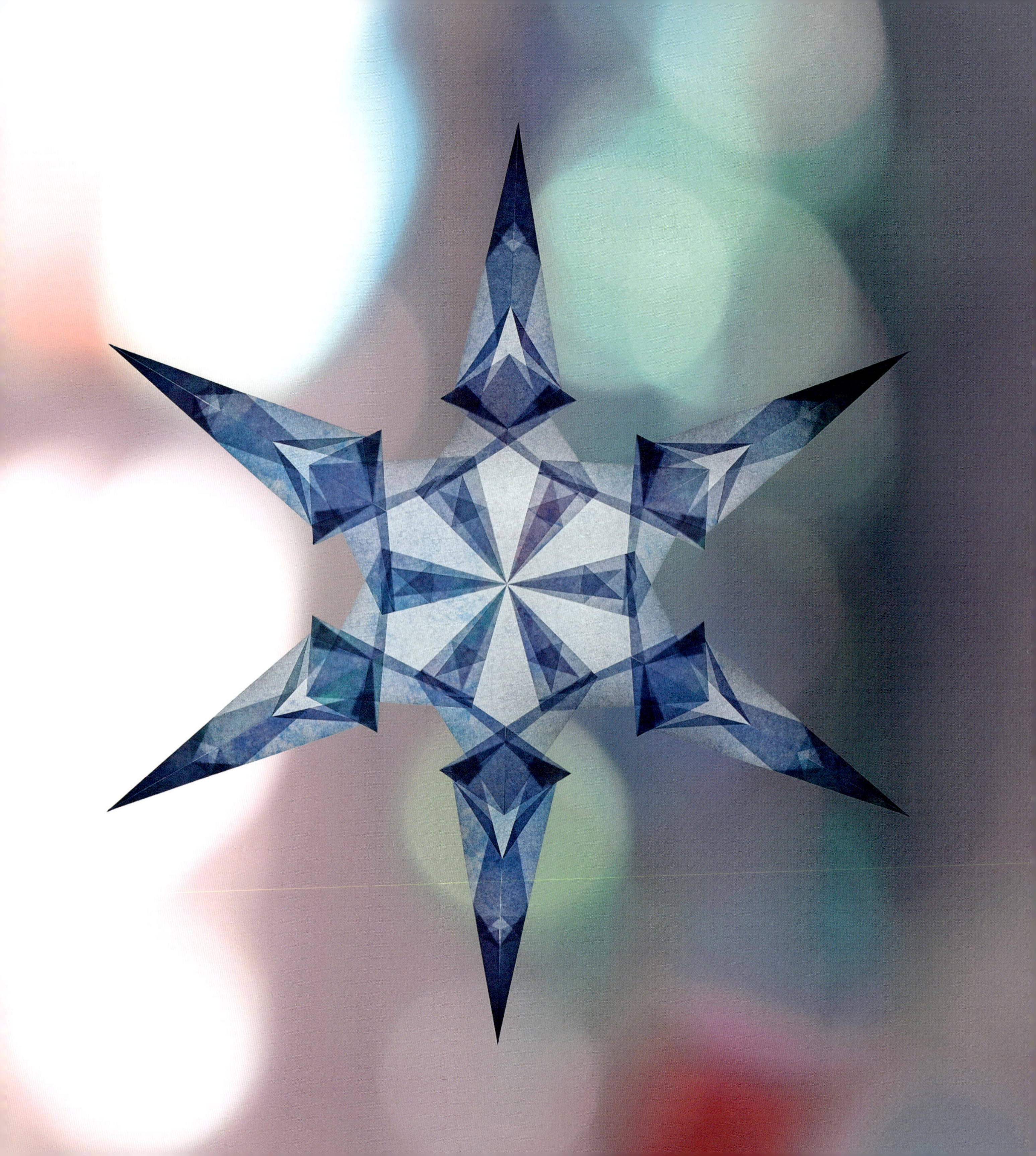

Vorwort

Das vorliegende Buch zeigt zahlreiche Möglichkeiten der Faltkunst mit dem feinen Material des Seidenpapiers und erläutert, wie Sie fantasievoll und schöpferisch leuchtenden Fensterschmuck in verschiedensten Variationen herstellen können. Die Darstellung ergänzt und erweitert die vielfältigen Angebote in meinen vorigen Büchern: *Leuchtende Fenstersterne, Funkelnde Fenstersterne* und *Zauberhafte Fenstersterne* (alle im Verlag Freies Geistesleben erschienen). Ich lade Sie, liebe interessierte Leserinnen und Leser, liebe begeisterte Bastlerinnen und Bastler, zu einer weiteren Reise in die besondere Welt meiner Fenstertransparente ein: in eine Welt voller Sterne, Sonnen, Blüten und Schneekristalle.
Sie werden, wie in meinen anderen Büchern auch, eine reiche Auswahl an lebendigen Faltmöglichkeiten finden. Manche besonderen Transparente – eher für Fortgeschrittene geeignet – zeigen einige erfinderische Kunstgriffe, die an und für sich einfach sind, sich manchmal jedoch nur komplizierter erklären lassen, weil sie aus der fließenden Bewegung und der wandelbaren Metamorphose der Falttätigkeit entstanden sind. Nichtsdestoweniger war ich bei den Handzeichnungen wiederum sehr bemüht, die detaillierten Schritte und den Weg bis zum freudigen Ergebnis verständlich zu beschreiben. Allerdings gilt auch hier, wie für alle Bereiche des Lebens: Ohne Fleiß kein Preis! Die Faltsterne aus Seidenpapier gelingen mit spielerischem Vorüben und ruhiger Konzentration, mit Fingerspitzengefühl, Ausdauer und Exaktheit … Sie rufen Staunen hervor und verlangen die stetige Liebe zum Detail. Ganz klar: das ist eine echte innere Schulung!

Das lebendige Interesse für die verschiedensten Handarbeiten erwachte in mir bereits in meiner frühen Kindheit. Meine Eltern leiteten damals im Béarn (in den Pyrenäen) ein Erholungsheim für kleine Kinder. Wir lebten mit dem Rhythmus der Jahreszeiten und Feste inmitten der wunderbaren Natur und der Berglandschaft. Natürlich wurden während der Advents- und Weihnachtszeit Fenster und Türen reich dekoriert. Ein Zauberhauch erfüllte das ganze Haus und sorgte für eine ganz besondere Atmosphäre; für Kinderaugen war alles in eine magische, wunderschöne Stimmung getaucht. Die mit Silberpapier geschmückten Fensterscheiben des Kindergartens, die eine Fülle von Sternen-, Kometen- und Mondmotiven zeigten, hinterließen einen unvergesslichen Eindruck in mir.

Als ich sehr viel später zum ersten Mal einen leuchtenden Fensterstern sah, war ich davon ganz beeindruckt, und die Erinnerungsbilder meiner Kindheit tauchten wieder in mir auf. Ich war vom Wechselspiel der Formen, Farben und des Lichts so begeistert, dass ich damit anfing, verschiedene klassische Modelle nachzufalten. Aber ich bemerkte bald, dass die Sternmitte meistens ziemlich dicht und undurchlässig blieb. So erwachte in mir das Bedürfnis, mit anderen Formen zu improvisieren, sodass vom Inneren des Sterns aus eine besondere Aufhellung ausgehen konnte. Dadurch wurde es mir möglich, erstaunliche Gebilde zu gestalten, die eine dynamischere Wechselwirkung zwischen Licht und Schattierungen hervorzauberten. Der Wunsch nach mehr Bewegung beim Falten beflügelte mich ständig aufs Neue, spielerisch kreativ zu werden.

Dennoch beruht diese neu entwickelte Falttechnik immer auf einem logischen Prozess des Aufbaus. Genaue Anleitungen mit detaillierten Zeichnungen führen Sie Schritt für Schritt zu dem fertigen Stern aus Seidenpapier. Exaktes Falten und innere Ruhe sind die besten Voraus-

setzungen dafür, dass die zarten Gebilde auch zu Ihrer Zufriedenheit ausfallen. Durch das Experimentieren mit Farben, wie es auf S. 16f. beschrieben ist, können Sie die Lichtwirkung der Transparente zusätzlich vertiefen und variieren.
Die dem Titel der Gebilde jeweils hinzugefügten Sternchen (siehe auch das Inhaltsverzeichnis, S. 6f.) sollen Ihnen eine Orientierung zum Schwierigkeitsgrad des entsprechenden Faltprozesses geben; die Bandbreite reicht von einem Stern für Anfänger (etwa dem «Gezackten Sonnenrad») bis zu fünf Sternen (der «Winterrosette») für wahre Könner und ausdauernde Bastler (siehe die Zeichenerklärung S. 15).
Mögen diese neuen poetischen und anmutigen Fenstertransparente Sie durch das ganze Jahr begleiten und ein heilsames Licht ausstrahlen! Und möge ihre magische Ausstrahlung Ihnen Freude bringen!

Frédérique Guéret

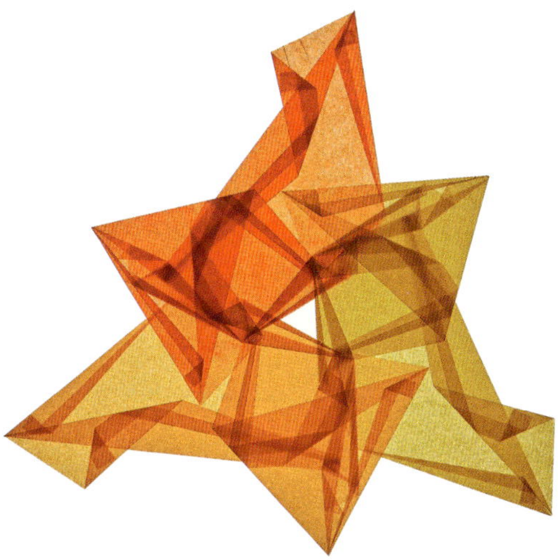

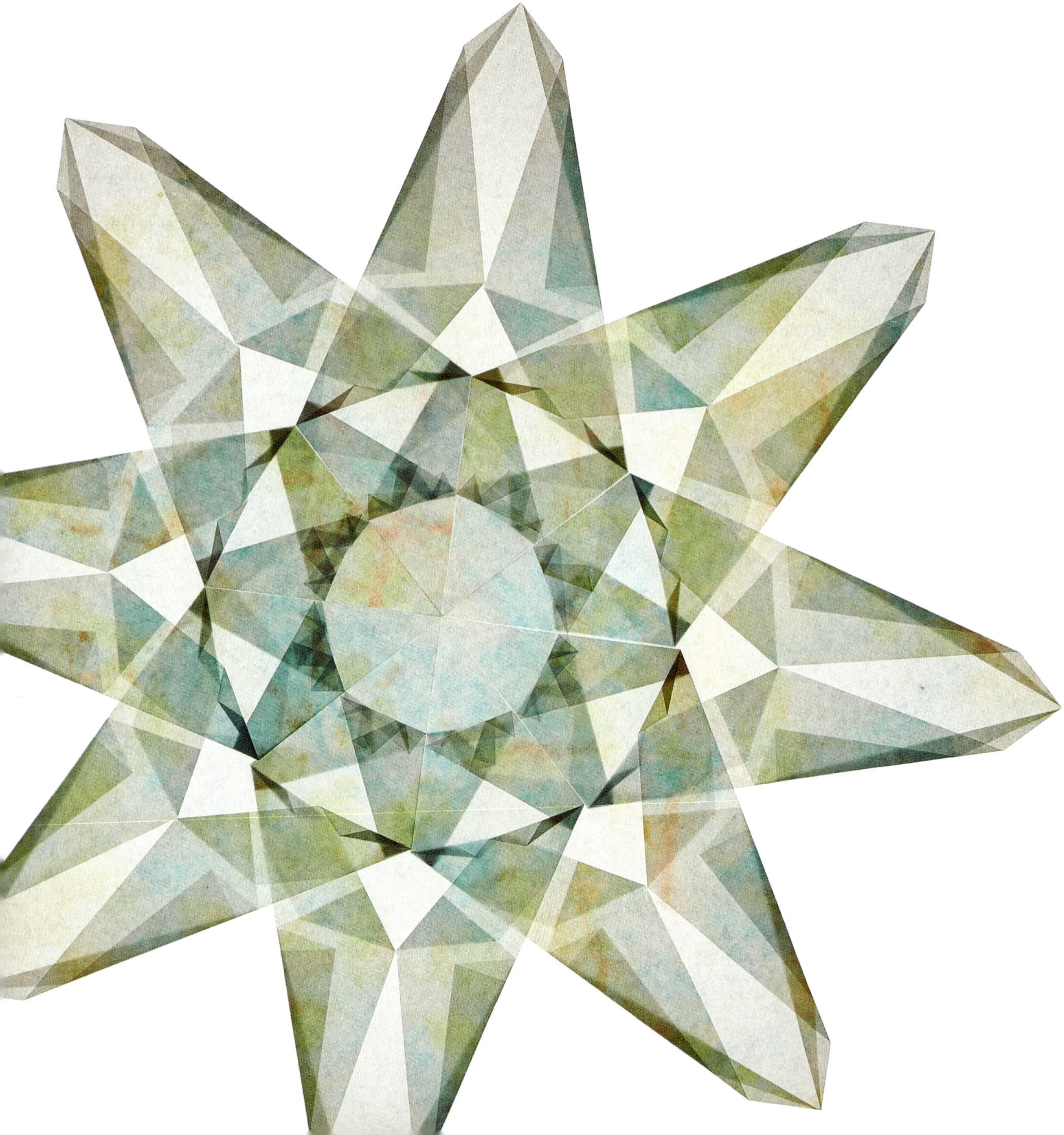

Benötigtes Material

Um die hier vorgestellten eindrucksvollen Farbspiele aus Papier zu gestalten, brauchen Sie nur wenig Material.

Das **Seidenpapier** – auch Blumenseide genannt – ist extrem lichtdurchlässig. Es wird im üblichen Standardformat 50 x 70 cm in Einzelblättern oder als Set angeboten. Vorsichtshalber sollten Sie immer prüfen, ob Ihre Blattgröße mit diesem Ausgangsformat übereinstimmt. Wenn sie doch etwas länger ist, so reduzieren Sie sie auf 70 cm. Diese Größe ist für ein bequemes Zuschneiden der Schnitte ohne extra Ausmessungen entscheidend. Dagegen ist die Größe DIN A4 für unsere Zwecke gar nicht geeignet!

Die Farbskala ist reich, je nach Hersteller werden Sie feine Unterschiede sowohl in der Durchsichtigkeit des Papiers als auch in den farbigen Nuancen feststellen können. Es empfehlen sich vor allem die helleren Farben, sowohl die kalten als auch die warmen Abstufungen.

Um zusätzliche farbige Effekte zu erzielen, lesen Sie das Kapitel «Wie Sie das Seidenpapier beleben können» (siehe S. 16f.)

Für das Zuschneiden der Faltbögen und der einzelnen Schnitte brauchen Sie ein **Messer** mit langer, glatter, spitz zulaufender Klinge. Es ist auch ein wichtiges Hilfswerkzeug, um beim Faltprozess feinere Falten zu bilden und zu glätten.

Eine kleine **Pinzette** kann gute Dienste leisten, falls Sie eine versteckte Falte hervorziehen sollen.

Um einige Falten sauber und vorsichtig aufzuschlitzen, brauchen Sie eine nackte **Rasierklinge**, die Sie ganz flach verwenden können. Cutter oder andere Schneidewerkzeuge sind dafür nicht geeignet.

Nehmen Sie als Unterlage einen hellen, kräftigen **Karton** und für das Zusammensetzen der einzelnen Schnitte eine glatte, durchsichtige **Plastikfolie** etwa im Format A3.
Ferner brauchen Sie flüssigen **Bastelkleber**, der transparent trocknet.
Für ein sauberes, gezieltes Auftragen des Klebstoffs auf die angegebenen Stellen und für das Zusammenfügen der fertig gefalteten Strahlen benutzen Sie am besten einen langen und dünnen **Holzspieß**. Nach mehrfacher Verwendung können Sie ihn mit dem Messer wieder spitzen.
Für das Aufkleben der Transparente an der Fensterscheibe ist ein einseitiger, durchsichtiger **Klebefilm** von schmaler Breite (12 mm) besonders geeignet.
Eine **Schere** werden Sie manchmal brauchen, um winzig kleine herausragende Ecken abzuschneiden, ein **Lineal** nur zum Nachprüfen.
Für die stimmungsvolle Steigerung der Farben nehmen Sie einen **Pinsel** von mittlerer Größe, einen kleinen **Schwamm** und einen **Föhn** zum schnellen Trocknen.
Nehmen Sie je nach Wunsch **Aquarellfarben** in Näpfchen oder flüssige **Wasserfarben** im Glas (z.B. Tusche Ecoline).

Tipp

Falls Ihnen einige Zeichnungen, die die verschiedenen Faltprozesse erläutern, zu klein sind, können Sie die entsprechenden Abbildungen auf einem Fotokopierer nach Belieben vergrößern.

Zeichenerklärung

* Sehr einfach zu falten

** Einfach zu falten, braucht aber mehr Aufmerksamkeit

*** Weiterhin einfach zu falten, aber mit besonderem Faltvorgang und / oder besonders zusammengesetzt

**** Etwas schwieriger, braucht mehr Fingerspitzengefühl

***** Besonders anspruchsvoll

Ø = Umfang des fertigen Transparents

Z = Zentrum, als Klebepunkt für das Zusammensetzen

S = Spitze der Strahlen

⊙ = Klebepunkt

(•) = Klebepunkt zwischen Grund und erster Papierlage

• = Wichtiger Orientierungspunkt und Klebepunkt zwischen zwei Schnitten für eine besondere Art des Zusammensetzens

◡ = Die Pfeilrichtung deutet auf den Faltvorgang hin

↻ = Falten und wieder öffnen (Vorbereitungsfalte für eine Hilfslinie)

⟲ = Wenden des ganzen Schnitts (auf die Rückseite) zwischen zwei Faltvorgängen

➔ = Herausziehen einer Faltung für einen besonderen Lichteffekt

▬ = Mit dem Messerrücken glätten

▭ = Mit dem Messer oder mit der Rasierklinge teilen

☞ = Mit dem Zeigefinger drücken (für die «Trichterfalte»)

Wie Sie das Seidenpapier beleben können

Eine richtige Auswahl der Farben ist wichtig, um die Musterwirkungen der Transparente zu betonen. Ein helles Orange, ein helles Rosa, ein helles Blau sowie ein helles Grün ergeben von sich aus einen sehr schönen Kontrast zwischen Licht und Schatten. Je intensiver die ausgewählten Farben sind, umso eher entsteht, obgleich die Konturlinien kräftig bleiben, eine gewisse Flachheit oder eine Übersättigung bei der Ausstrahlung. Dies gilt besonders für die Rot-, Blau- und Violetttöne. Der Wunsch nach einer Belebung der Farbe kann daher deutlich spürbar werden.

Das einfachste Verfahren besteht darin, dass Sie eine Farbe aufhellen, bevor das Seidenpapierblatt zugeschnitten wird. Dafür legen Sie Ihr Blatt flach auf einen Fliesenfußboden oder eine Art Linoleumdecke und probieren Folgendes aus:

Wollen Sie eher einen wolkigen Effekt erzielen, können Sie das Blatt mit einem kleinen befeuchteten Schwämmchen leicht entfärben. Möchten Sie eine sehr intensive Marmorierung bekommen, drücken Sie kräftig, aber regelmäßig das nasse Schwämmchen so über das Blatt, dass das Wasser richtig herunterplatscht. Die großen Wasserflecken dehnen sich dann aus. Hier und da können Sie gleich mit dem ausgepressten Schwämmchen einige Stellen noch ausgleichen und die übermäßige Feuchtigkeit wegsaugen oder zu harte Konturen wegwischen.

Eine mehrfarbige Marmorierung kann ähnlich erzielt werden, indem Sie das gewählte farbige Blatt (oder ein weißes) unter ein andersfarbiges

Seidenpapierblatt legen und dann, wie eben geschildert, beide Blätter mit dem Schwämmchen zusammen bearbeiten. Sie können das gewählte Blatt aber auch zwischen zwei verschiedenfarbige Blätter legen und nun die drei Blätter zusammen mal auf der einen, mal auf der anderen Seite mit Wasser befeuchten. Dadurch gewinnen Sie zugleich mit den anderen Hilfsblättern weitere fertige Farbnuancen für ein späteres Transparentprojekt. Unmittelbar nach diesen Improvisationen wird das nasse Papier mit dem Föhn getrocknet. Heben Sie es erst hoch, wenn es ganz trocken ist. Vergessen Sie nicht, den Steinboden oder die Linoleumdecke gleich anschließend mit klarem Wasser zu reinigen. So vermeiden Sie, dass das Seidenpapier Farbspuren hinterlässt.

Eine weitere dekorative Bereicherung ergibt sich durch die zusätzliche zarte Färbung des Papiers: Tauchen Sie das leicht angefeuchtete Schwämmchen in einen Aquarellnapf bzw. Aquarelltusche wie Ecoline und betupfen stufenweise die Stellen, die Sie herausarbeiten wollen. Sie können mit einem oder mit mehreren Farbtönen nacheinander arbeiten. Bei all diesen besonderen Verfahren wird sich das Papier leicht wellen und millimeterweise etwas einziehen. Nach dem schnellen Trocknen mit dem Föhn und vor dem Zuschneiden wird das ganze bearbeitete Blatt mit Wasserdampf sorgfältig gebügelt.

Wenn Sie ein wenig Übung mit dem normal belassenen Papier bekommen haben, werden Sie über die kleinen Unregelmäßigkeiten, die bei diesen Varianten entstehen, leicht hinweggehen können. Der Durchmesser solcher bearbeiteten Transparente wird natürlich etwas kleiner (ca. 0,5 cm) als angegeben.

Zuschneiden des Seidenpapiers

Haben Sie sich eine bestimmte Farbe für Ihr Transparent ausgesucht, dann können Sie mit der Vorbereitung des Seidenpapierbogens beginnen. Falten Sie zuerst das gesamte Blatt (im üblichen Standardformat 50 x 70 cm) und teilen Sie es mit dem Messer in zwei Teile – bzw. in vier, wenn Sie ein Viertelblatt brauchen (siehe Schnittvorlagen S. 21ff.). Achten Sie, bevor Sie das Papier durchschneiden, immer darauf, dass die Kanten ganz genau übereinanderliegen. Dann teilen Sie, je nach Angabe für die einzelnen Schnitte, einfach weiter.
Bei dieser einfachen Methode fällt jegliches Ausmessen mit dem Lineal weg. Die genannten Maßangaben auf S. 21ff. ergeben sich von selbst und dienen nur einer eventuellen Eigenkontrolle.
Grundform und Anzahl der benötigten Schnitte (= Teile) finden Sie gleich unter dem Titel jedes Transparents mit den folgenden verschiedenen Zeichen charakterisiert:

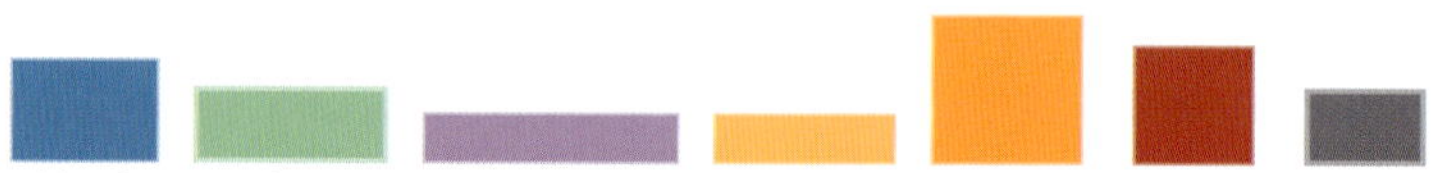

1 bis 3 | 4 bis 6 | 7 bis 10 | 11 bis 14 | 15 bis 17 | 18 bis 20 | ebenfalls 18 bis 20

Die sieben verschiedenfarbigen Symbole geben die unterschiedlichen Formen wieder, die Sie für die jeweiligen Transparente brauchen. Bei den Schnitten auf S. 21ff. finden Sie die entsprechenden Farben wieder. Sie können bei den einzelnen Transparenten auch zwischen zwei oder drei Größen (ø) wählen.

Wenn Sie Anfänger sind, beginnen Sie erst mit einem leichten Transparent (* bis **) und wählen Sie lieber das mittelgroße Format.

Schnittvorlagen

Für jeden Schnitt gibt es eine Zeichnung auf S. 21ff. Sie geht jeweils vom Gesamtbogen (50 x 70 cm) aus und zeigt Anzahl und Größe der verwendeten Einzelschnitte (= Teile), die sich aus einem viertel, aus einem halben oder aus einem ganzen Blatt ergeben. Die nebenstehenden Maßangaben sind eigentlich überflüssig, da sie sich durch die Papierteilung von selbst ergeben; sie stehen Ihnen nur als mögliche Kontrolle zur Verfügung. Die Farbe der benötigten Schnitte vermittelt Ihnen einen leichten Überblick über die entsprechende Ausgangsform. Zu Beginn der Beschreibung der einzelnen Transparente werden immer die notwendigen Schnittnummern, je nach gewählter Größe (ø), angegeben.
In diesem Buch werden Sie eine Auswahl von sechs verschiedenen *rechteckigen* Schnitten vorfinden (siehe Farbsymbole S. 18–23). Ihre unterschiedlichen Farben dienen dazu, die Art der Aufteilung des Seidenpapierblatts (= Gesamtbogen) leicht zu erkennen.
Die Schnitte 1 bis 10 (S. 21f.) ergeben sich durch eine *vierfache* Blattaufteilung:

farbige Symbole für die Schnitte 1 – 10 (S. 21f.)

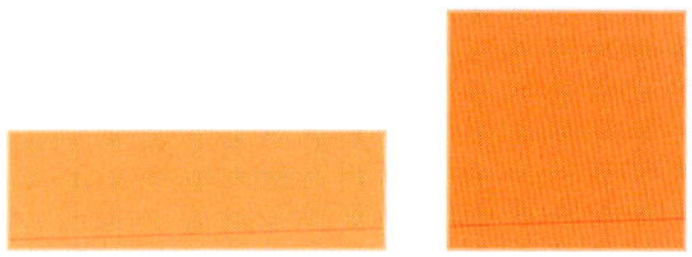

farbige Symbole
für die Schnitte 11 – 17 (S. 22f.)

Dagegen wird bei den Schnitten 11 bis 17 (S. 22f.) das Seidenpapierblatt *dreifach* gefaltet und geschnitten. Dieses dreiteilige Falten gleicht dem Faltvorgang eines Briefbogens. Mithilfe eines Lineals können sie nachprüfen, ob die Falten gleichmäßig sind. Haben Sie beim ersten Versuch nicht ganz genau gefaltet, können Sie wieder problemlos nachkorrigieren, ohne dass es später zu optischen Beeinträchtigungen kommt.

Quadratische und dreieckige Schnitte

Quadratische und *dreieckige* Schnitte betreffen die Schnittnummern 18 bis 20 (S. 23) für den Stern «Die sieben Strahlen», S. 97ff. Falten und schneiden Sie mit dem Messer ein halbes oder ein viertel Blatt nach den Zeichnungen 1 und 2 (S. 21 oben). Sie brauchen nur das große Viereck je nach Angabe, in vier oder sechzehn Teile weiter zu teilen. Andere rechteckige Schnitte (Teile) ergeben sich einfach aus den Resten von mehreren quadratischen Schnitten, wenn davon genügend vorhanden sind (siehe Schnitte 18 bis 20, S. 23; sie werden nur für den Stern «Kristallkraft», S. 113ff., gebraucht). Die *dreieckigen* Schnitte lassen sich einfach durch Teilung eines Quadrats nach der Zeichnung 3 (S. 21 oben) gewinnen. Nehmen Sie eventuell eine Schere zu Hilfe, wenn Anfang oder Ende der Diagonale sich nicht leicht anschneiden lassen.

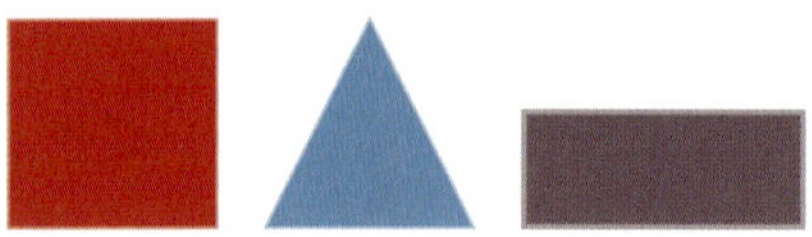

farbige Symbole
für die Schnitte 18 – 20 (S. 23)

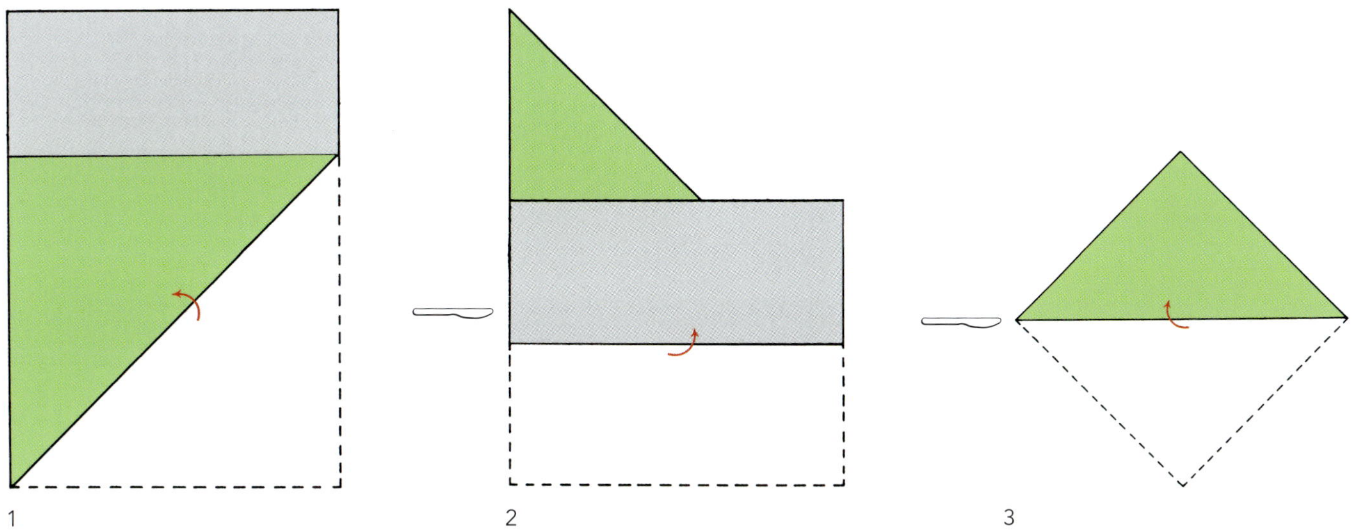
1
2
3

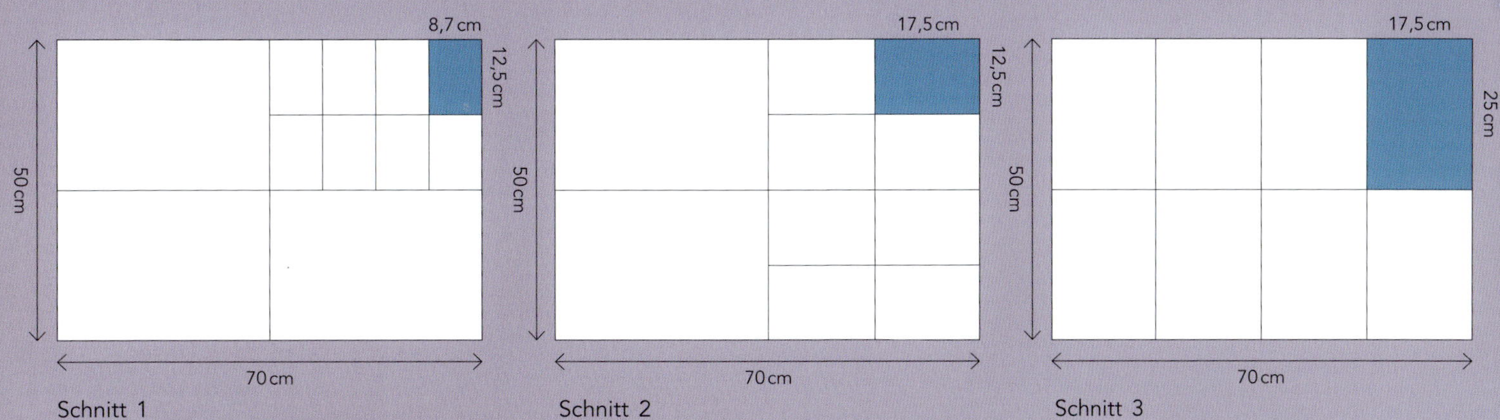
8,7 cm
12,5 cm
50 cm
70 cm
Schnitt 1
17,5 cm
12,5 cm
50 cm
70 cm
Schnitt 2
17,5 cm
25 cm
50 cm
70 cm
Schnitt 3

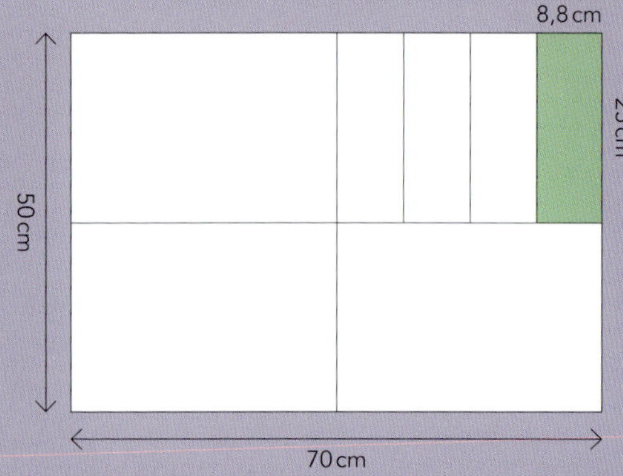

Schnitt 4

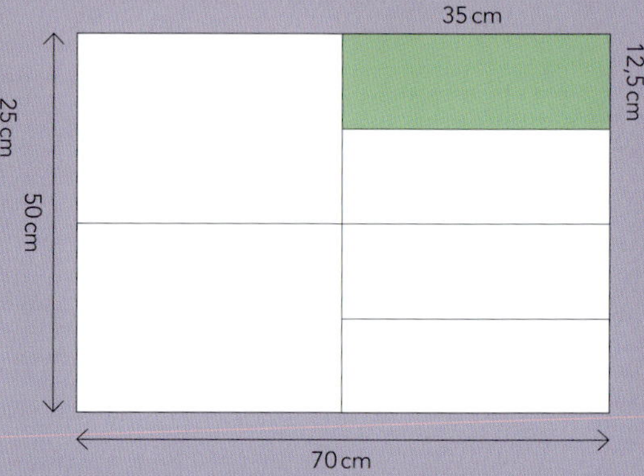

Schnitt 5

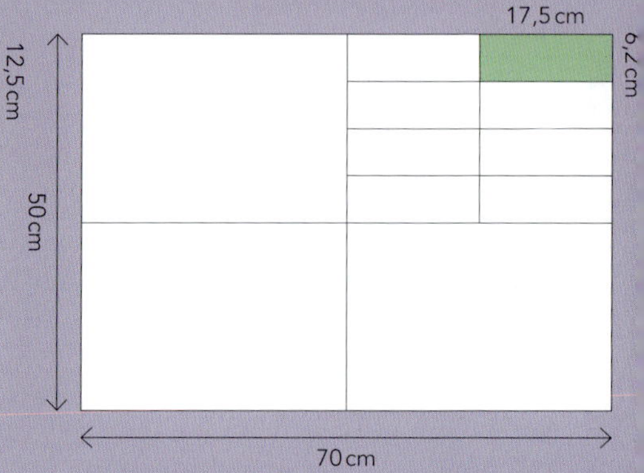

Schnitt 6

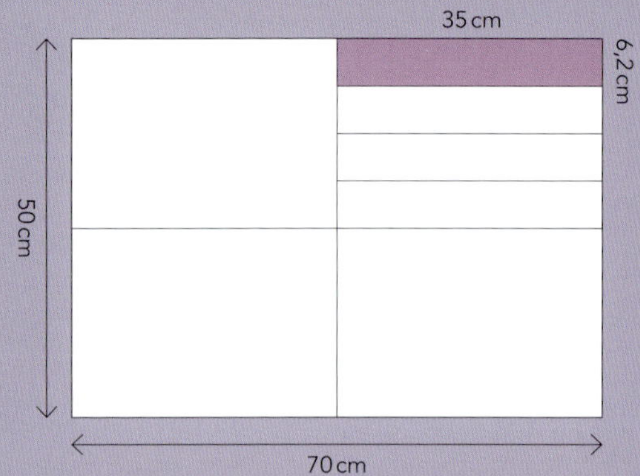

Schnitt 7

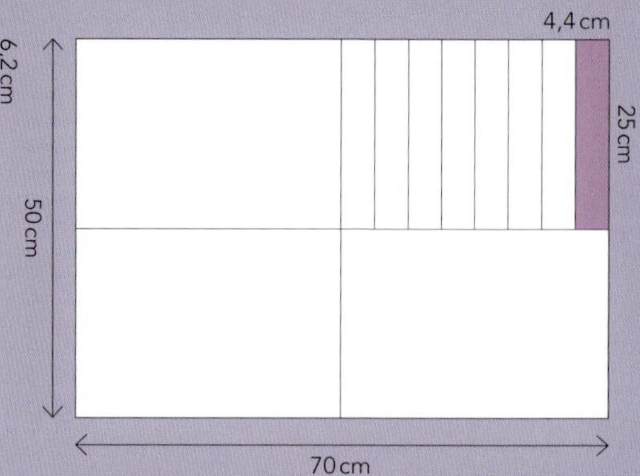

Schnitt 8

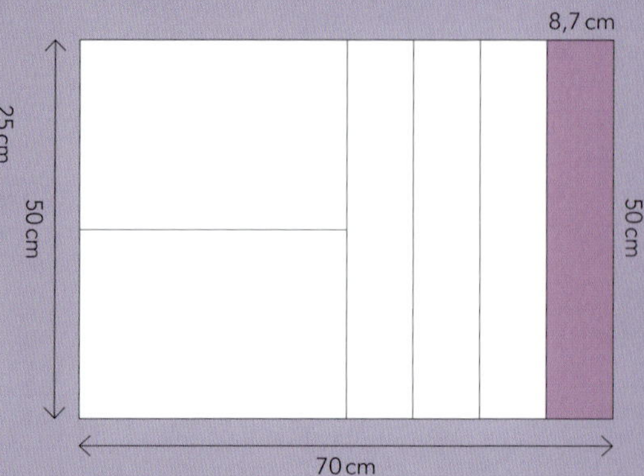

Schnitt 9

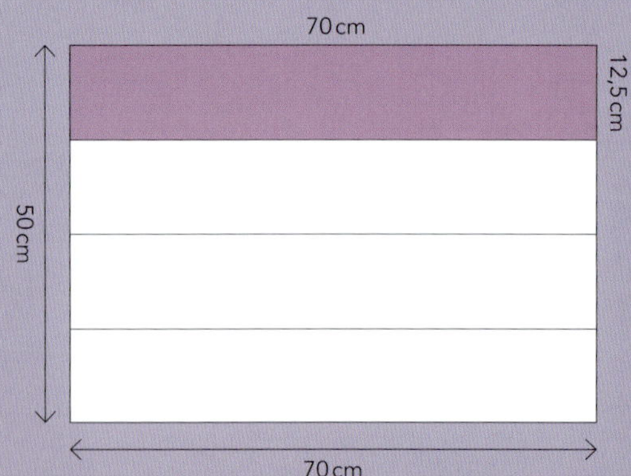

Schnitt 10

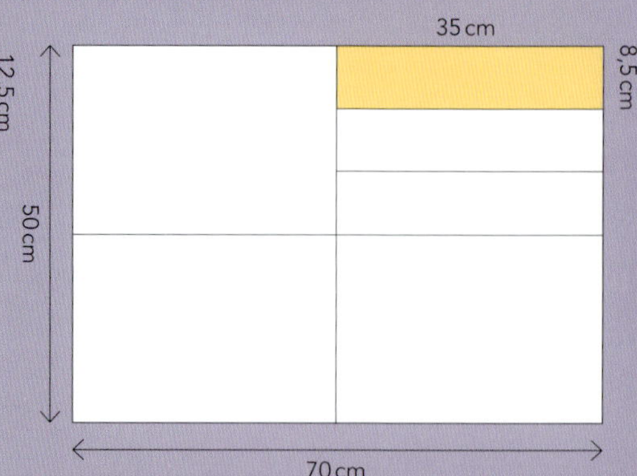

Schnitt 11

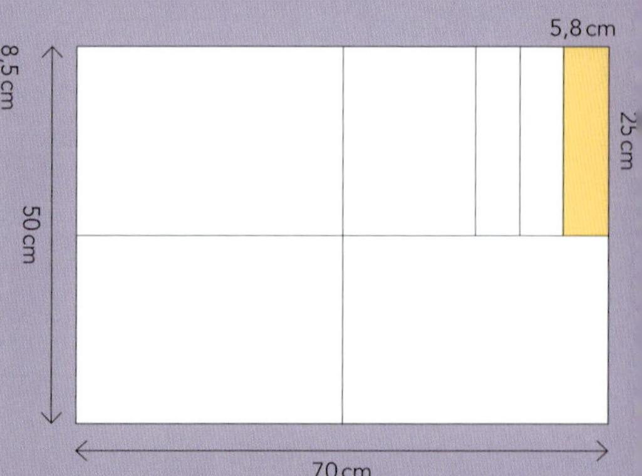

Schnitt 12

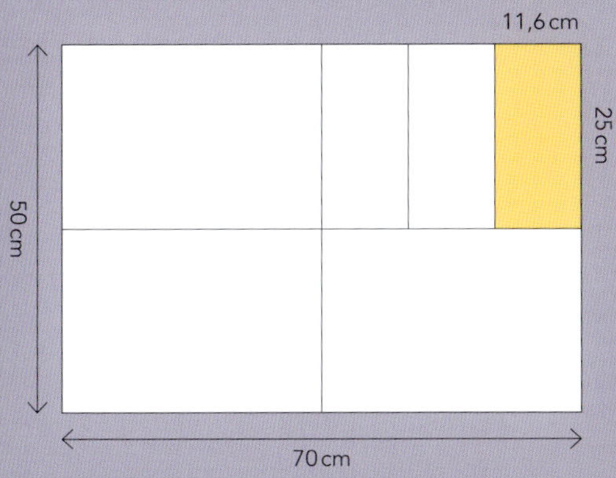

Schnitt 13

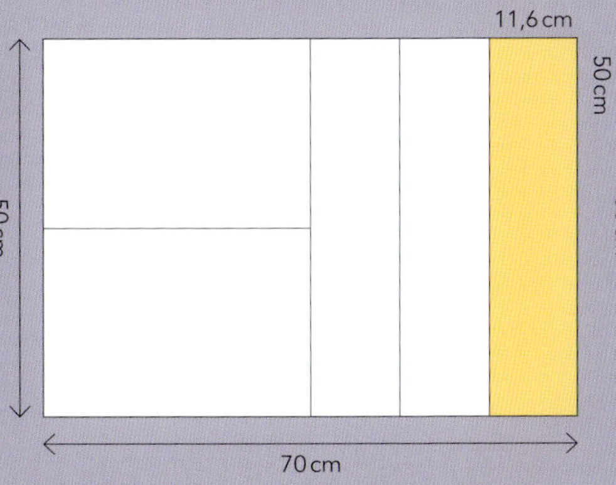

Schnitt 14

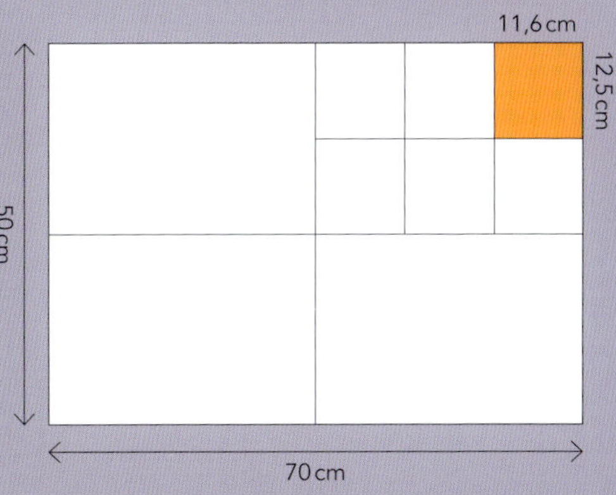

Schnitt 15

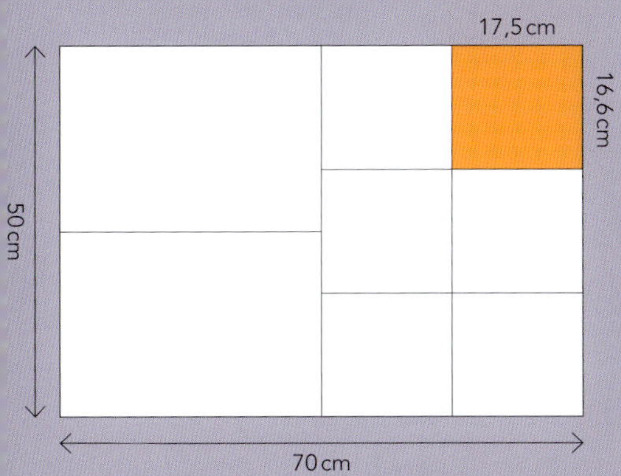

Schnitt 16

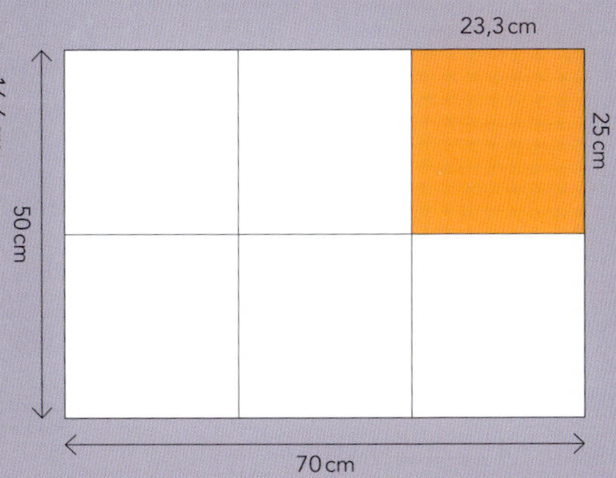

Schnitt 17

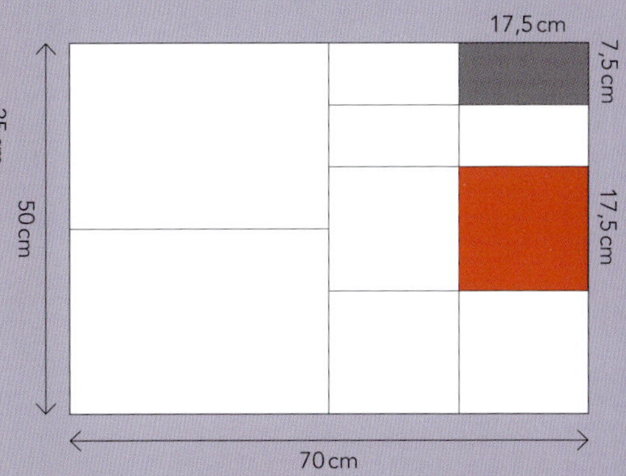

Schnitt 18

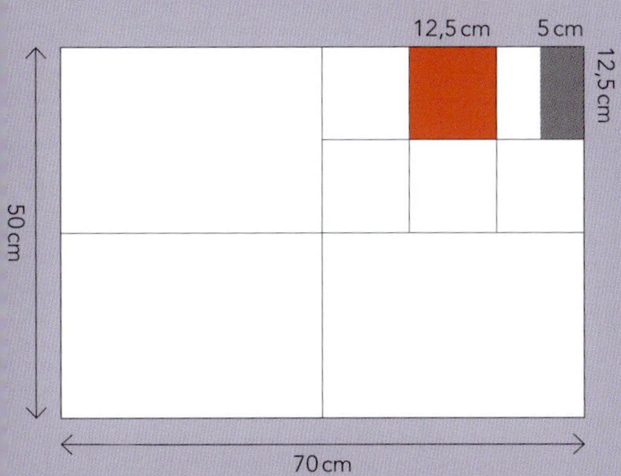

Schnitt 19

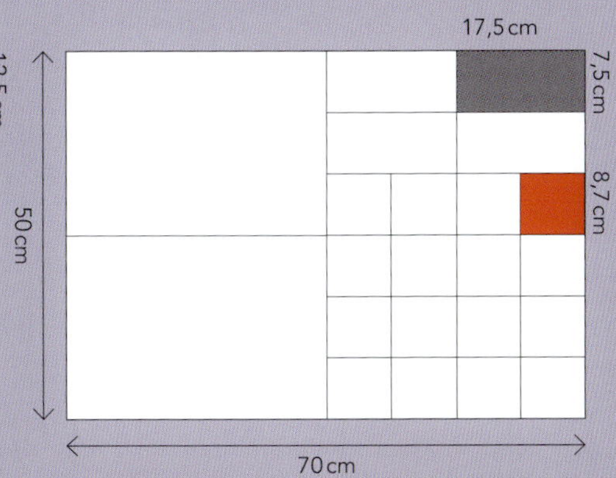

Schnitt 20

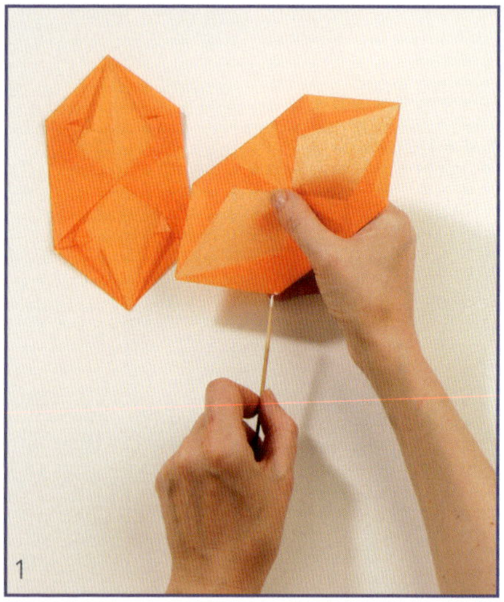

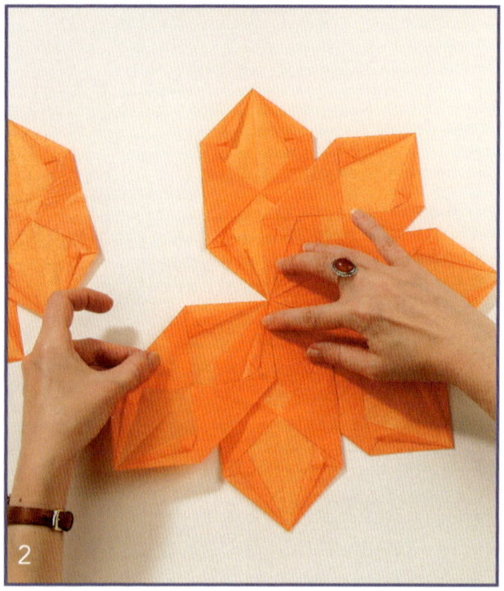

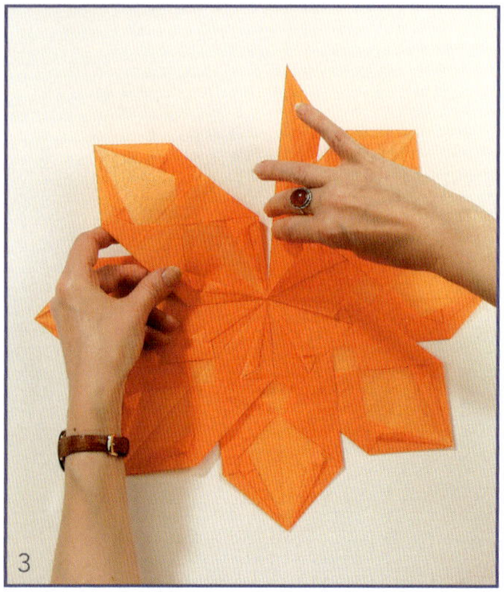

Das Zusammensetzen

Sind alle Schnitte fertig gefaltet, kommt der spannende Moment, wo Sie sich einen Gesamteindruck machen können. Legen Sie zuerst die Plastikfolie auf den Karton, bevor Sie mit dem Zusammensetzen beginnen. Die gefalteten Seiten der Schnitte müssen oben liegen. Dann werden sie im Uhrzeigersinn aneinandergereiht.

Transparente mit acht oder sechzehn Strahlen

Legen Sie den ersten Schnitt flach mit dem Zentrum (Z) zu sich orientiert hin. Mithilfe des Holzstäbchens bringen Sie zwei sparsame Klebstoffpunkte auf die Kehrseite (Rückseite) des zweiten Schnitts an, und zwar genau auf das Zentrum (Z) und an den rechten Winkel. Oder Sie bringen, falls diese Stelle zu dünn ist, je nach Modell den zweiten Klebepunkt an einer dichteren Papierstelle auf (Abb. 1).

Fügen Sie nun die beiden Schnitte so zusammen, dass die Zentren aufeinanderliegen. Gleichzeitig muss die linke Kante des zweiten Schnitts auf der Mittellinie des ersten liegen. So fahren Sie mit den folgenden fertigen Schnitten fort (Abb. 2). Wenn der letzte Schnitt geklebt werden soll, vergessen Sie nicht, die linke Kante des ersten daraufzusetzen. Dafür heben

Sie den ersten Schnitt leicht hoch, um den letzten darunterzuschieben (Abb. 3).
Selbst bei sparsamen Klebepunkten kann es passieren, dass Ihr fertiges Transparent ein wenig an der Plastikfolie haftet. Legen Sie als Hilfe die Messerklinge dazwischen und lösen Sie das Gebilde vorsichtig von seiner Unterlage. Drehen Sie es dann langsam auf die Rückseite um. Mit einigen Klebstoffpunkten oder -strichen befestigen Sie nun die Strahlen untereinander (Abb. 4).
Für «Edelstern» (S. 39ff.) und «Feiner Spitzenglanz» (S. 103f.) benötigen Sie das nebenstehende achtstrahlige Diagramm.
Bevor Sie Ihr fertiges Transparent im Licht bewundern können, werfen Sie einen Blick in den Abschnitt «So wird das Transparent am Fenster befestigt» (S. 27).

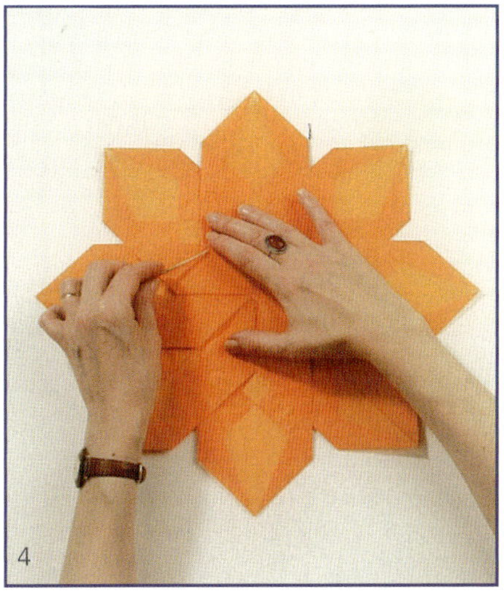

4

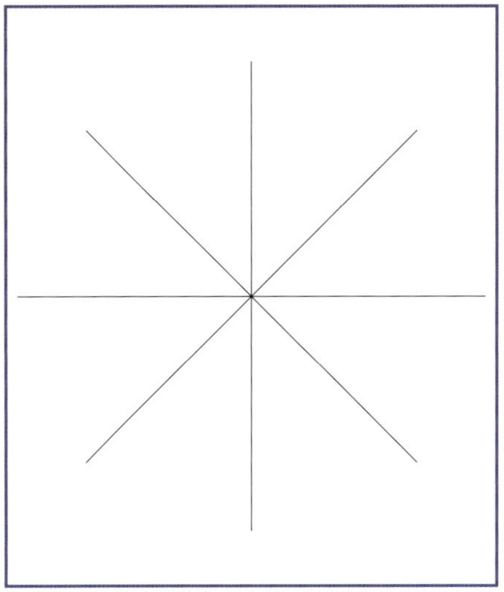

Transparente mit fünf, sechs und zehn Strahlen

Das Prinzip des Zusammensetzens bleibt bei Transparenten mit fünf, sechs und zehn Strahlen gleich. Da Sie sich jedoch nicht auf die Mittellinie des vorigen Schnitts stützen können, werden Sie sich mithilfe eines Diagramms orientieren müssen. Bei dem fünfstrahligen Diagramm dienen die fünf zusätzlichen punktierten Linien ausschließlich dem Zusammensetzen der zehnstrahligen Transparente «Erglänzende Sonne» (siehe S. 49ff.) und «Lotussonne» (siehe S. 53ff.). Vergrößern Sie also mit einem Kopierer die drei vorliegenden Diagramme.

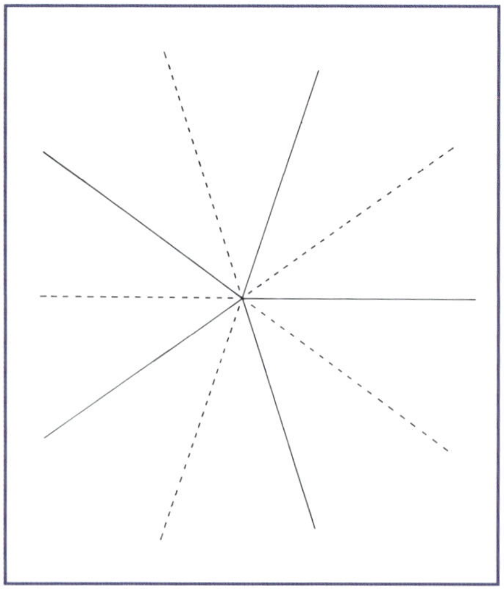

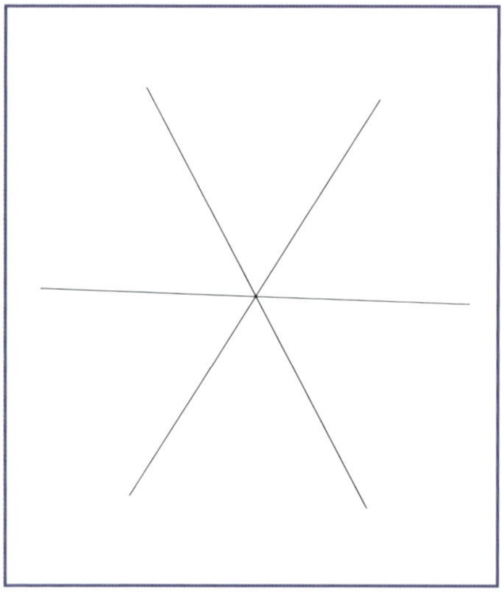

Verlängern Sie die Linien mit einem roten Stift und legen Sie die kopierte Vorlage, die Sie brauchen, unter die Plastikfolie. Jetzt setzen Sie die Mittellinie der Schnitte exakt auf diese roten Linien, um problemlos einen Fünfstern oder einen Schneekristall hervorzaubern zu können.

Transparente mit sieben und neun Strahlen

Bei diesen Transparenten mit einer ungeraden Strahlenzahl bieten die Mittellinien der fertigen Schnitte keine Hilfe mehr für das Zusammensetzen. Mit den Schritt-für-Schritt-Zeichnungen werden Sie aber eine Zusatzskizze mit der Angabe eines Stützpunkts • (oder eventuell einer Stützkante) finden. Dieser Orientierungs- und Klebepunkt ist dann der verborgene Schlüssel zum ganzen Aufbau.

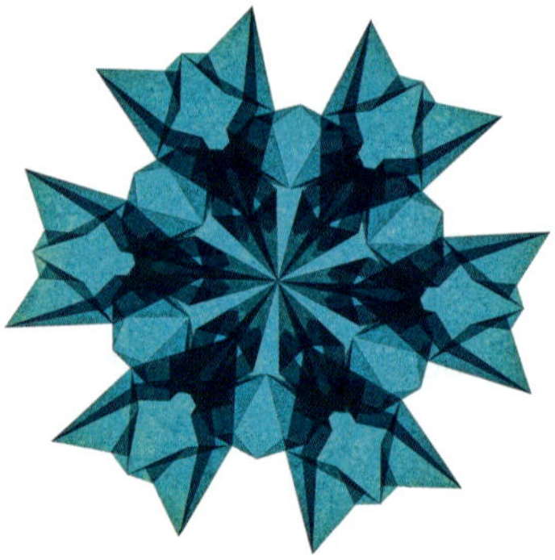

So wird das Transparent am Fenster befestigt

Die geheimnisvolle Struktur der Seidenpapiertransparente offenbart sich nur vollkommen, wenn sie an der Fensterscheibe befestigt sind. Erst wenn das Tageslicht sie durchflutet, zeigen sie ihre farbigen Strahlen und ihre lebendige Wirkung. Am besten leuchten alle Details auf, wenn Sie die glatte Rückseite auf die Scheibe legen. Bei den leicht dreidimensionalen Gebilden wird es selbstverständlich nicht anders sein können, da sich die losen Falten auf der Vorderseite befinden.
Bringen Sie kurze Klebefilmstreifen an jede zweite bis dritte Strahlenspitze an, und zwar an Stellen, wo das Papier nicht allzu dünn ist. Dann rollen Sie mit den Fingern kleine Klebefilmstreifen zusammen und legen diese auf die vorigen Streifen. Diese Röllchen sind sehr praktisch und auch mehrfach einsetzbar. Somit können Sie die Lage Ihrer Transparente beliebig ändern. Sie schonen damit auch das feine Papier der Sterne und können sich daher jahrelang immer wieder an ihnen erfreuen.
Natürlich werden die Farben nach einigen Monaten etwas verblassen. Doch dieses «Herbstlich-Werden» hat auch seinen Reiz. Manche ungeahnten Faltnuancen können sogar vorteilhafter hervortreten.
Auch je nach Lichteinfall reagieren die Transparente anders: Von der Morgensonne bis zur Abenddämmerung vermitteln sie immer wieder neue Erlebnisse. Selbst nachts bei Straßenbeleuchtung zeigen sie noch eine mysteriöse Präsenz am Fenster.

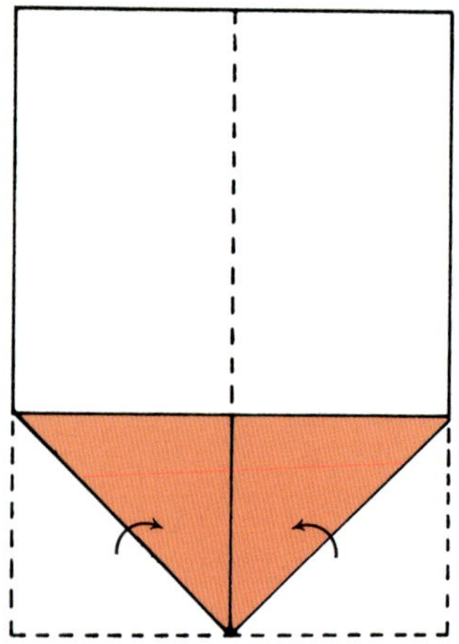

1

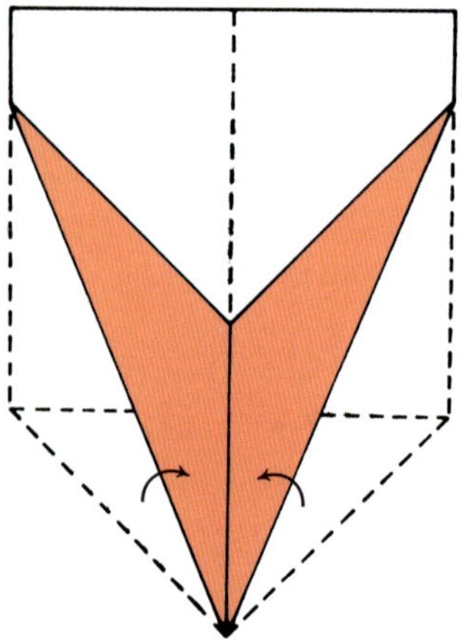

2

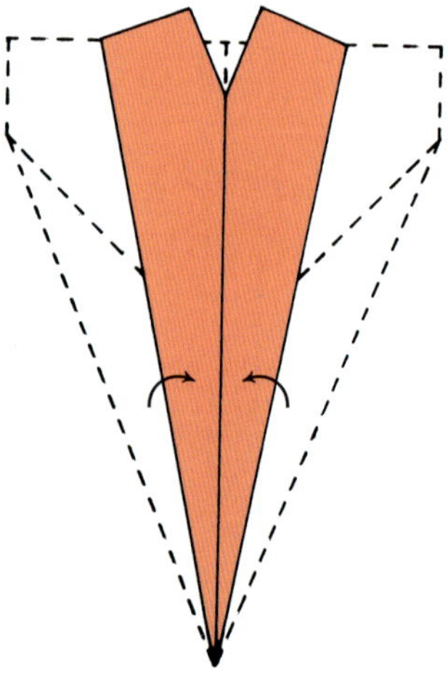

3

Die drei Grundfalten

Drei elementare Falten sind meistens der Anfangsprozess, um Spitze (S) und Zentrum (Z) eines Transparents zu gestalten. Diese Falten werden sehr oft angewendet und bei den Schritt-für-Schritt-Anleitungen daher als bekannt vorausgesetzt.

Grundfalte 1

Abb. 1: Bilden Sie die Mittellinie eines Seidenpapier-Rechtecks, und setzen Sie die zwei Außenkanten auf diese Mittellinie. Achten Sie darauf, dass sich diese Kanten richtig berühren und dass der damit gebildete Winkel exakt ist. Dieser elementare Schritt ist schon die erste Voraussetzung für ein gutes Gelingen bei den zwei folgenden Grundfalten.

Grundfalten 2 und 3

Die Grundfalten 2 (Abb. 2) und 3 (Abb. 3) bilden die logische Fortsetzung der Grundfalte 1. Bei ihnen wird der Winkel spitzer gestaltet. Um das Wegrutschen der unteren Papierlage zu vermeiden, behelfen Sie sich, falls nötig, beim Faltprozess mit der stumpfen Seite der Messerklinge.

Eine besondere Falte: die «Trichterfalte»

Abb. 4: Die Trichterfalte wird eingesetzt, um eine besondere Verzierung bei einem Transparent in der Nähe des Zentrums (Z) und der Spitze (S) hervorzuzaubern. Sie wird stets bei einer doppelten Papierlage ausgeführt. Meistens wird sie von einer Vorbereitungsfalte (siehe links am Beispiel der Zeichnung) vorangekündigt. Diese Falte wird bei den Zeichnungen stets mit dem nebenstehenden Symbol (☞) angedeutet.
Heben Sie nun die angezeigte Kante senkrecht hoch, drücken Sie leicht mit dem Zeigefinger darauf, um die zwei Papierlagen zu öffnen. Bewegen Sie diese Kante herüber (siehe Pfeilrichtung), um sie dann auf die (rot punktierte) Hilfslinie exakt herunterzudrücken. Es entsteht also im Übergang eine Art Trichterform, daher die Bezeichnung.
Die in dieser lebendigen Weise versetzte Kante bildet dann eine fortlaufende Linie mit der darunterliegenden Hilfslinie.

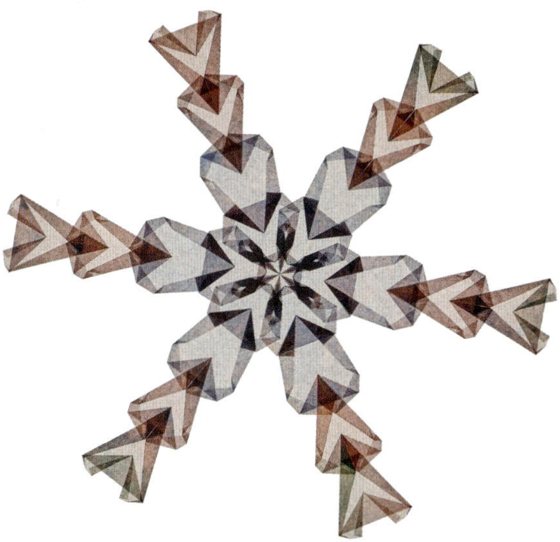

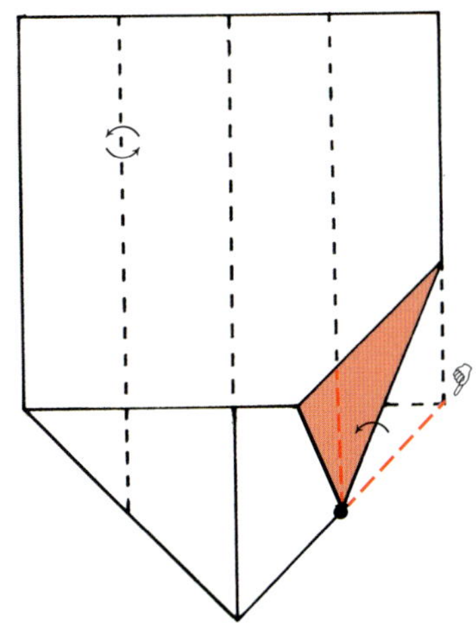

4

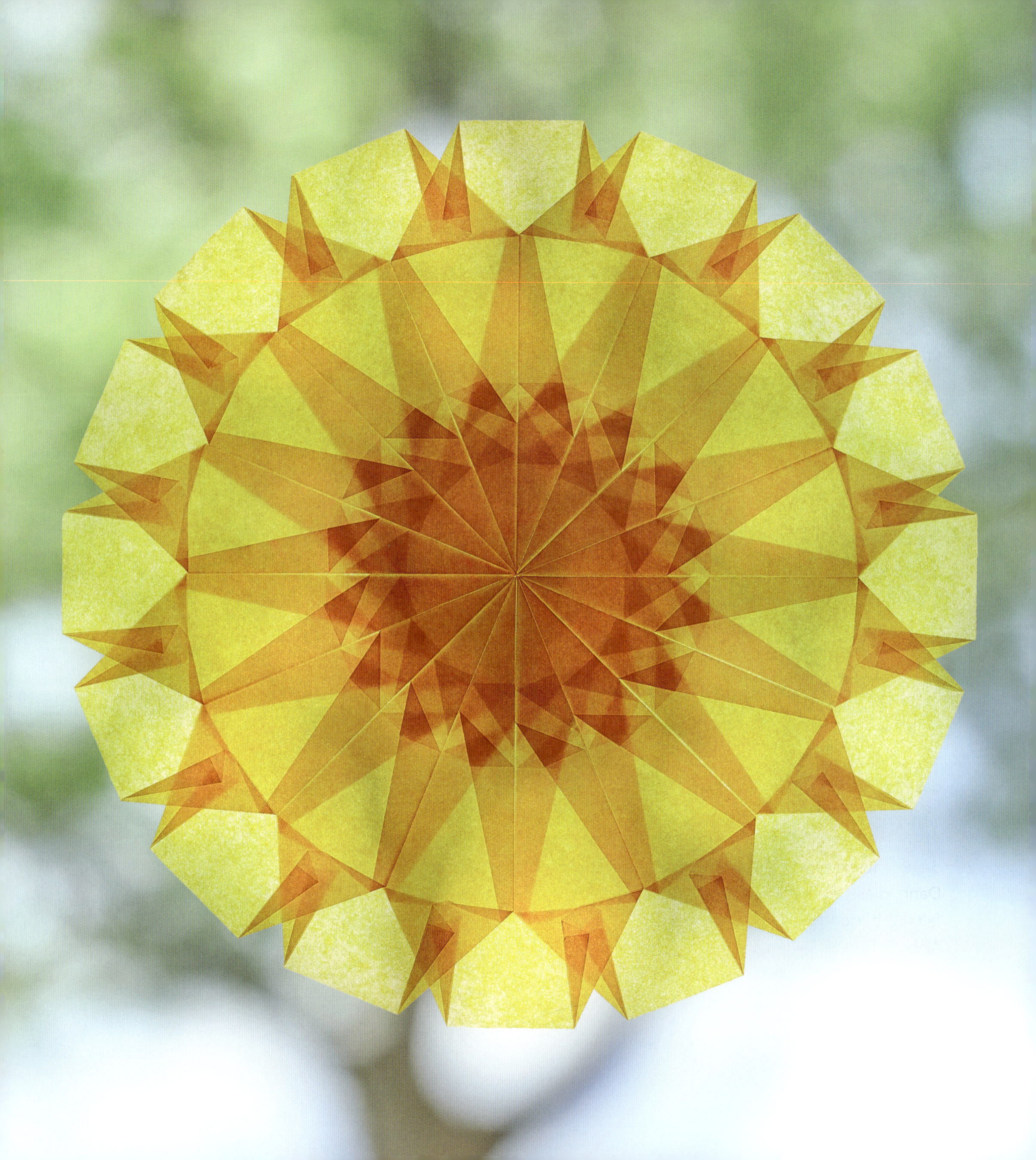

Gezacktes Sonnenrad *

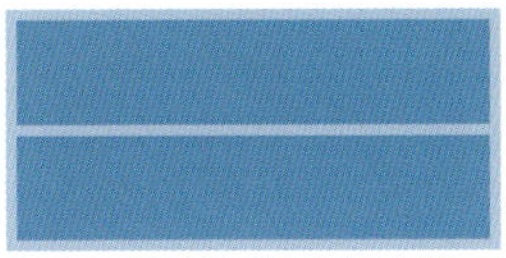

Sechzehnstrahlig
Ø 35 cm, Schnitt 2
Ø 25 cm, Schnitt 1

Die geballte Mitte dieser Sonne zeigt zwei Zickzackbänder, die sich zierlich ineinander verschlingen und zu unserem Erstaunen am äußeren Rand dieser Mitte eine Korona von lauter kleinen Fünfsternen hervorzaubern. In der äußersten Peripherie dagegen lösen sich die Strahlen mit einem leicht gezähnten Kreis in Licht und Wärme auf, während die deutlichen «Zahngebilde» auf einer fein ziselierten durchlaufenden Linie sitzen. Damit all diese Feinheiten richtig erscheinen können, wählen Sie ein Seidenpapierblatt in Weiß, Gelb oder einem hellen Orange.

Schneiden Sie 16 rechteckige Schnitte (in der Größe Ihrer Wahl) zu, wie oben angegeben. Falten Sie die lange Mittellinie. Für das Zentrum (Z) die Grundfalte 1 bilden (siehe S. 28) und wieder öffnen. Dann nach den Schritt-für-Schritt-Anleitungen fortfahren.
Abb. 1: Bilden Sie die Falten nach der Zeichnung – für beide Rechteckhälften gleich – in zwei Schritten nacheinander. Dann diese Falten wieder schließen. Jetzt dazu die Grundfalte 2 bilden (siehe S. 28).
Abb. 2: Beide Seitenflügel nach der Zeichnung öffnen. Erst jetzt kleben.

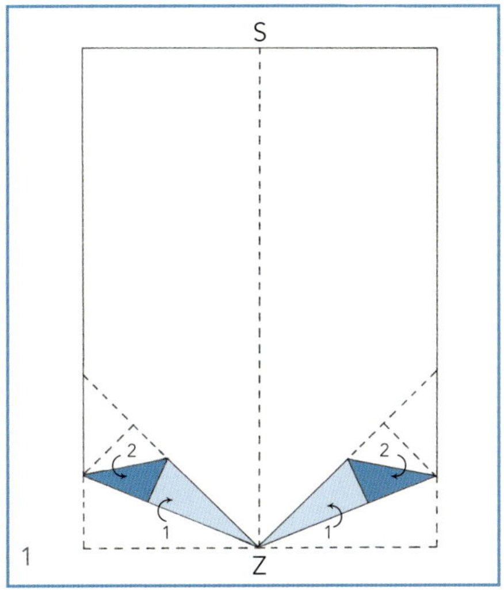

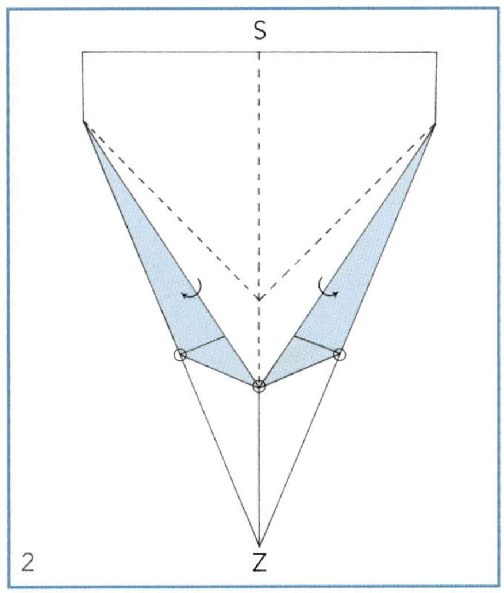

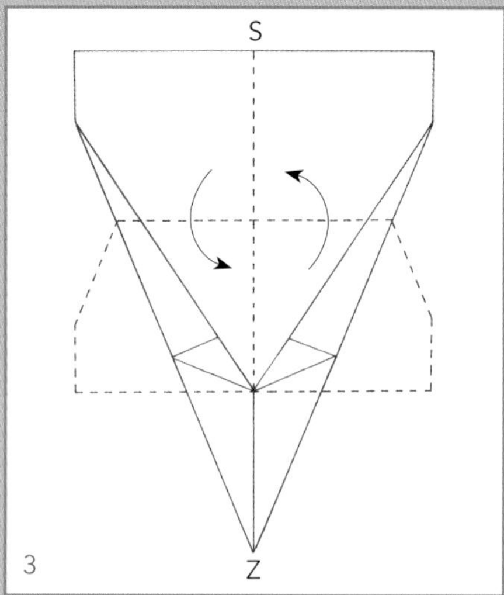
S
Z
3

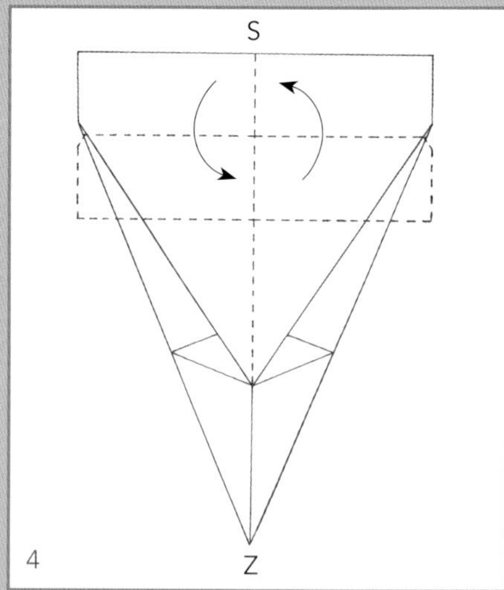
S
Z
4

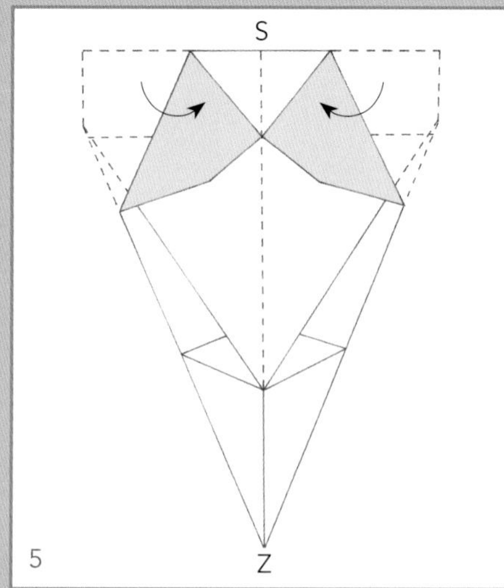
S
Z
5

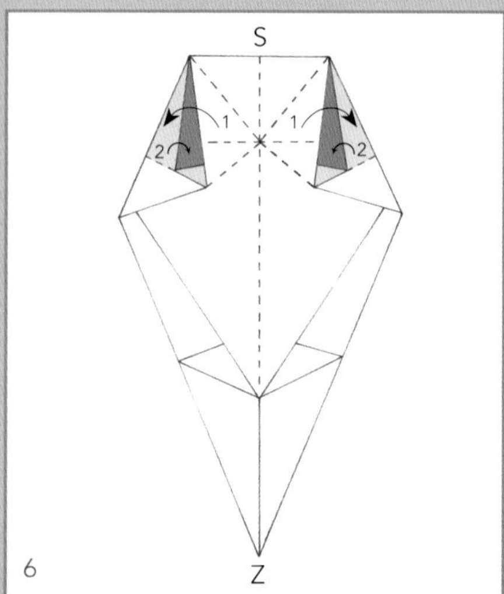
S
1
1
2
2
Z
6

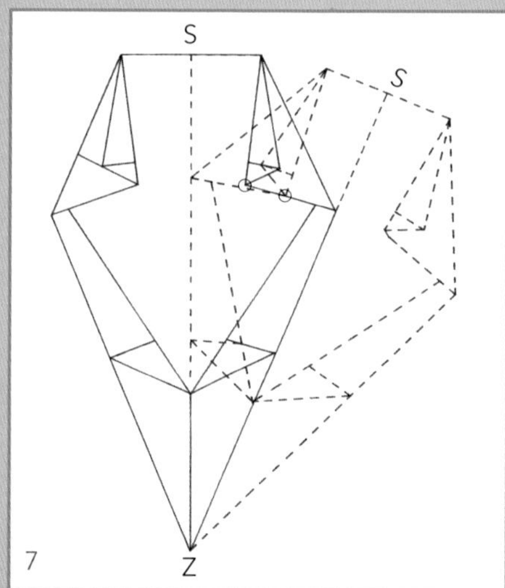
S
S
Z
7

Abb. 3: Für die (S)-Spitze die erste Vorbereitungsfalte bilden. Die Seitenlinie (S) wird auf die Kreuzung geknickt und wieder geöffnet.
Abb. 4: Zweite Vorbereitungsfalte – die Seitenlinie (S) wird auf die neue Hilfslinie gesetzt und wieder geöffnet.
Abb. 5: Die rechteckigen Winkel werden auf die Kreuzung Mittellinie/ letzte Hilfslinie gesetzt. Nicht kleben!
Abb. 6: Falten Sie die (S)-Spitze in zwei Schritten weiter. Immer noch nicht kleben!
Abb. 7: Das Zusammensetzen der sechzehn Strahlen dieser Sonne ist klassisch und ganz einfach (siehe Grundanleitung, S. 24).
Damit die fein ziselierte innere Konturlinie im S-Bereich sauber verläuft, achten Sie jedoch darauf, dass die (S)-Falten zweier Schnitte nicht unter der angezeigten roten Linie herausragen (rot auf der Zeichnung). Sollte das der Fall sein, bewegen Sie die noch ungeklebten Falten minimal in die gewünschte Position. Erst dann kleben!
Magisch offenbart das Sonnenrad am Fenster seine Geheimnisse ...

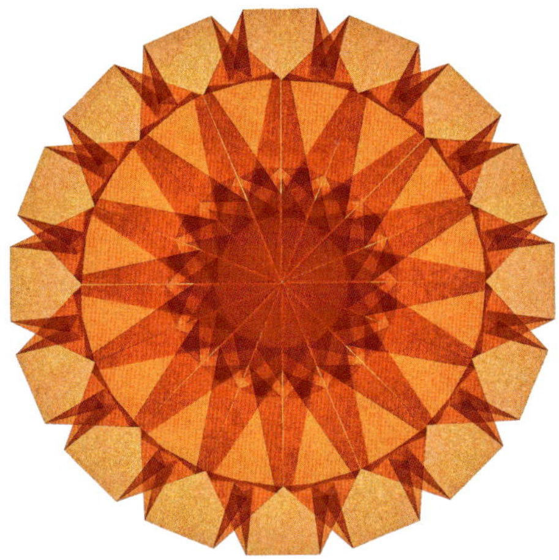

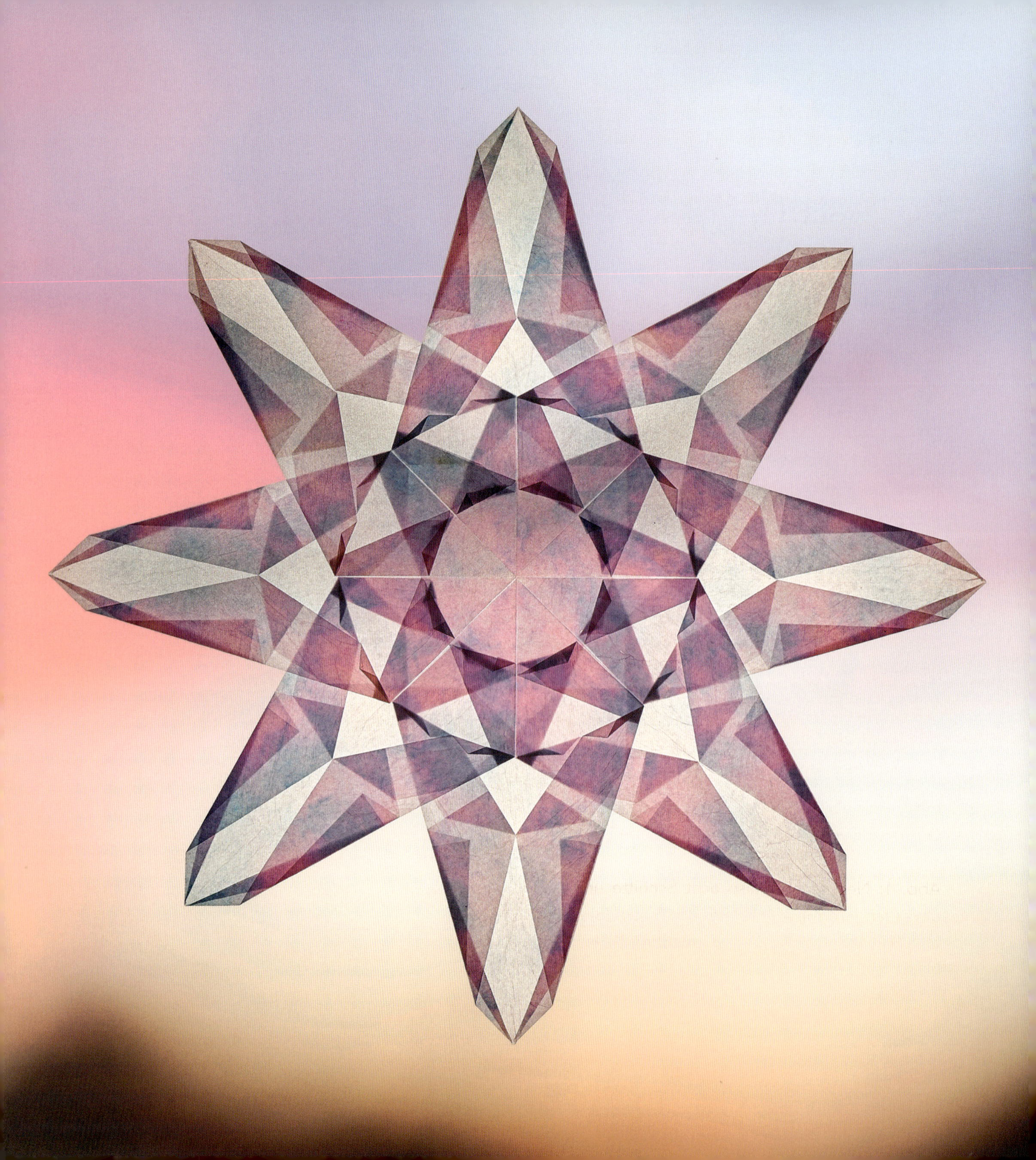

Polarstern **

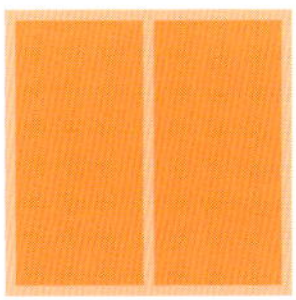

Achtstrahlig
Ø 48 cm, Schnitt 17
Ø 34,5 cm, Schnitt 16
Ø 24,2 cm, Schnitt 15

Dieser besondere helle Stern offenbart von der Mitte aus stufenweise drei verschiedene Kreise. Die durchsichtigen Umrisse des Außenkreises scheinen sich luftig aufzulösen, werden jedoch von den Strahlen davon abgehalten.

Damit Sie diese drei Kreise beim Falten richtig hinbekommen können, müssen Sie unbedingt den fast viereckigen Schnitt nehmen, wie wir ihn hier vorschlagen. Allein diese Millimeterdifferenz macht es möglich, dass der hauchzarte dritte Kreis auftaucht.

Tipp

Wenn Sie zum ersten Mal diesen Stern basteln, ist es ratsam, mit der zweiten Schnittgröße anzufangen, denn die kleinste Größe erfordert viel mehr Fingerspitzengefühl.

Abb. 1: Nehmen Sie also acht Schnitte und bilden Sie die etwas längere Mittellinie. Bei der Spitze (S) mit der Grundfalte 1 beginnen (siehe Grundanleitung, S. 28). Wieder öffnen. Nach der Zeichnung weiter in zwei Schritten falten.

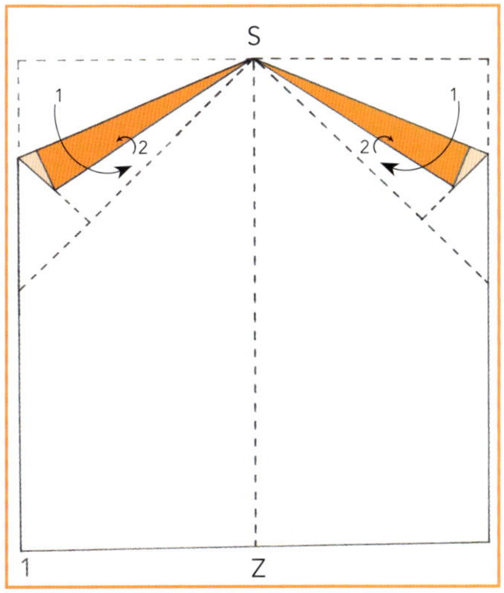

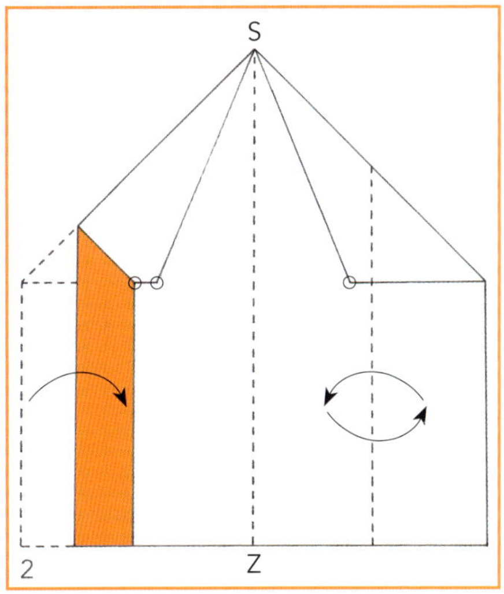

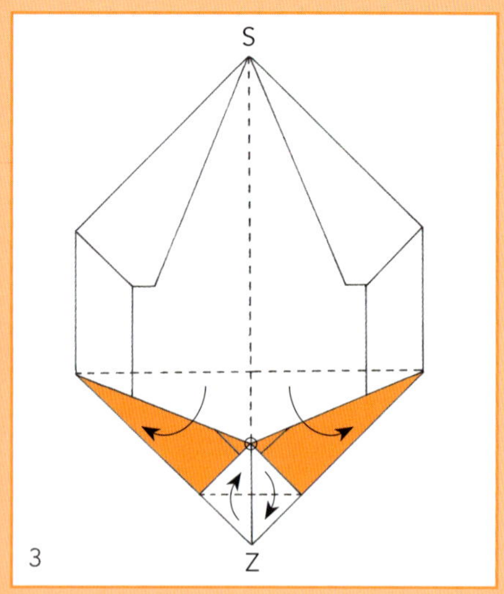
S
3
Z

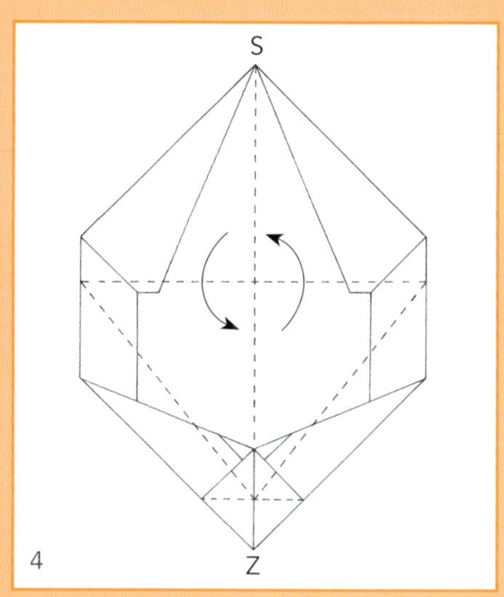
S
4
Z

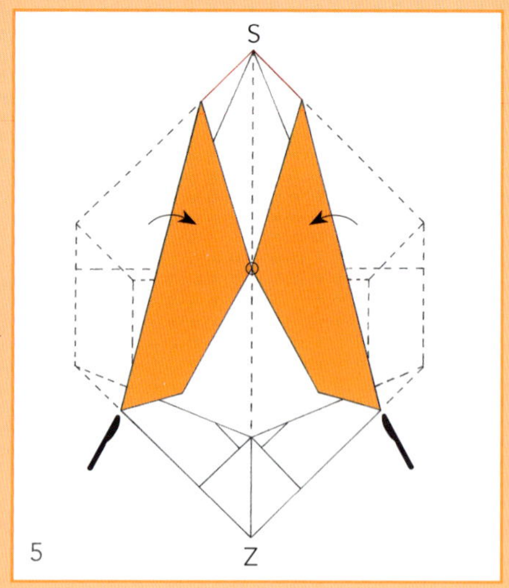
S
5
Z

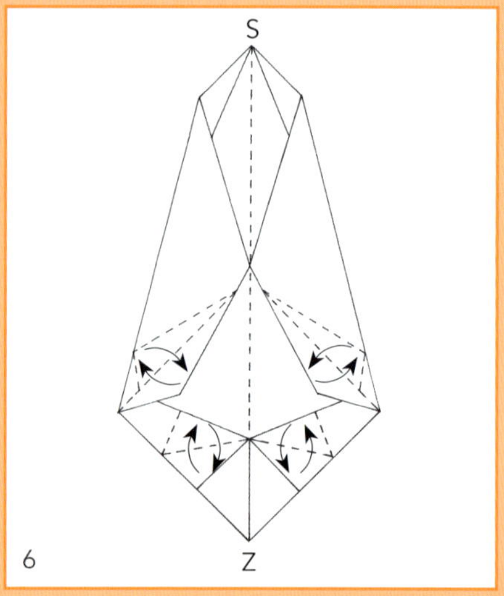
S
6
Z

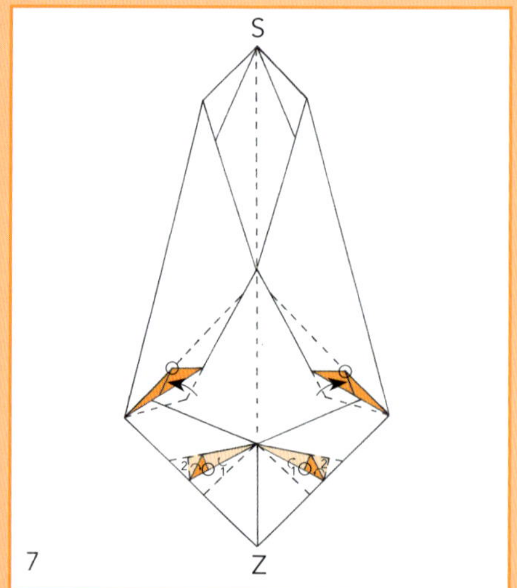
S
7
Z

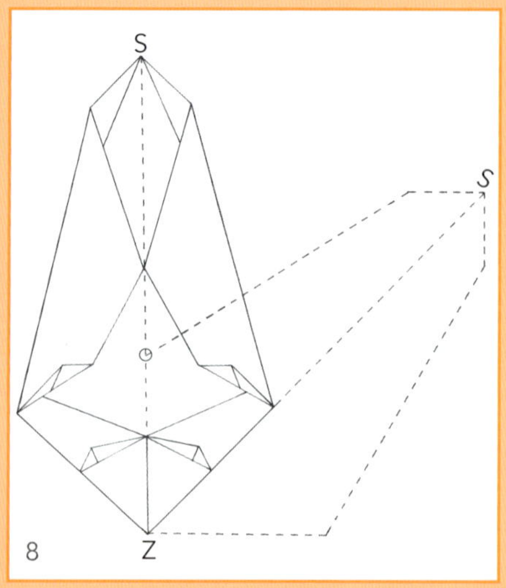
S
S
8
Z

Abb. 2: Diese Falten beidseitig wieder schließen und kleben. Bilden Sie jetzt auf beiden Seiten die zwei Vorbereitungsfalten, wie die Zeichnung rechts zeigt. Dann diese Seitenflügel beiderseits auf die neuen entsprechenden Hilfslinien legen, wie die Zeichnung links illustriert. Kleben.
Abb. 3: Nun kommt beim (Z)-Bereich erst die Grundfalte 1 (siehe Grundanleitung, S. 28). Dann weiter nach der Zeichnung vorgehen. Ankleben nur am Treffpunkt mit der Mittellinie. Dann bilden Sie, wie angezeigt, am (Z) eine Vorbereitungslinie.
Abb. 4: Neue Vorbereitungslinie. Dabei wird die (S)-Spitze auf den neuen angedeuteten Kreuzungspunkt beim (Z) herabgeknickt und wieder geöffnet.
Abb. 5: Die zwei Seitenflügel auf die Kreuzung Mittellinie/neue Hilfslinie legen. Dabei nehmen Sie einen Messerrücken zu Hilfe, um zu vermeiden, dass die Falten über die untere Schicht wegrutschen! Bevor Sie den Klebepunkt anbringen, achten Sie auf die gleiche Entfernung der mit Rot angedeuteten Segmente an der (S)-Spitze. Kleben.
Abb. 6: Bilden Sie die Vorbereitungsfalten.
Abb. 7: Letzte kleine Falten; am Zentrum (Z) erfolgen sie in zwei Schritten! Alle angegebenen Klebepunkte anbringen.
Abb. 8: Das Zusammensetzen der acht Strahlen geschieht ohne Schwierigkeit (siehe S. 24f.).
Schließlich erglänzt der Polarstern hell und klar!

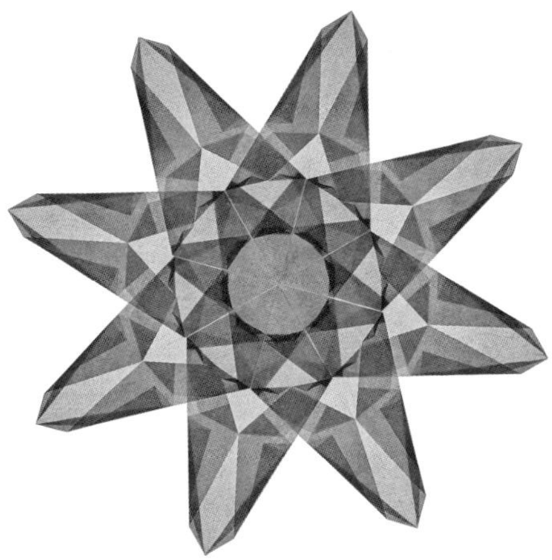

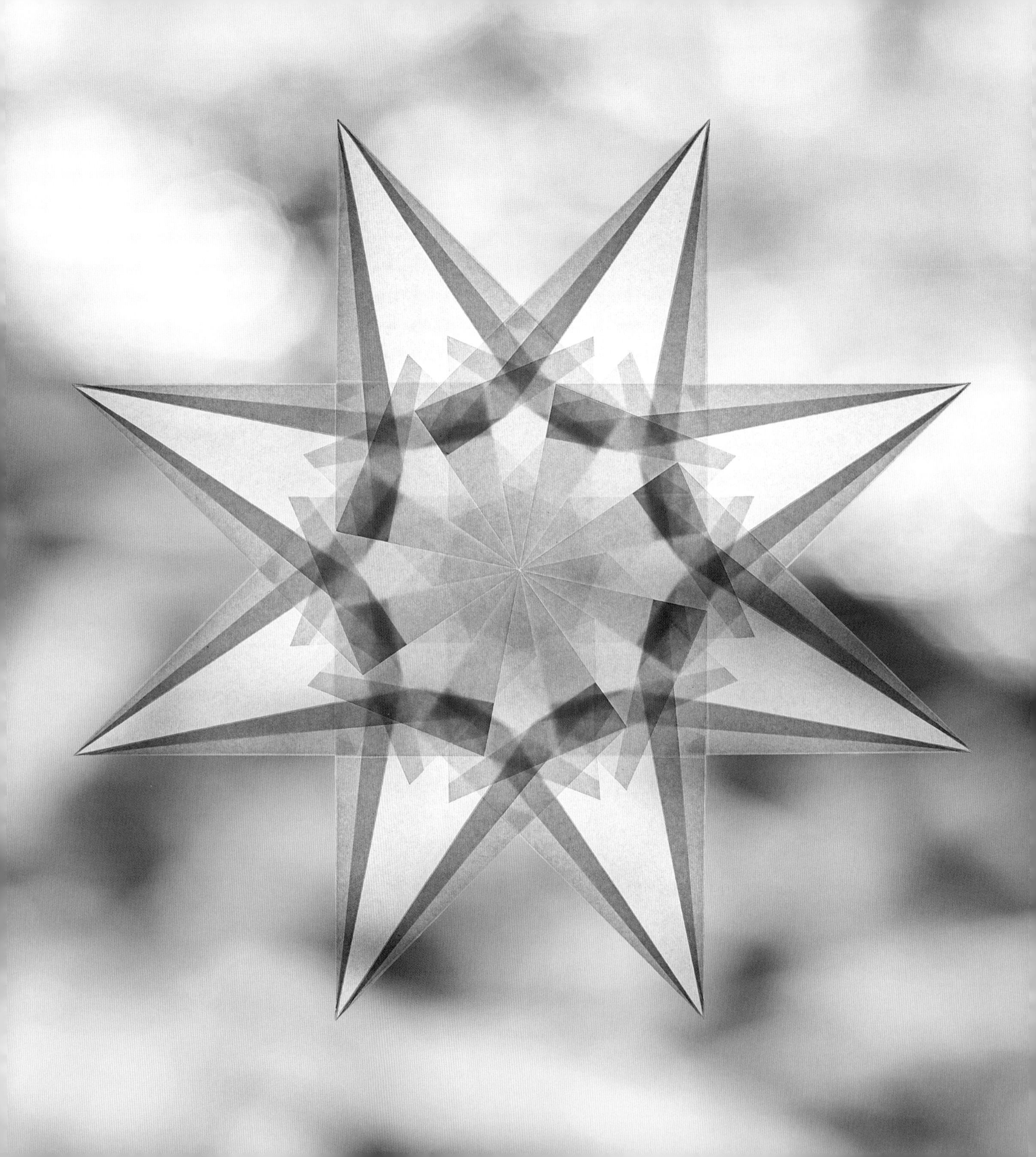

Edelstern ***

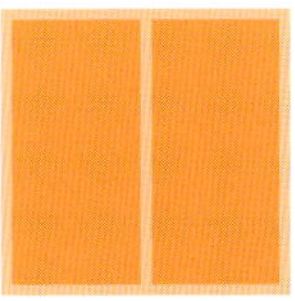

Achtstrahlig
Ø 43 cm, Schnitt 17
Ø 29,8 cm, Schnitt 16
Ø 20,4 cm, Schnitt 15

Dieser äußerst strukturierte Stern zeigt einen interessanten Kontrast zwischen Innenbereich und Außenstrahlen. Während aus der Mitte heraus spitzige Dreiecke flitzen, die aber durch ein x-förmiges Gitter von Splitterformen im Innern gehalten werden, leuchten die Strahlen klar und souverän. Hier entstehen Spannung und Dynamik!

Nehmen Sie acht Schnitte, wie oben angegeben. Bitte beachten Sie, dass diese Schnittform nicht ganz viereckig ist! Falten Sie die etwas längere Mittellinie.

Abb. 1: Nachdem Sie für die (S)-Spitze die Grundfalten 1 und 2 (siehe S. 28) gebildet haben, öffnen Sie die gefalteten Teile entsprechend der Zeichnung.

Abb. 2: Weiter nach der Zeichnung vorgehen. Damit Sie diese feinen Falten an der (S)-Spitze richtig hinbekommen, nehmen Sie einen Fingernagel zu Hilfe.

Abb. 3: Nach der Zeichnung vorgehen. Die Klebepunkte anbringen.

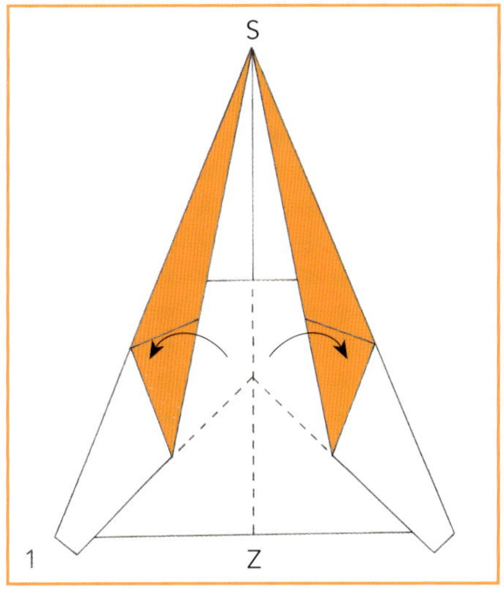

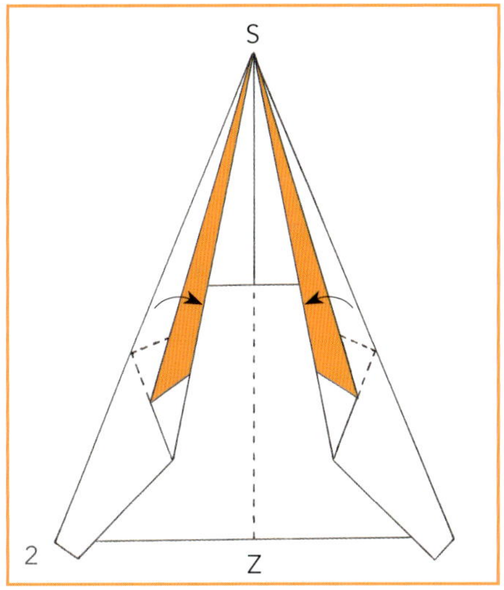

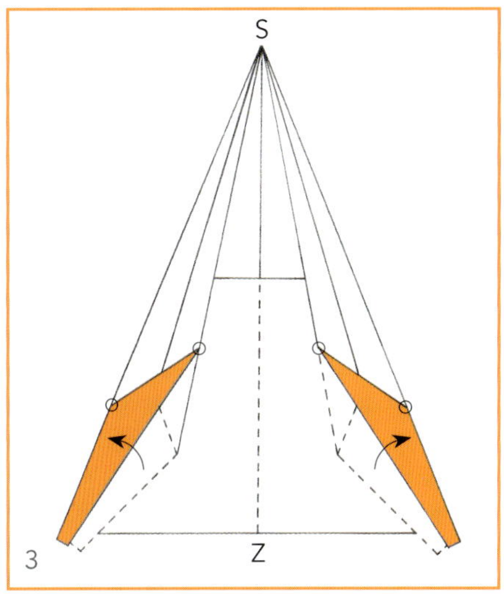

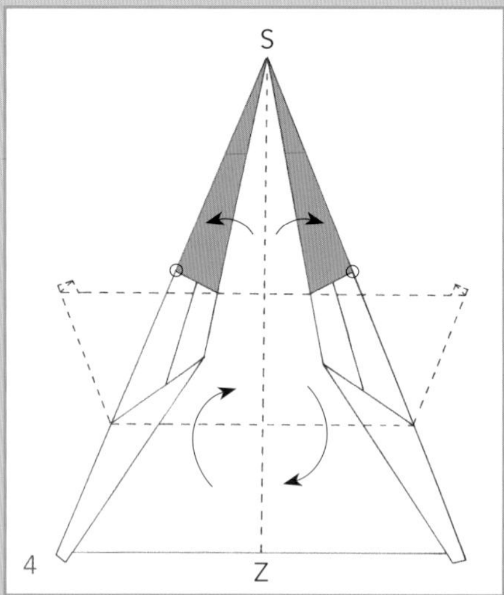

4

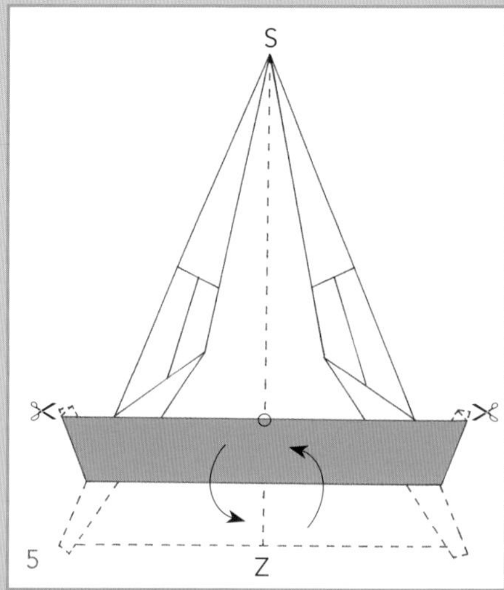

5

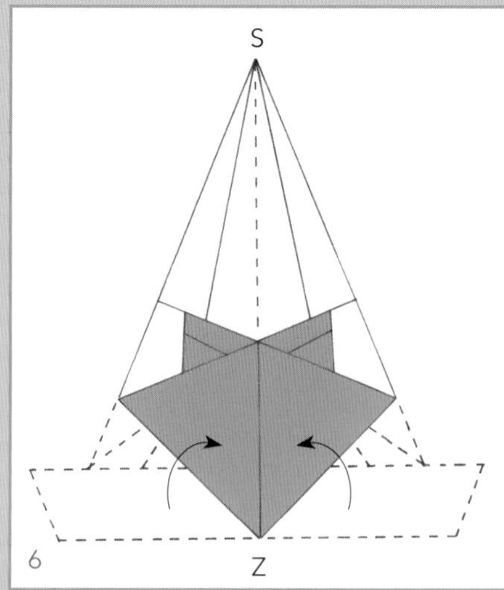

6

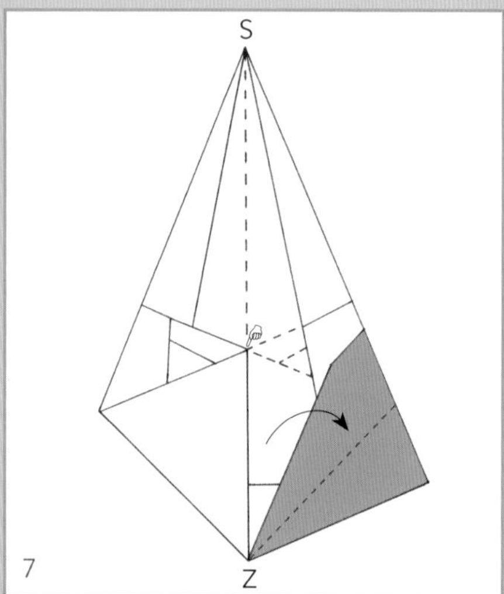

7

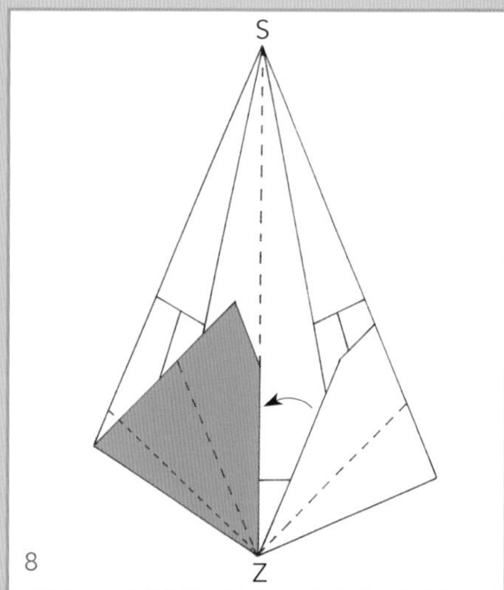

8

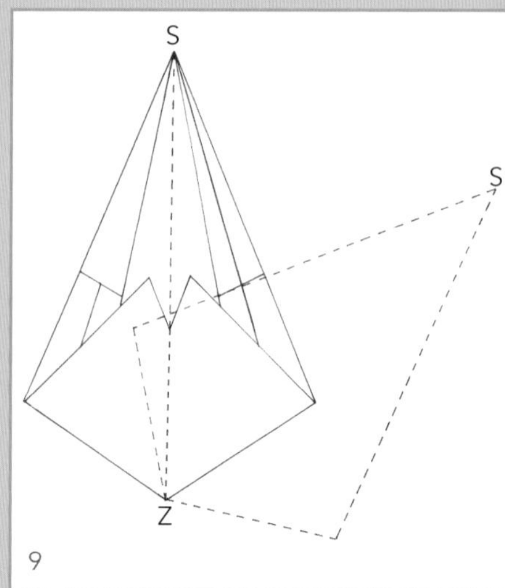

9

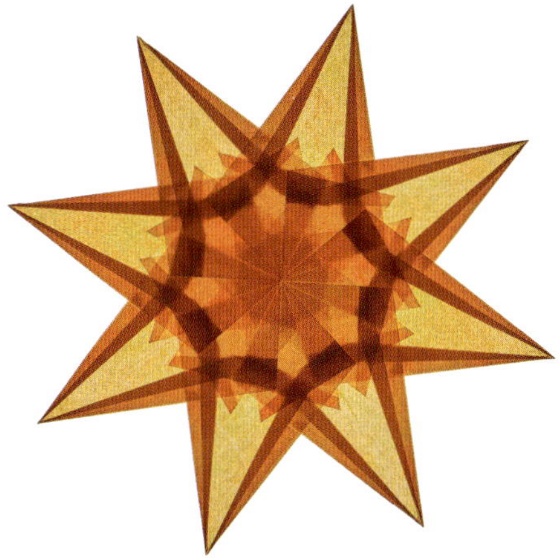

Abb. 4: Zunächst die Vorbereitungsfalte bilden. Legen Sie dabei die (Z)-Kante auf die horizontale Innenkante der (S)-Mitte. Öffnen Sie das Gefaltete wieder. Dann die (S)-Mitte befreien, entsprechend der Zeichnung. Kleben.

Abb. 5: Jetzt wird die horizontale (Z)-Kante auf die neu entstandene Hilfslinie gelegt. Klebepunkt nur an der Mitte anbringen! Mit der Schere schneiden Sie die zwei herausragenden Ecken ab.

Abb. 6: Bilden Sie die Grundfalte 1 für das Zentrum (Z).

Abb. 7: Weiter geht es mit zwei «Trichterfalten» (siehe S. 29). Um diese besondere Falte zu bilden, heben Sie leicht die rechte Kante (mit Rot verdeutlicht), die auf der Mittellinie liegt, und führen Sie sie mit dem Finger nach rechts herab, um diese Kante flach auf die (Z)-Kante zu legen. (Die Zeichnung zeigt rechts die fertig angelegte «Trichterfalte».) Nehmen Sie bei diesem Verwandlungsvorgang einen anderen Finger zu Hilfe, damit die untere Faltschicht nicht wegrutscht. Falten Sie dann spiegelbildlich den linken Teil genauso, nach links (nicht angezeigt).

Abb. 8: Ziehen Sie nun auf beiden Seiten die neuen Innenkanten der fertigen «Trichterfalten» zur Mittellinie hin. Darauf achten, dass sich die Faltlinien richtig übereinander anordnen (siehe rote punktierte Linie). Die Zeichnung zeigt nur den linken Endvorgang.

Abb. 9: Es kann vorkommen, dass bei «Trichterfalten» kleine unvermeidliche Unregelmäßigkeiten entstehen, selbst wenn die Faltungen korrekt sind. Falls nötig, können Sie die V-Form (in der Zeichnung rot markiert) in der Schnittmitte leicht mit der Schere verbessern, damit beide Ränder gleich werden.

Die Zusammensetzung erfolgt mit dem achtstrahligen Diagramm (siehe S. 24f.). Dabei muss die erste linke Hilfslinie des nächsten Schnittes exakt auf der Mittellinie des vorderen liegen (rot punktiert).

Nun leuchtet der Edelstern in seiner Pracht!

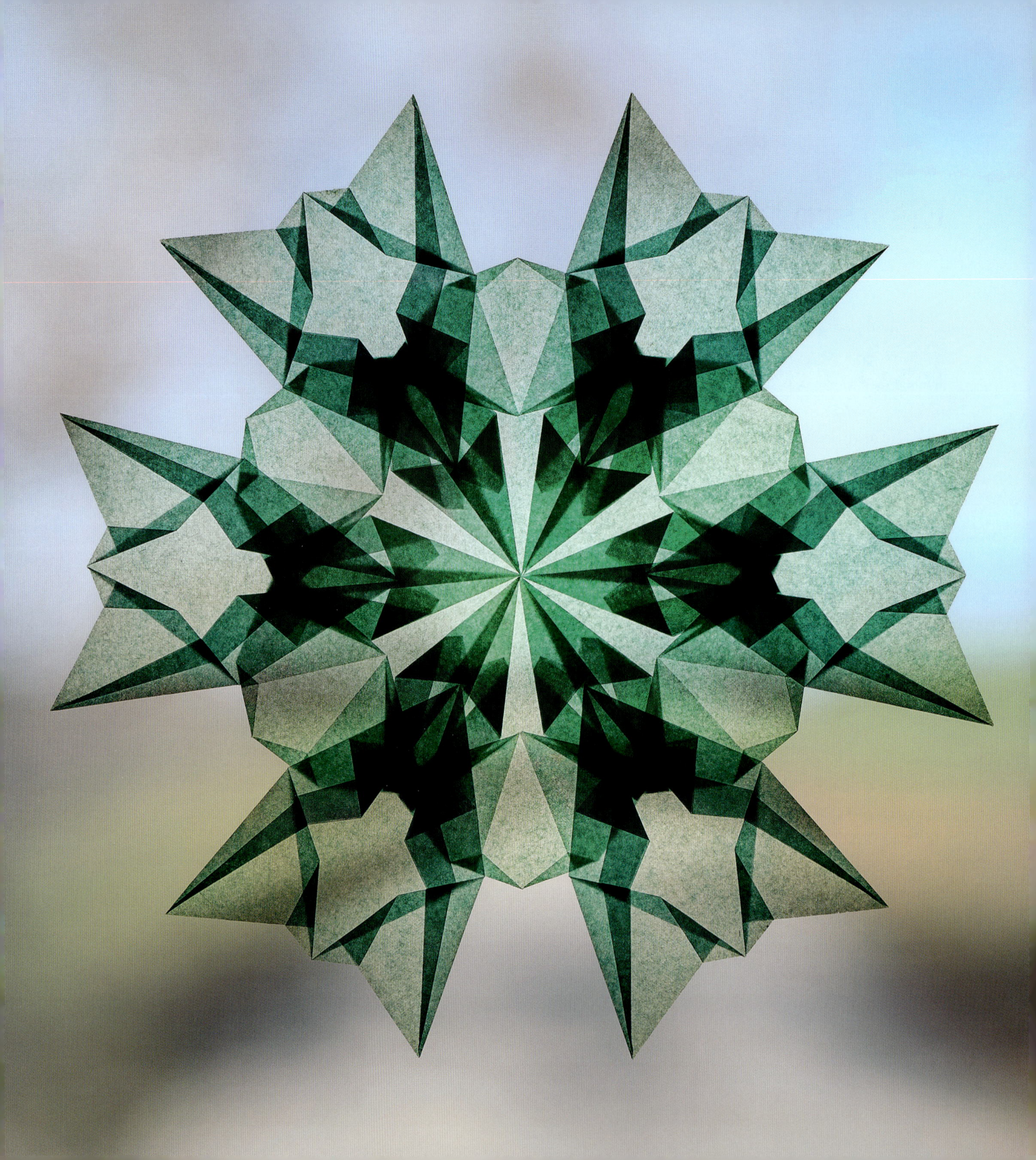

Eisstern ****

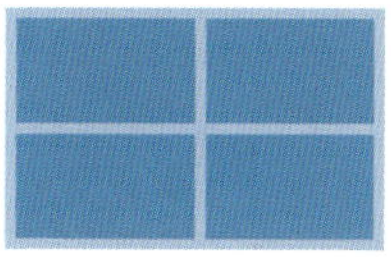

Sechsstrahlig
Ø 37 cm, Schnitt 2
Ø 25,8 cm, Schnitt 1

Bei diesem besonders ausgefallenen Schneekristall vermitteln die verfeinerten Doppelspitzen die innere Empfindung von klirrender Kälte. Winzig kleine Dreieckspaare im mittleren Bereich erscheinen für den Betrachter wie kleine kühle «Augen». Eine Vielfalt an sich kreuzenden, glitzernden, quasi stechenden Spitzen ist das interessante Ergebnis des zweiteiligen Aufbaus von «Eisstern».

Dieses Wintertransparent besteht aus einem Sockel von sechs Schnitten, der die sechs Strahlen trägt. Also müssen Sie insgesamt zwölf gleiche Schnitte vorbereiten.

Für den Sockel:
Bilden Sie für die sechs Sockelschnitte die horizontalen und die vertikalen Mittellinien sehr deutlich. Die Zeichnungen zeigen wie üblich unten das (Z)-Zentrum und oben die (S)-Spitze. Beim Faltprozess ist es hier aber bequemer, wenn Sie das Schnittblatt erst umgekehrt vor sich hinlegen.
Abb. 1: Den rechten Winkel nach innen falten, bis seine rechte Basiskante zum rechten (S)-Winkel spitz zuläuft.
Abb. 2: In zwei Schritten weiterfalten.

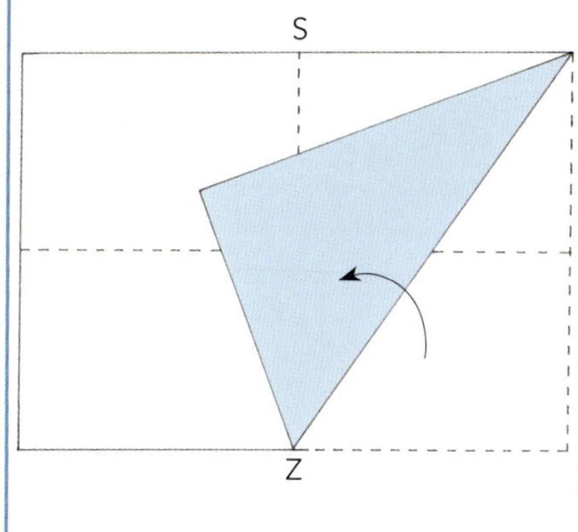

1

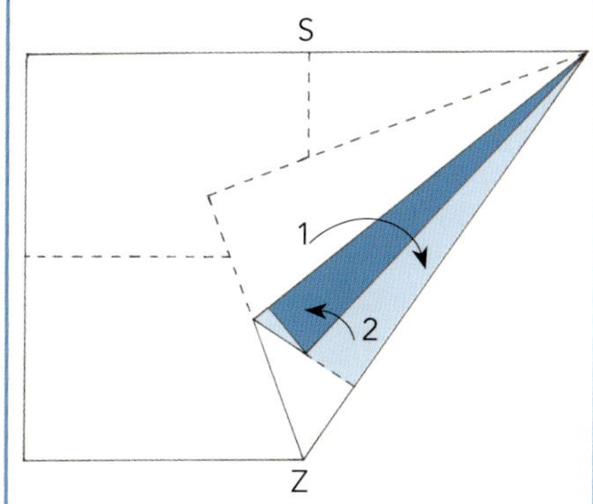

2

Abb. 3: Nach der Zeichnung vorgehen. Kleben.
Falten Sie dann die linke Schnitthälfte ab Abb. 1 spiegelbildlich genauso.
Abb. 4: Beide Winkel der (S)-Spitze werden auf den Mittelpunkt gelegt. Mit dem Messerrücken glätten Sie die untere Falte, damit sie nicht wegrutscht. Kleben.
Abb. 5: Die beiden (S)-Eckchen exakt zurückfalten und kleben. Nun sind Ihre sechs Sockelschnitte fertig! Am besten setzen Sie den Sockel jetzt zusammen. Benutzen Sie dafür das sechsstrahlige Diagramm (siehe Grundanleitung, S. 25f.).

Für die sechs Strahlen:
Falten Sie für die sechs Strahlen die horizontalen und die vertikalen Mittellinien genauso wie am Anfang. Dann kommt eine horizontale Linie im Bereich der (S)-Spitze dazu. Dafür knicken Sie die (S)-Kante auf die horizontale Mittellinie und öffnen das Gefaltete wieder.
Wiederholen Sie dann die Schritte 1 bis 3.

Abb. 6: Der rechte (S)-Flügel wird an die linke gegenüberliegende Kante gelegt – wie die Zeichnung es zeigt.
Abb. 7: Falten Sie, genau nach der Zeichnung, diesen (S)-Flügel nur halb zurück, bis seine linke Kante an die neu gebildete horizontale Linie stößt.
Abb. 8: Ziehen Sie die untere Kante (rot punktiert) so, dass sie sich gleitend auf die äußere Kante absetzt.

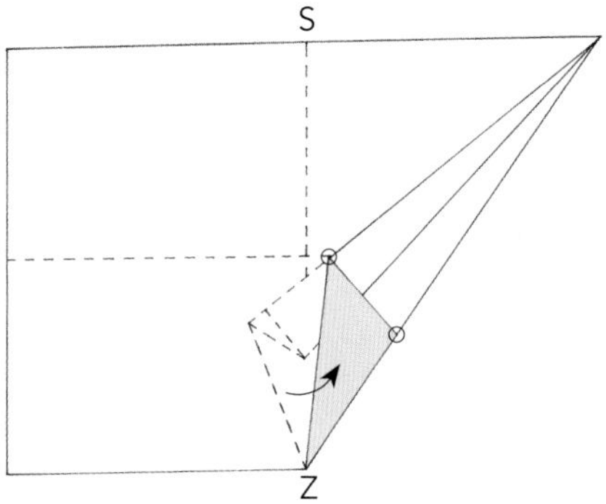

3

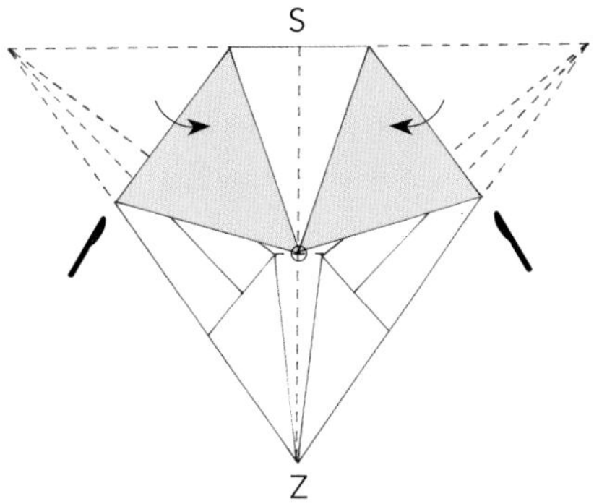

4

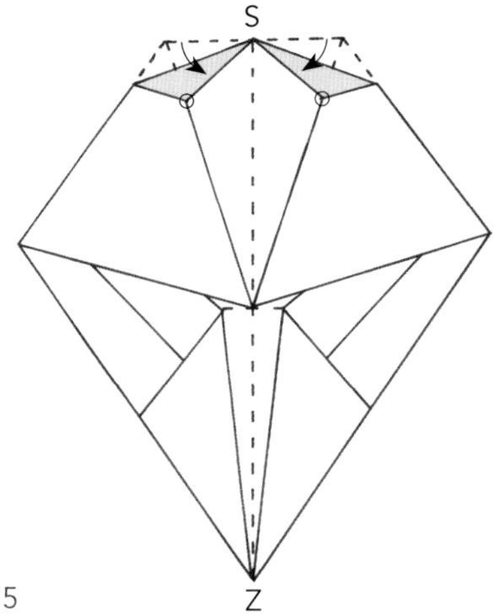

5

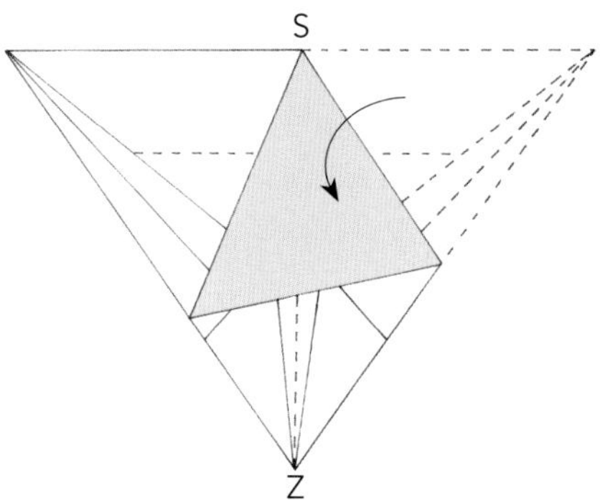

6

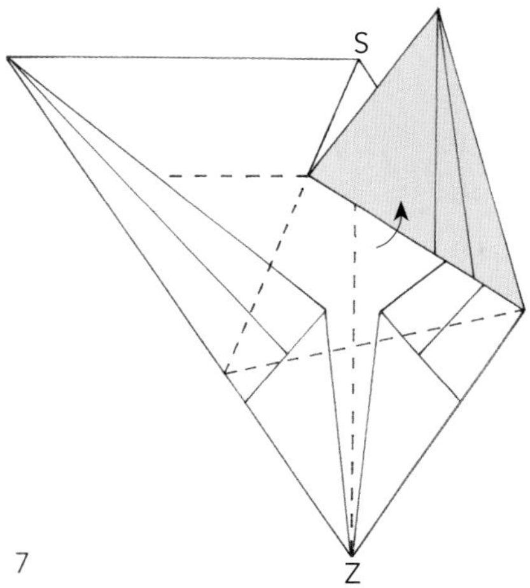

7

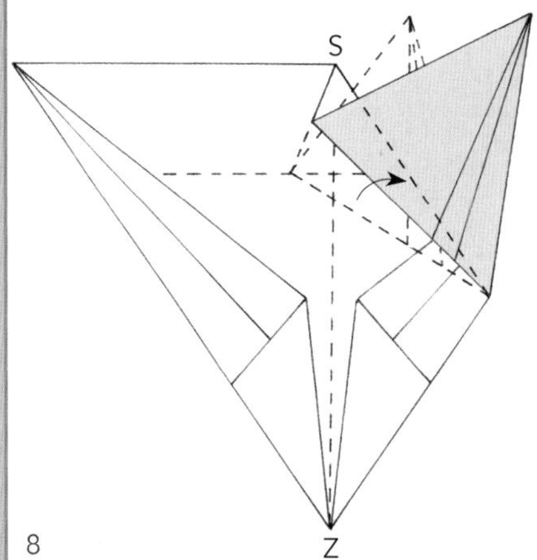

8

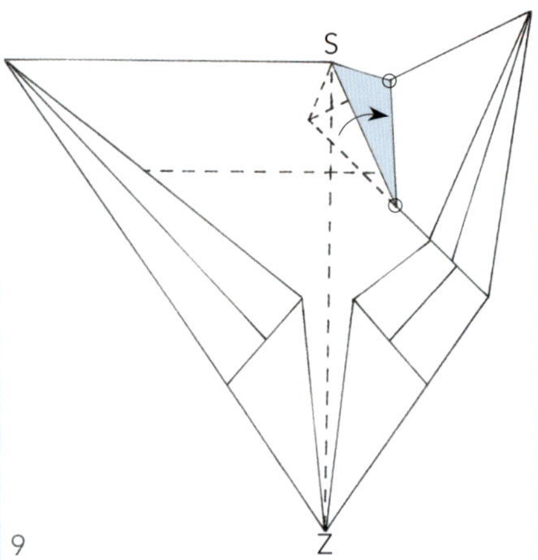

9

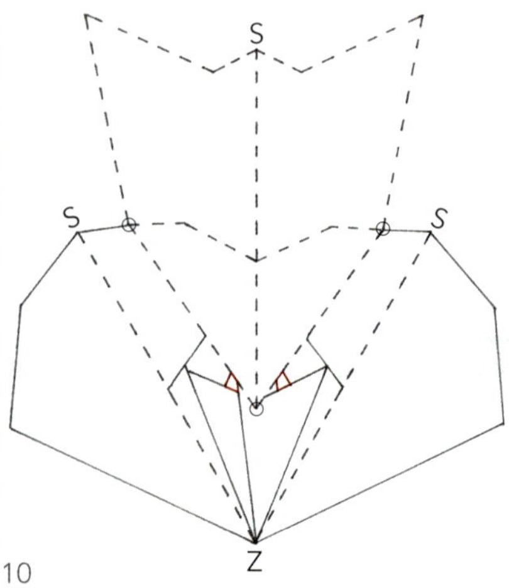

10

Abb. 9: Abschließend wird im (S)-Bereich das Eckchen zurückgeknickt. Kleben.

Den anderen (S)-Flügel spiegelbildlich genauso falten.

Abb. 10: Zusammensetzung: Jeder Strahl wird zwischen zwei Sockelschnitte eingefügt. Dabei stützen sich die zwei seitlichen Winkel des Strahls auf die Kanten des (S)-Sockelbereiches. Die Mittellinie läuft genau durch die Kreuzung der zwei Sockelschnitte.

Um die perfekte Schönheit des Eissterns zu erzielen, ist es beim Einstellen wichtig, dass die zwei kleinen durchblickenden Eckchen, die sogenannten «Lichtäuglein» (rot gekennzeichnet), gleich aussehen. Am besten prüfen Sie zuvor an der Fensterscheibe, ob die Zusammenhänge richtig passen. Erst dann kleben.

Am Fenster glitzert schließlich ein wahres Winterjuwel aus Seidenpapier!

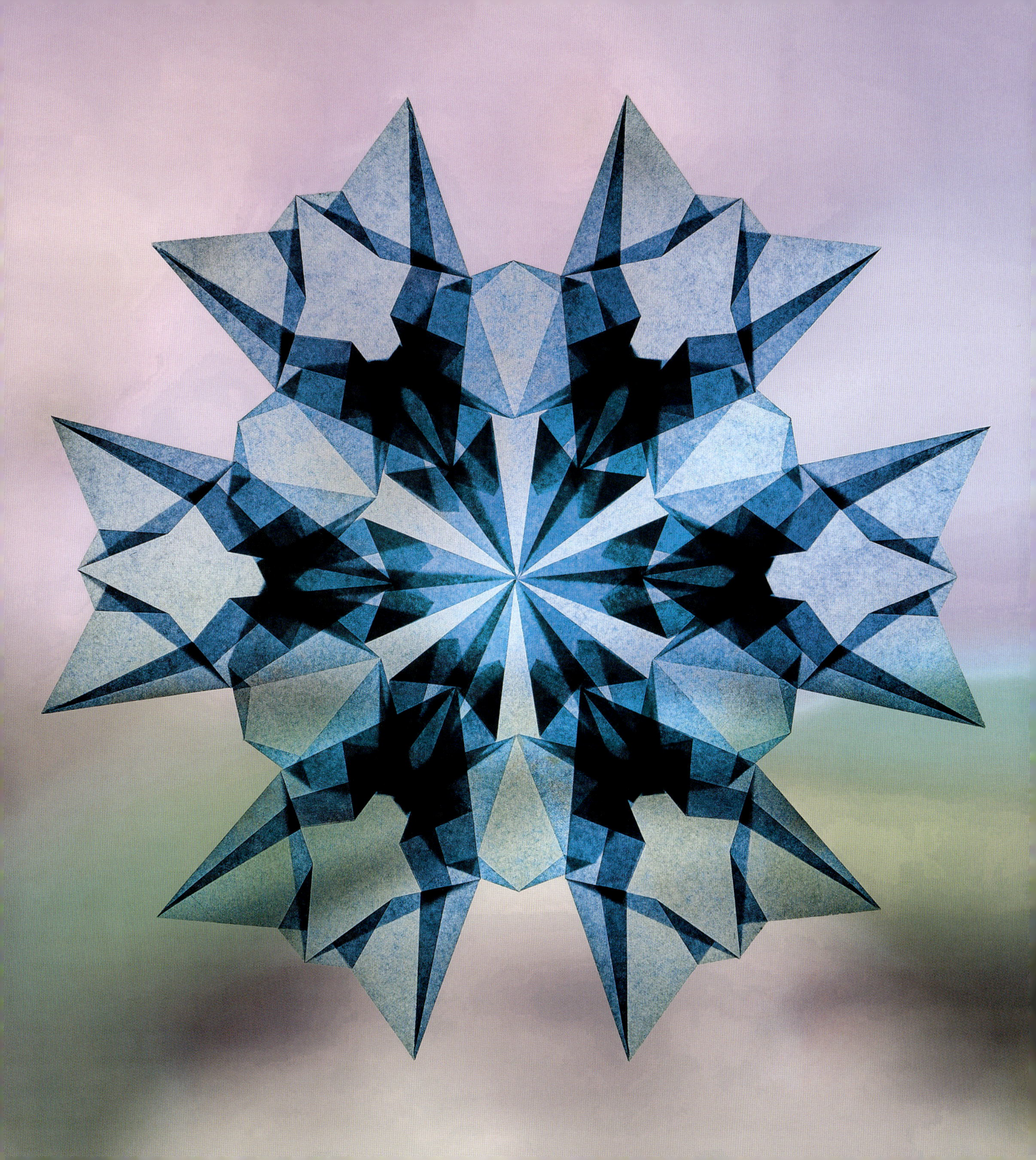

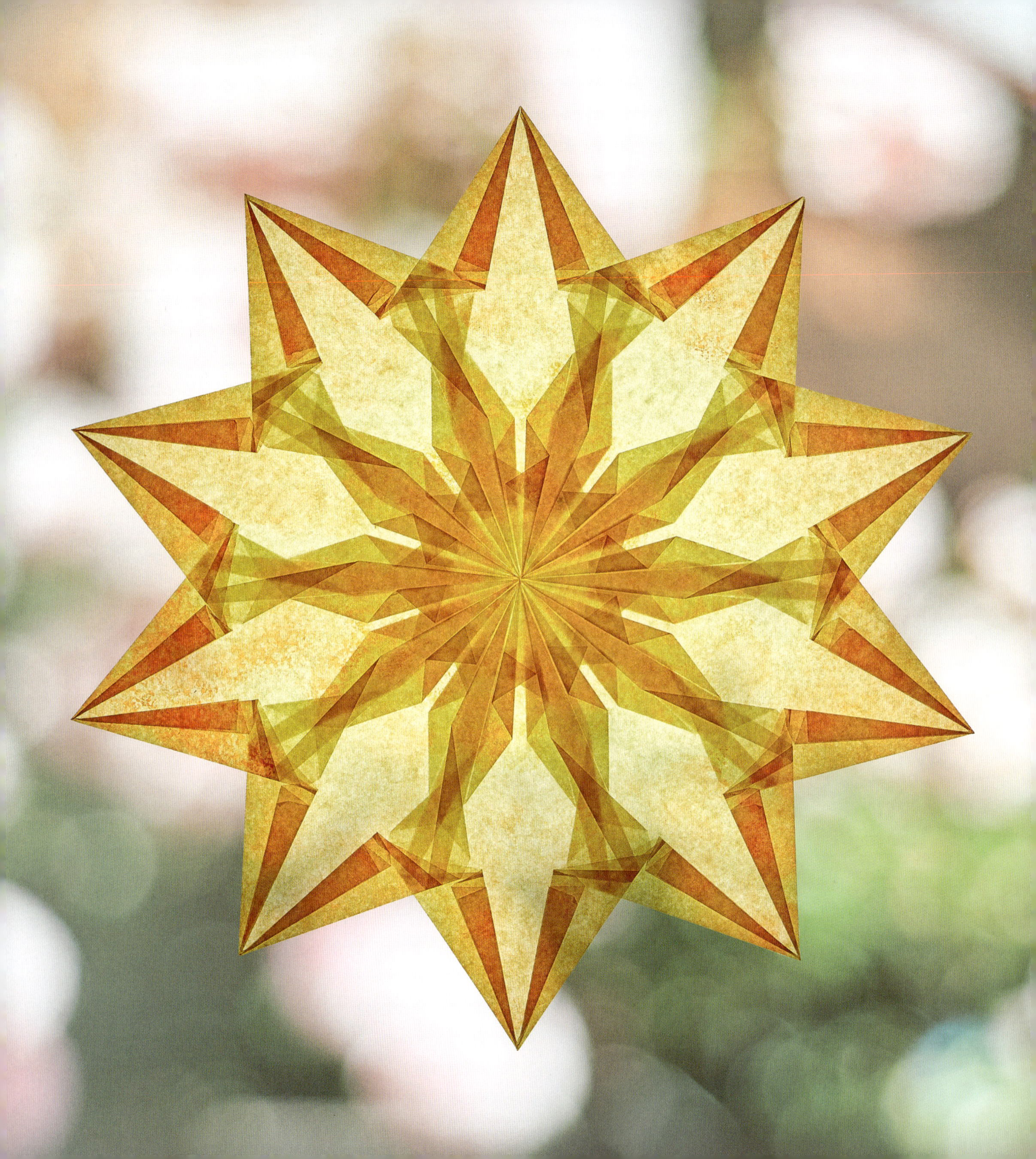

Erglänzende Sonne ***

Zehnstrahlig
Ø 35 cm, Schnitt 2
Ø 25 cm, Schnitt 1

Licht und Wärme, innig verwoben, lassen aus der Mitte dieser Sonne so etwas wie vibrierende, lodernde, kleine Flammen hervorzüngeln. Sie entfalten sich zur Peripherie hin zu einem ausgeglichenen Erglänzen.

Nehmen Sie zehn Schnitte, wie oben angegeben. Bilden Sie die lange Mittellinie.
Beginnen Sie für das (Z)-Zentrum mit der Grundfalte 1 (siehe Grundanleitung, S. 28). Öffnen.

Abb.1: Nach der Zeichnung vorgehen. Grundfalte 1 schließen. Bilden Sie dann die Grundfalte 2.
Abb. 2: Öffnen entsprechend der Zeichnung.
Abb. 3: Legen Sie zuerst die zwei oberen Ecken nach außen. Achten Sie dabei darauf, dass ihre unteren Kanten an die oberen Enden der (Z)-Falten stoßen. Andererseits müssen die beiden Falten nach oben hin fein spitz verlaufen.
Danach ziehen Sie die zwei kleinen Ecken des (Z)-Zentrums nach außen und legen die so geöffneten Falten flach. Nur die vier angegebenen Klebepunkte anbringen.

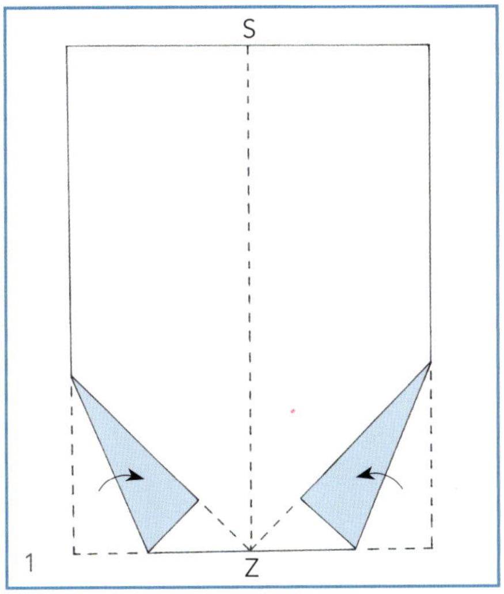

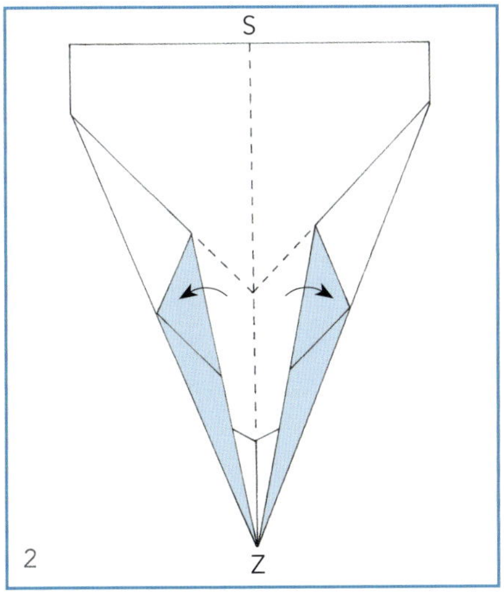

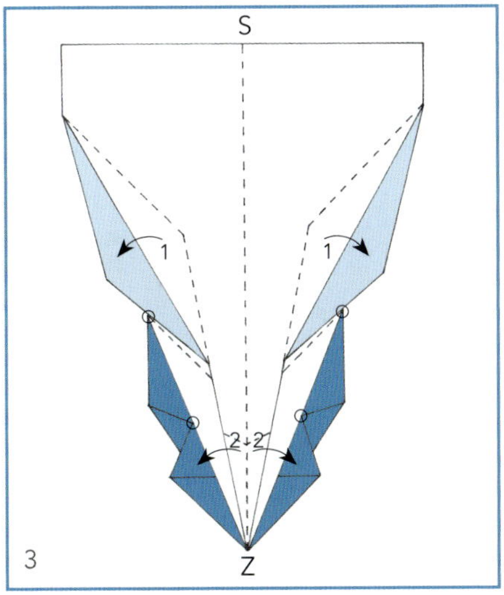

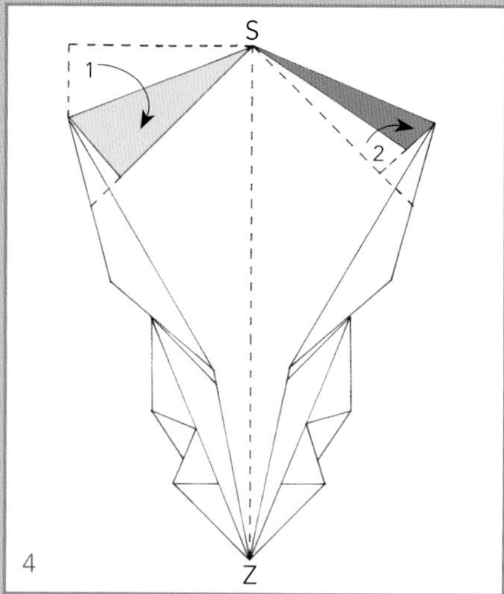

4

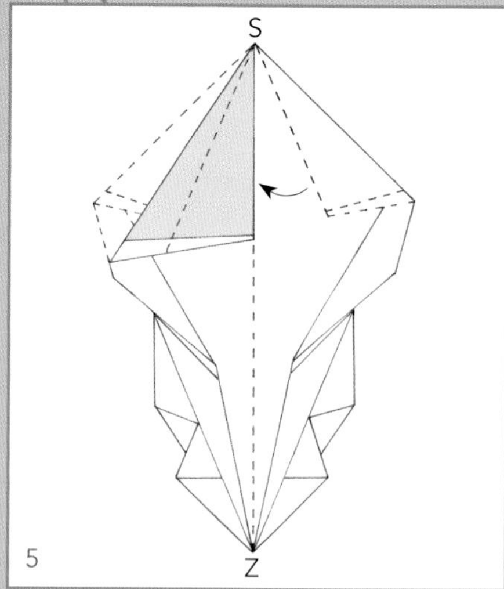

5

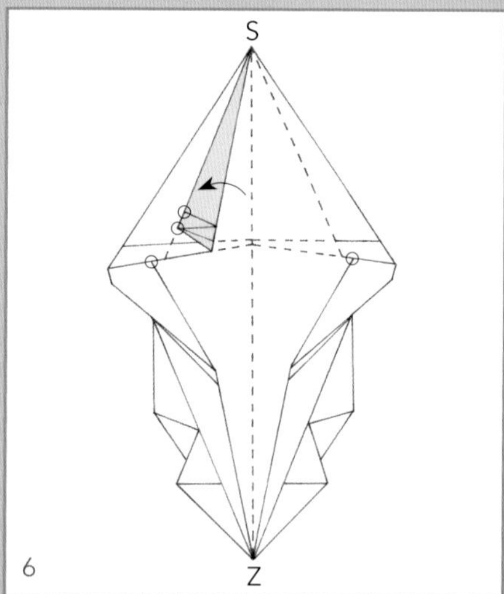

6

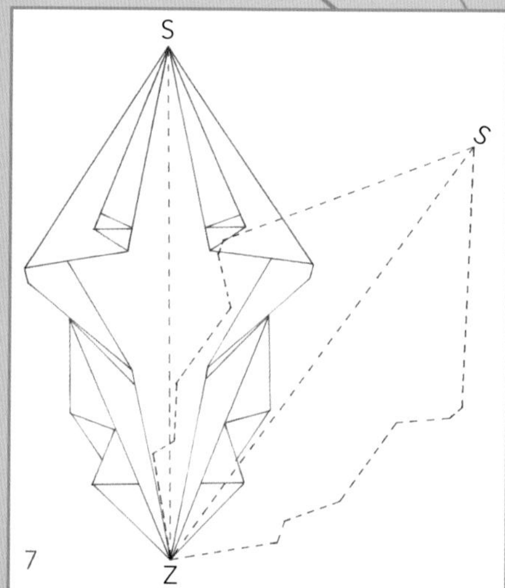

7

Abb. 4: Jetzt für die (S)-Spitze die Grundfalte 1 bilden. Wieder öffnen. Dann in zwei Schritten weiterfalten – für beide Seiten gleich. Diese Falten wieder schließen.
Abb. 5: Die inneren Kanten der (S)-Spitze werden beide zur Mittellinie herangezogen (rechts in Rot punktiert). Die Zeichnung der linken Hälfte illustriert den Endvorgang.
Abb. 6: Öffnen Sie beide (S)-Innenkanten und falten Sie sie auf die punktierten Linien zurück, wie die Zeichnung in der linken Hälfte es andeutet. Jetzt alle sechs Klebepunkte anbringen.
Abb. 7: So sieht der fertige Schnitt aus. Verwenden Sie für die Zusammensetzung der zehn Strahlen das entsprechende Diagramm (siehe S. 25f.).
Nun können wir den Sonnenglanz dieses Transparentsterns bewundern.

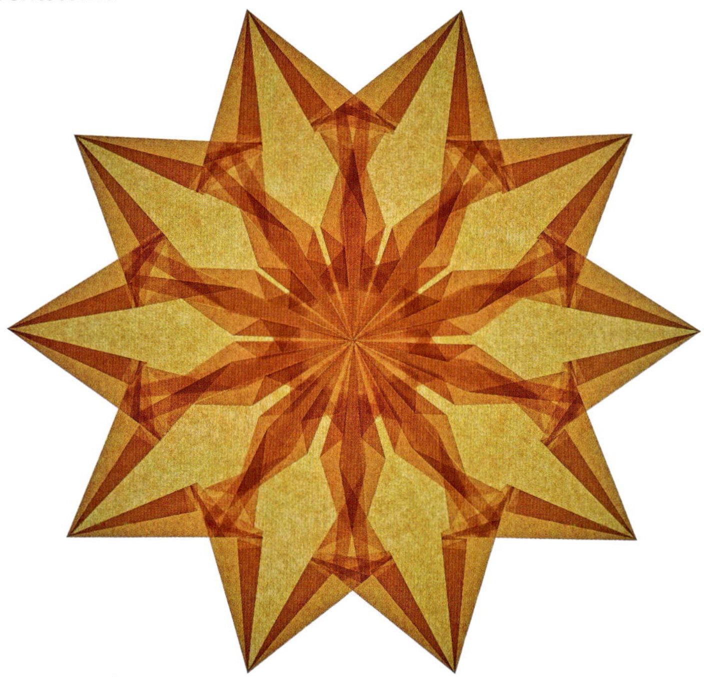

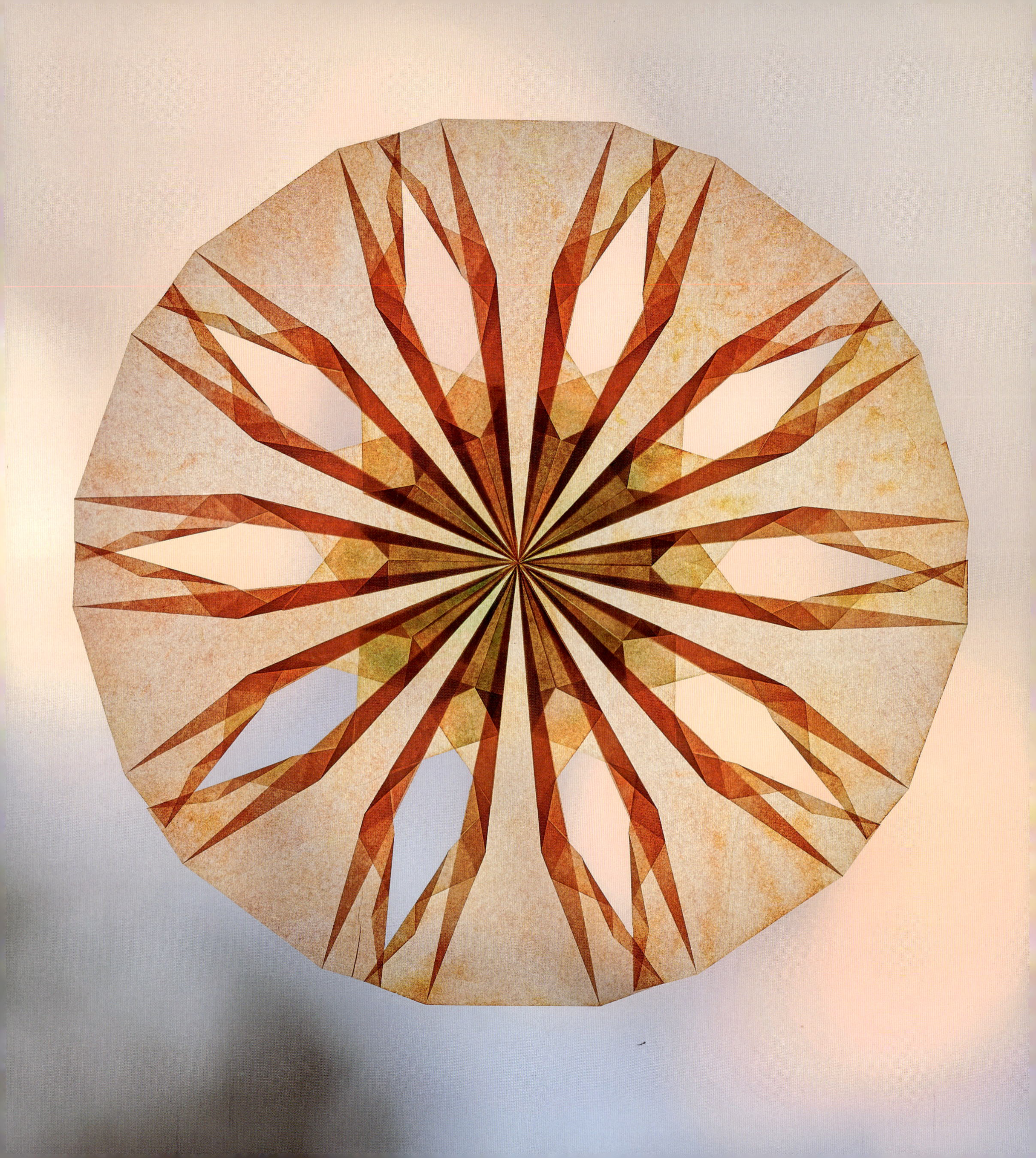

Lotussonne **

Zehnstrahlig
Ø 35 cm, Schnitt 2
Ø 25 cm, Schnitt 1

Sanft und seidig lassen diese feinen, kelchartigen Sonnenstrahlen möglicherweise das zarte Erinnerungsbild an eine orientalische Lotusblüte in der Seele aufscheinen ... Bei diesem Transparent entstehen auch zwischen den Strahlen dekorative Ausschnitte.

Nehmen Sie zehn rechteckige Schnitte, wie oben angegeben, und falten Sie die lange Mittellinie. Danach für das (Z)-Zentrum die drei Grundfalten hintereinander bilden (S. 28).

Abb. 1: Nun öffnen Sie den oberen (S)-Bereich bis zur Grundfalte 2. Dabei müssen diese Flügel oben so weit wie möglich ausgestreckt werden, damit sie fein spitz verlaufend herabgesetzt werden. Nur die zwei angegebenen Klebepunkte anbringen.
Abb. 2: Erste Öffnung des (Z)-Zentrums. Behelfen Sie sich mit einem Messerrücken, damit die Falten bis zum (Z) richtig spitz verlaufen. Kleben.
Es folgt beidseitig eine Vorbereitungsfalte an den (S)-Flügeln. Dabei die oberen Außenkanten auf die Innenkanten legen und wieder öffnen.

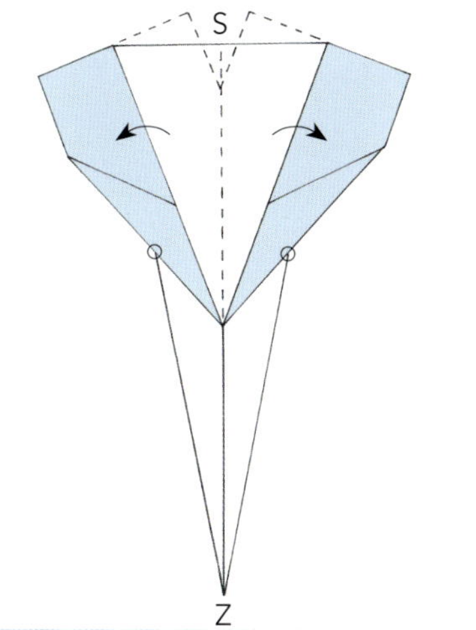

1

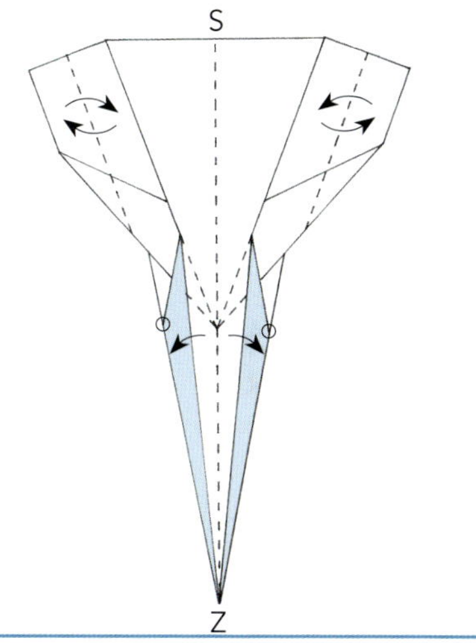

2

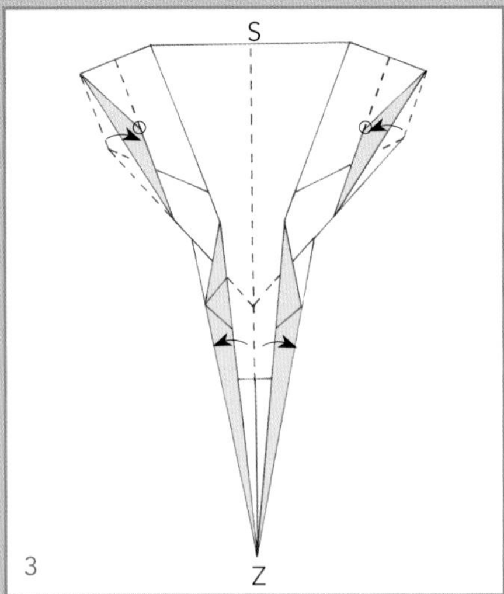
S
Y
Z
3

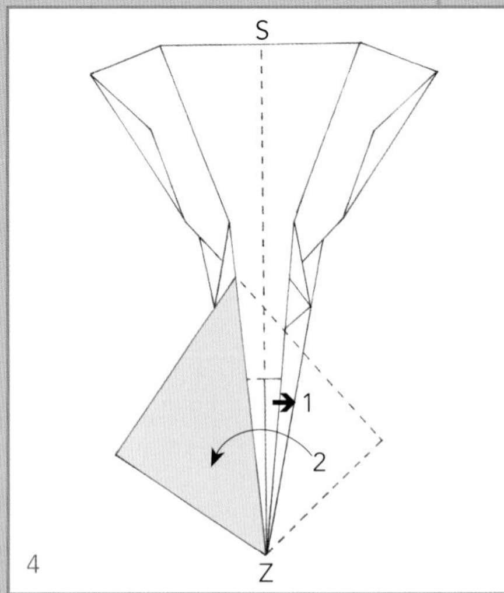
S
1
2
Z
4

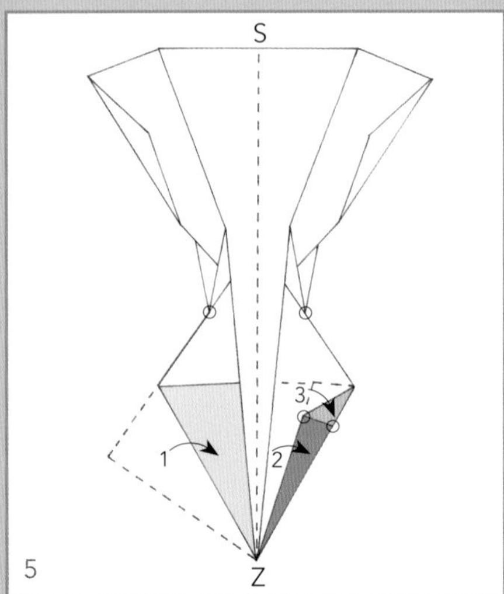
S
3
1
2
Z
5

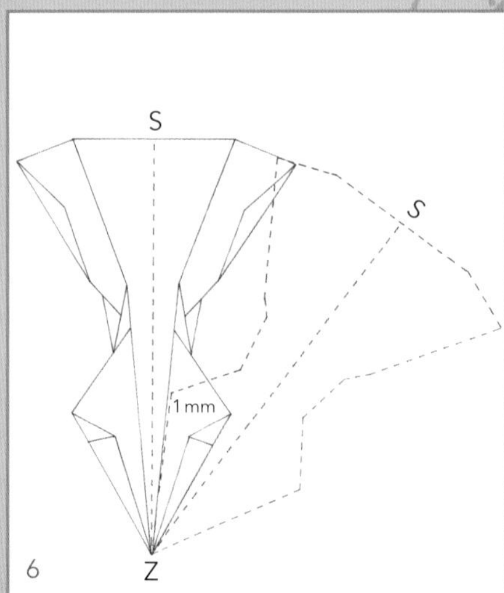
S
S
1 mm
Z
6

Abb. 3: Weitere Öffnung des (Z)-Zentrums für die untere Schicht. Hier genauso die Falten schön spitz zurücklegen. Nicht kleben! An den (S)-Flügeln die zwei Seitenkanten auf die neu entstandenen Linien zurückknicken. Kleben.

Abb. 4: Jetzt kommt nacheinander eine besondere Öffnung der Falten am (Z)-Zentrum. Ziehen Sie zunächst an der linken Innenecke der Grundfalte 1, wie an einer kleinen Lasche, und entfalten Sie langsam nach rechts die gesamten Plissee-Faltungen, um sie dann wieder endgültig nach links flach hinzulegen. Die Zeichnung illustriert nur diesen linken Vorgang. Den gleichen Entfaltungsprozess für die rechte (Z)-Seite ausführen.

Abb. 5: Nun wird das (Z)-Zentrum fertig gefaltet. Die Zeichnung zeigt den Vorgang in drei Schritten; er gilt für beide Seiten gleichermaßen. Die rechte Seite zeigt den Endzustand an. Kleben.

Abb. 6: Fügen Sie die zehn Strahlen mithilfe des entsprechenden Diagramms zusammen (S. 25f.). Dabei beachten: Bei der linken Ecke des anzusetzenden nächsten Schnittes soll ein minimaler Abstand von ca. 1 mm eingehalten werden.

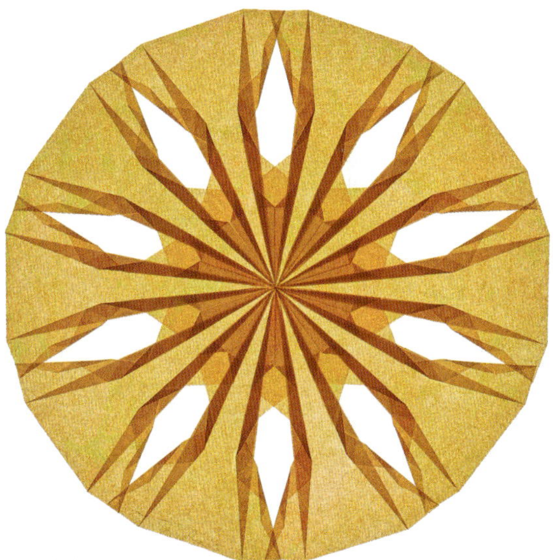

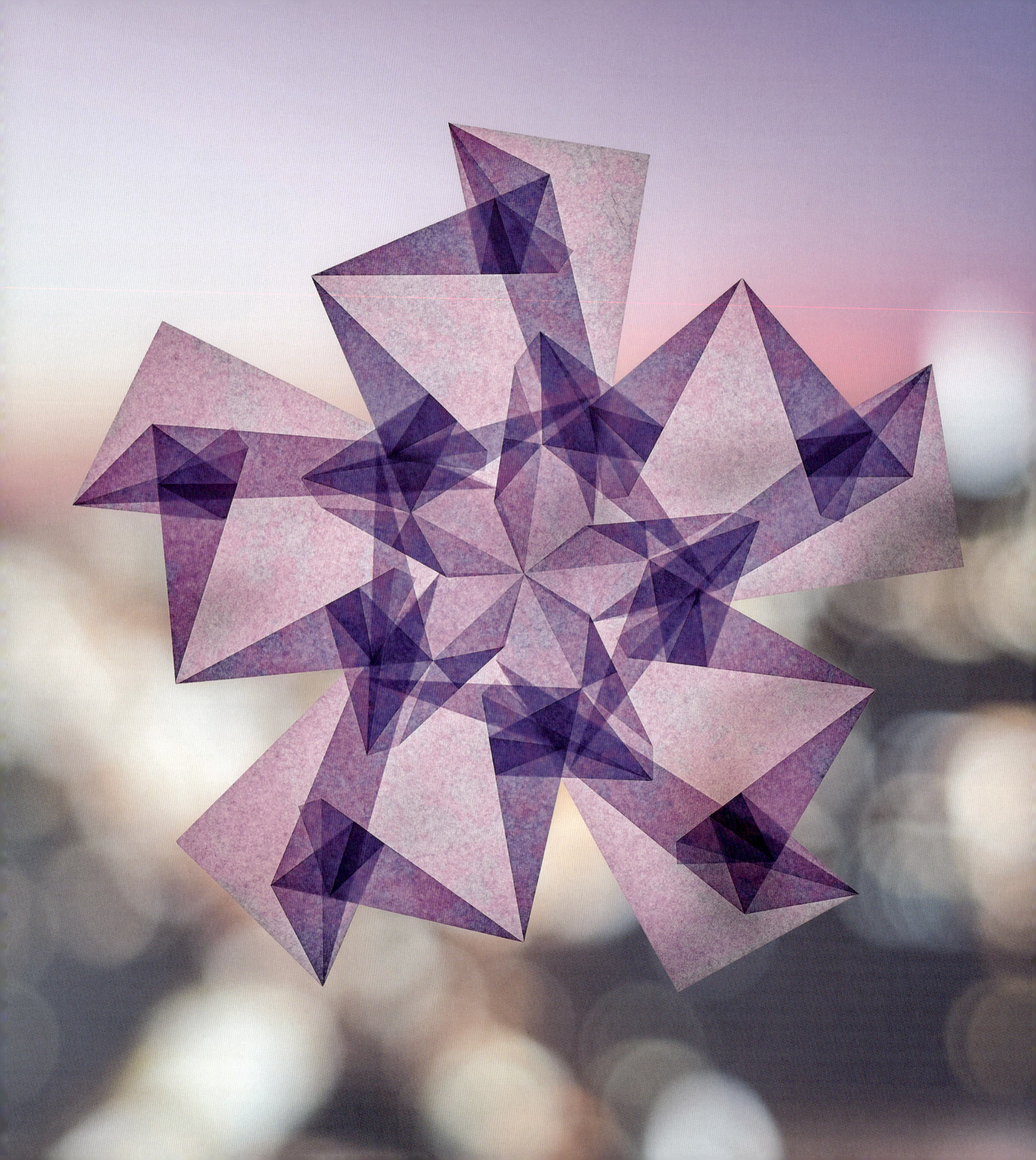

Vinca ****

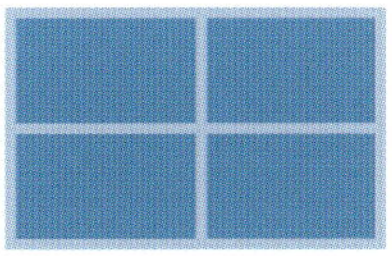

Fünfstrahlig
Ø 37 cm, Schnitt 3
Ø 26 cm, Schnitt 2
Ø 19 cm, Schnitt 1

Am Fenster blüht bereits ein Frühlingsvorbote. Wieder erleben wir beim Zusammensetzen der Seidenpapierschnitte nach einem freien, spielerischen Falten eine echte Überraschung. Und welch ein Zauber! Dieses Mal leuchtet die Vinca auf, die schöne blaue Blüte des Immergrüns!

Fünf rechteckige Schnitte nehmen. Die zwei Mittellinien bilden.
Abb. 1: Legen Sie den linken unteren Winkel auf die Kreuzung Mittellinie/obere Kante.
Abb. 2: Dann, der Zeichnung entsprechend, den rechten unteren Winkel falten. Nicht kleben.
Wenden Sie jetzt den Schnitt so auf seine Rückseite, dass die eben gefalteten Winkel oben bleiben.
Abb. 3: Die Seitenflügel des oberen Winkels schließen (ähnlich einer Grundfalte 1) und beidseitig nacheinander eine «Trichterfalte» (S. 29) bilden, und zwar so, wie die Zeichnung im Zweierschritt für die linke Seite zeigt. Die obere linke Kante (rot punktiert) wird bei der Trichterbewegung auf die Schrägkante herabgesetzt. Die rechte Seite spiegelbildlich genauso bilden.

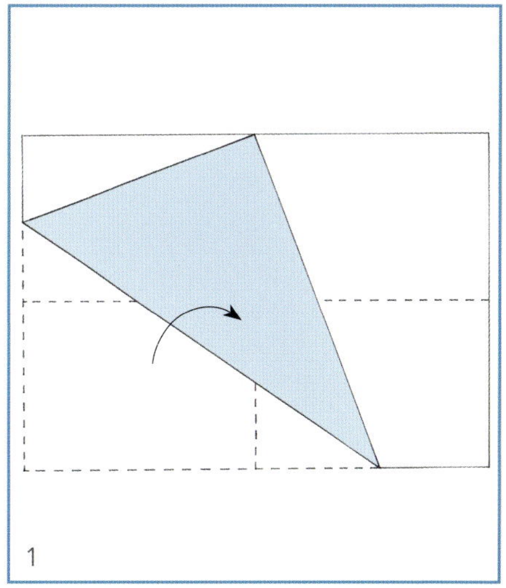

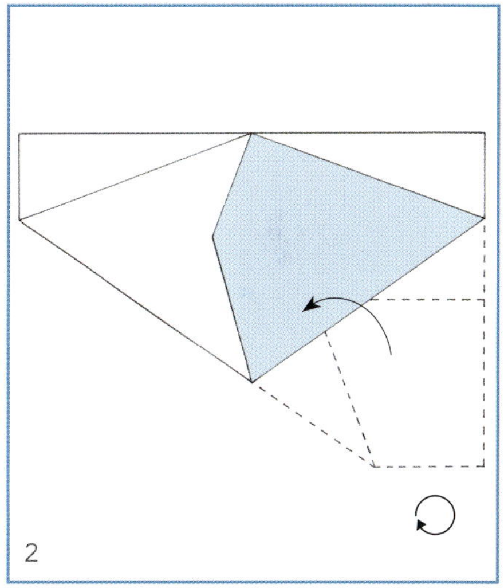

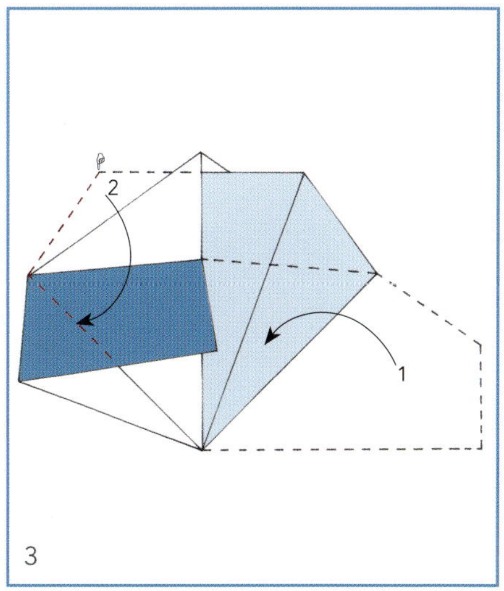

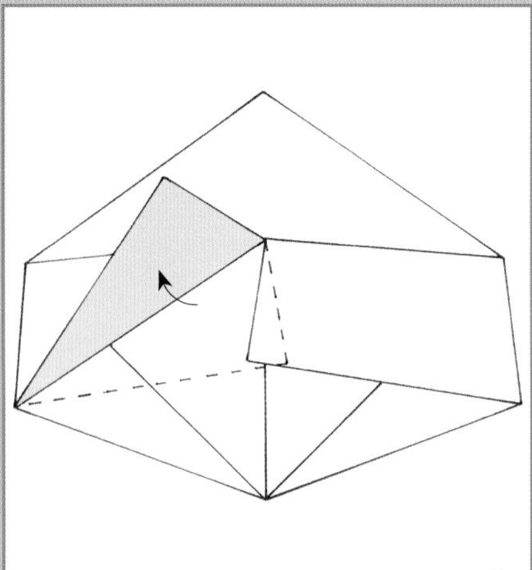

4

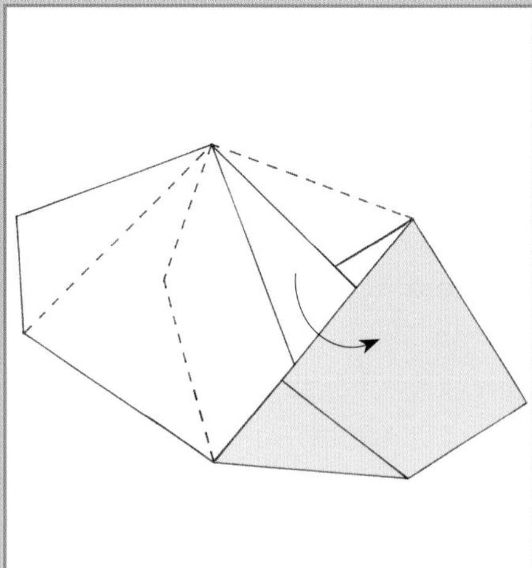

5

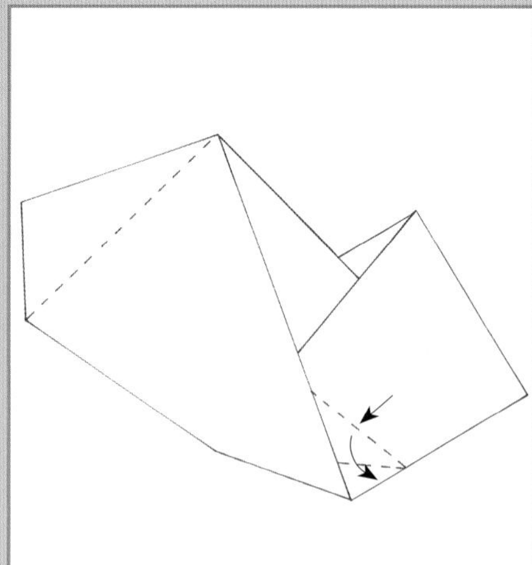

6

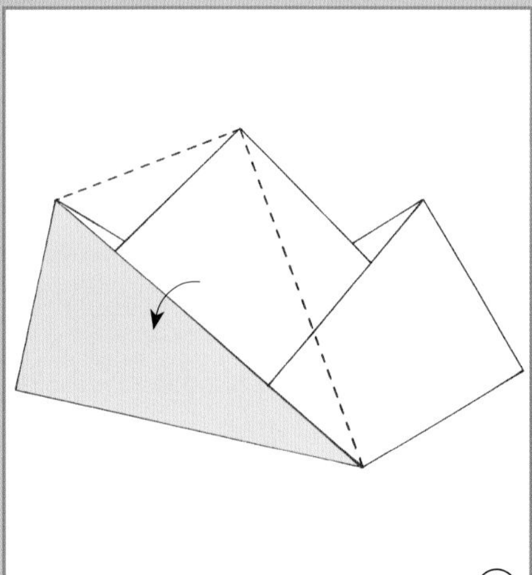

7

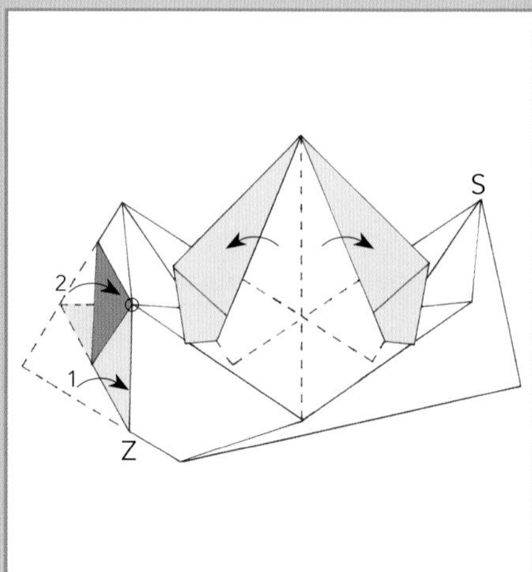

8

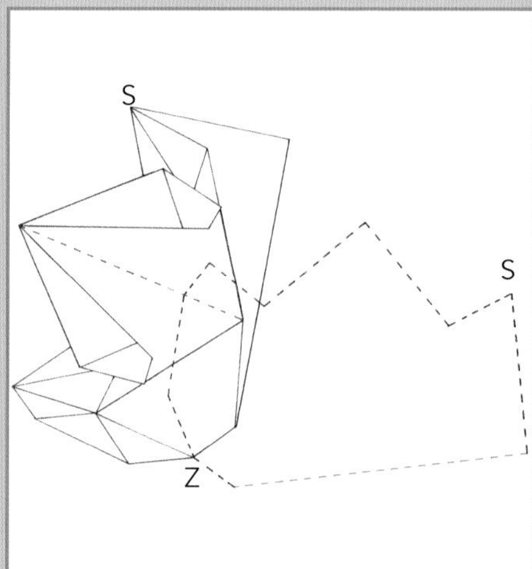

9

Abb. 4: Knicken Sie so weit wie möglich erst die linke Ecke nach oben, dann genauso die rechte Ecke. (Die Zeichnung zeigt bloß den Vorgang an der linken Ecke.)

Den Schnitt wieder auf die Vorderseite wenden!

Abb. 5: Legen Sie den rechten Flügel so weit wie möglich herab.

Abb. 6: Befreien Sie die kleine untere Innenfalte, indem Sie den losen oberen Teil leicht heben, und legen Sie sie dann flach nach unten.

Abb. 7: Jetzt wird der lose obere Teil ebenso nach unten gesenkt.

Wenden Sie zum letzten Mal Ihren Schnitt auf die Rückseite, wie es die nächste Zeichnung anzeigt.

Abb. 8: Beide Flügel öffnen. Sie werden nicht geklebt, damit sie einen leicht dreidimensionalen Effekt erzielen können. Am linken Schnittteil erfolgen zwei Falten nacheinander. Erst den äußeren rechten Winkel an die Faltenkreuzung legen und dann anschließend das linke Eckchen genauso an diesen Punkt kleben.

Erst jetzt können wir, wie die Zeichnung es zeigt, zur Orientierung das (Z)-Zentrum und die (S)-Spitze angeben.

Abb. 9: Die Zusammensetzung erfolgt mit dem fünfstrahligen Diagramm (Grundanleitung, S. 25f.). Achten Sie besonders darauf, beim Aufbau (S) und (Z) nicht zu verwechseln. Die (S)-Spitze muss auf der verlängerten Diagrammlinie liegen.

Schließlich können Sie die Sternblüte der Vinca mit den typischen Drehbewegungen am Fenster bewundern.

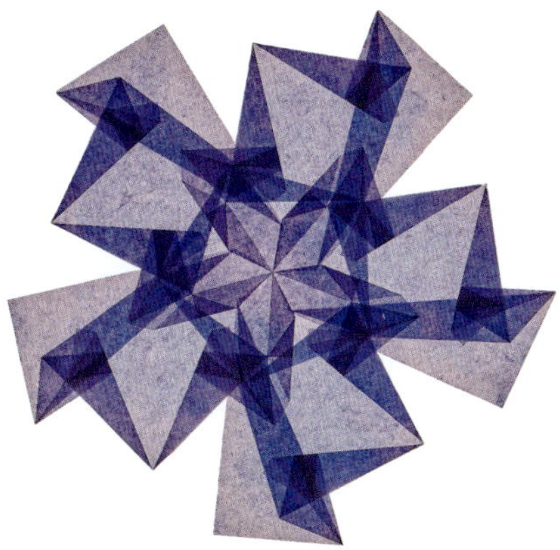

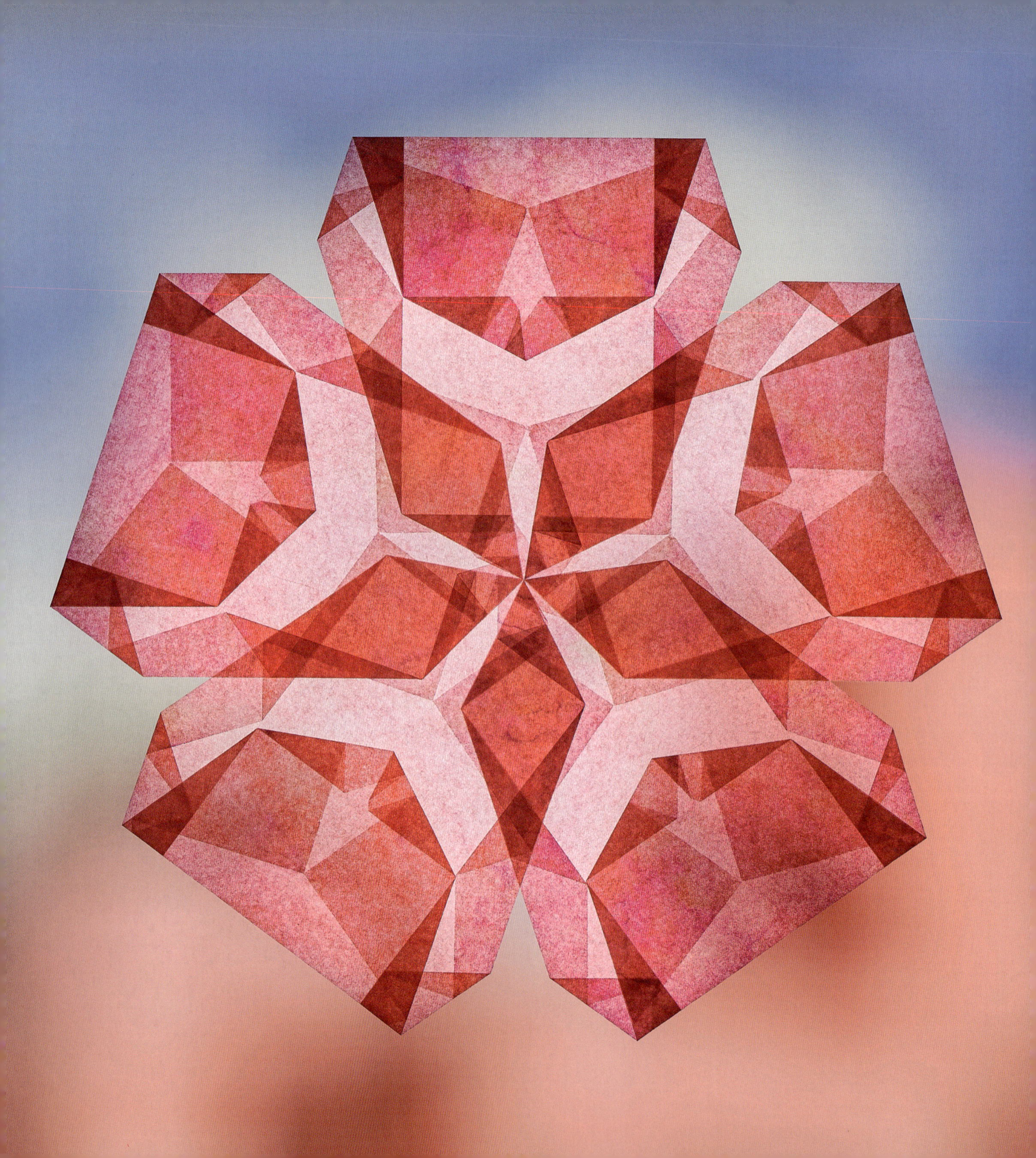

Sternenstille ***

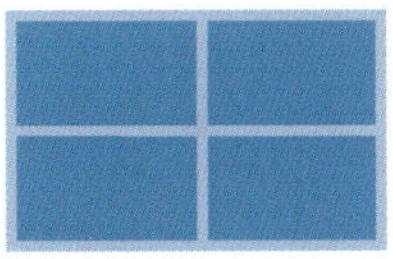

Fünfstrahlig
Ø 31,5 cm, Schnitt 3
Ø 21,5 cm, Schnitt 2
Ø 15,5 cm, Schnitt 1

Trotz einer faszinierenden Vielfalt an kaleidoskopartigen Facetten strahlt dieser Fünfstern Ruhe und Harmonie aus. Durch die zurückgefalteten Strahlen entstehen Verinnerlichung und Innigkeit: eine Sternenstille.

Nehmen Sie fünf Schnitte, wie oben angegeben, und bilden Sie die beiden Mittellinien.
Abb. 1: Zwei Vorbereitungsfalten; auf diese Weise bekommen Sie noch zwei Hilfslinien.
Abb. 2: Nach der Zeichnung vorgehen. Kleben.
Abb. 3: Weiter nach der Zeichnung vorgehen. Aber hier nicht kleben!
Abb. 4: Sowohl für die (S)-Spitze als auch für das (Z)-Zentrum bilden Sie spiegelbildlich jeweils zwei «Trichterfalten» (Grundanleitung, S. 29). Die Zeichnung zeigt im Zweierschritt den Faltprozess; am Zentrum (Z) sieht man ihn teilweise, an der Spitze (S) ist er fertig. Erst beim (Z) wird die rot punktierte linke Kante mittels der kleinen trichterförmigen Bewegung flach auf die rot punktierte Hilfslinie gesetzt. Bilden Sie dann dieselbe Falte auf der rechten (S)-Spitze und gleich danach

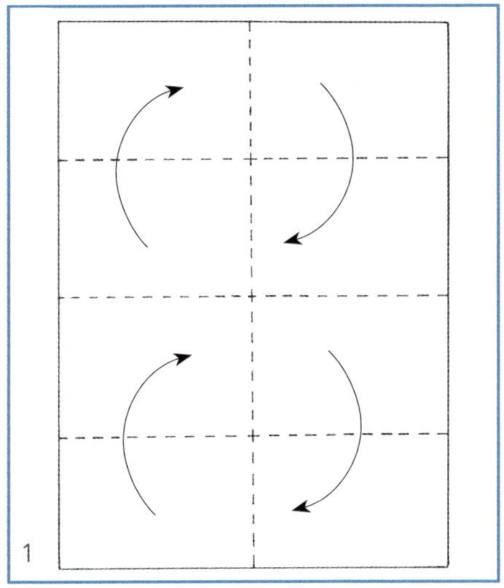

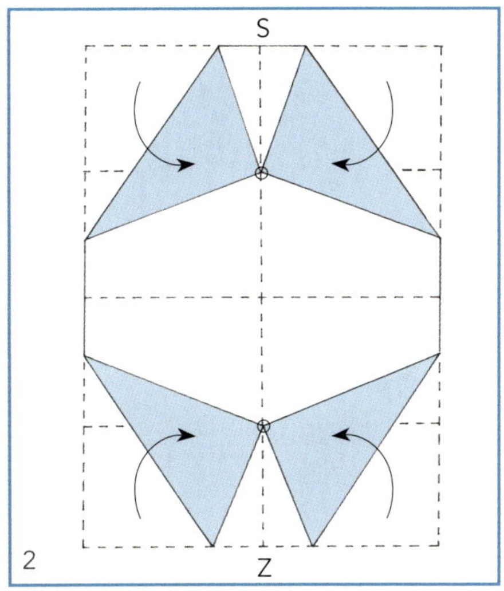

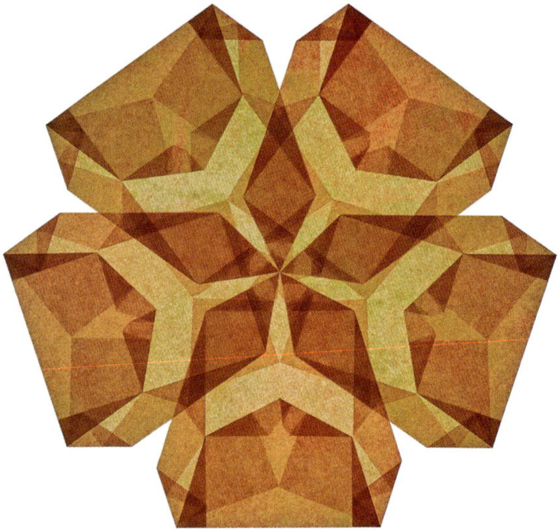

die nächste Trichterfalte an der (S). Beenden Sie beim (Z) die zweite Trichterfalte.

Abb. 5: Beide Seitenflügel schließen und auf die lange Mittellinie legen. Danach kommen zwei neue gegenüberliegende Trichterfalten im (Z)-Bereich. Die Zeichnung zeigt nur die untere Endfalte rechts. Nach demselben Prinzip bilden Sie die andere Trichterfalte unten links gegenüber.

Abb. 6: Noch zwei zusätzliche gegenüberliegende Trichterfalten beim (S)-Bereich. Die Zeichnung zeigt oben rechts die fertige Form. Zuerst werden beidseitig die Flügel auf die unteren Innenkanten der zuvor gebildeten Trichterfalten gelegt, wie die Zeichnung links (mit roter Linie) zeigt.

Dann falten Sie auf beiden Seiten nach dem Trichterprinzip weiter, wie die Zeichnung oben rechts andeutet. Jetzt Vorsicht! Verwechseln Sie auf keinen Fall (Z) und (S)! Obwohl der Schnitt überall gleich aussieht, gibt es direkt am (Z) und (S) einen minimalen, aber sehr wichtigen Orientierungsunterschied.

Abb. 7: Alle acht fertigen Trichterfalten werden noch zurückgeknickt und geklebt.

Abb. 8: Zum Abschluss wird, der Zeichnung entsprechend, die (S)-Spitze nach innen zurückgefaltet, bis ihre seitlichen Ecken auf die inneren Ecken des (Z)-Bereichs treffen. Kleben.

Für die Zusammensetzung verwenden Sie das fünfstrahlige Diagramm (S. 25f.).

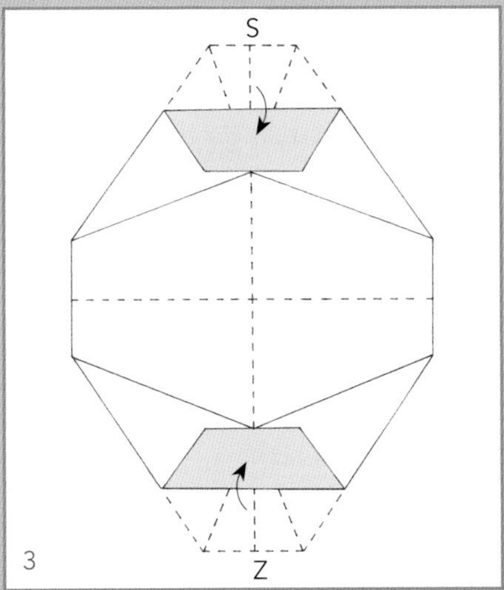

3

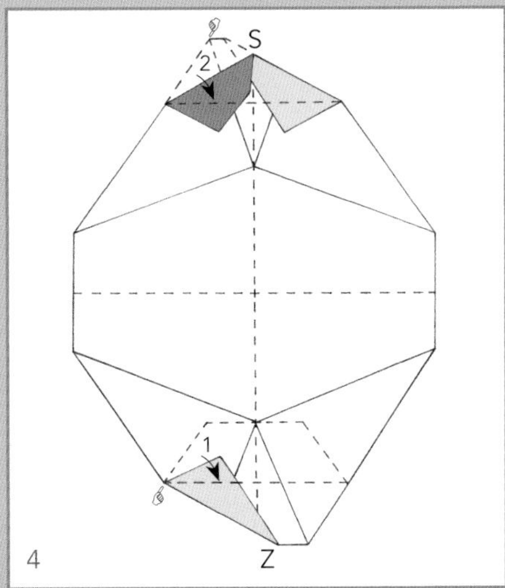

4

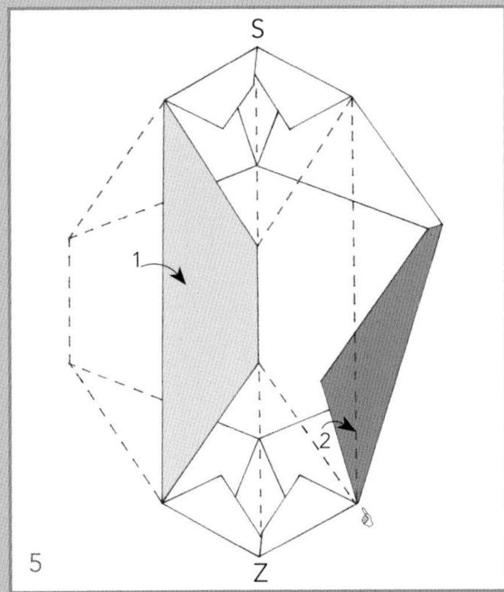

5

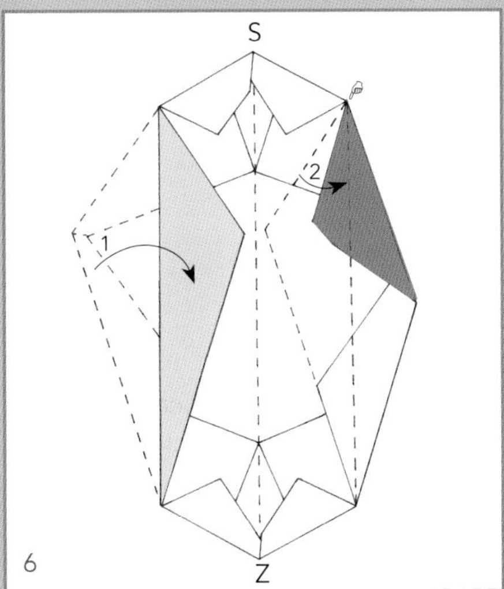

6

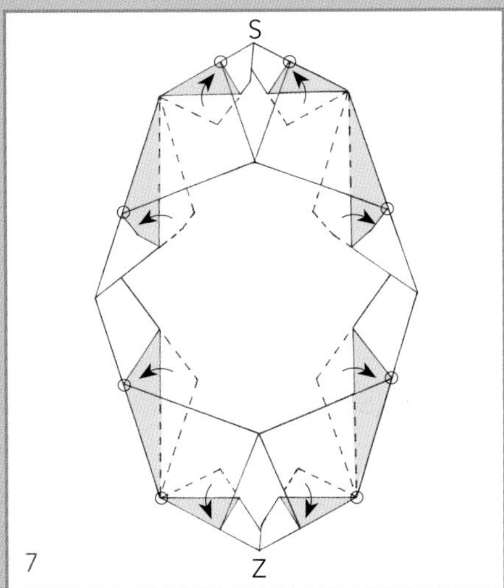

7

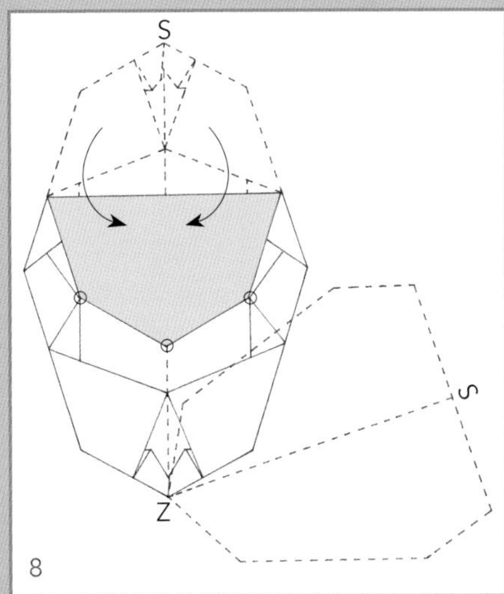

8

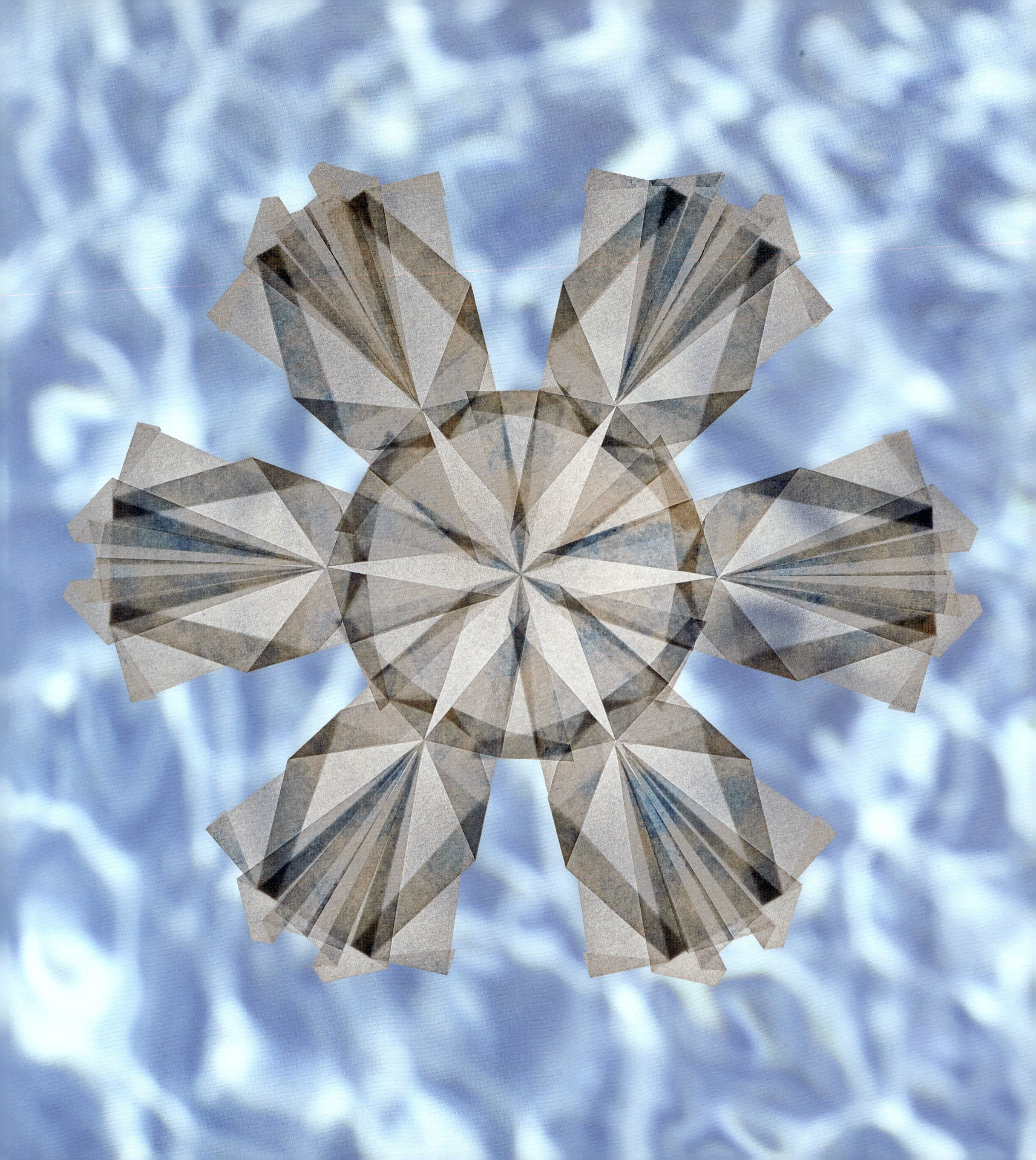

Kronenstern ****

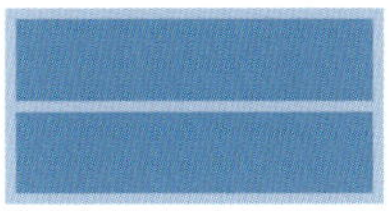

Sechsstrahlig
Ø 35,5 cm, Schnitt 3
Ø 23 cm, Schnitt 2
Ø 18 cm, Schnitt 1

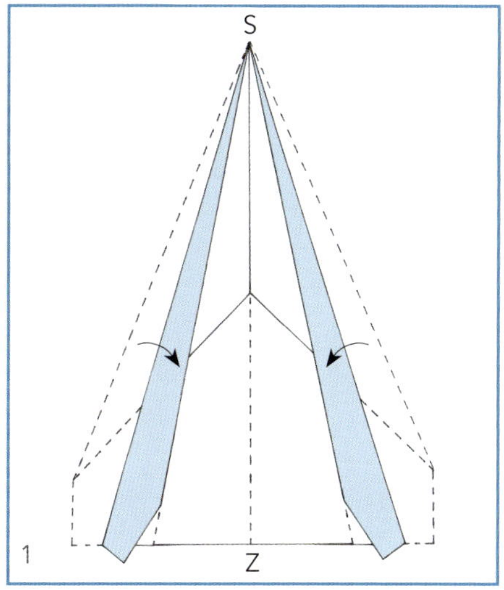

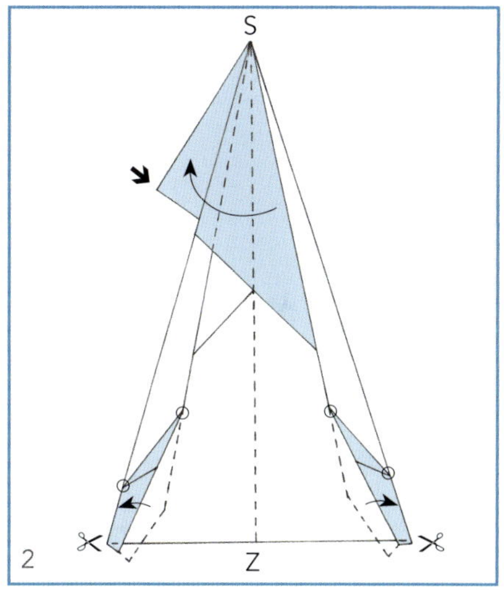

Dieser sechsstrahlige Stern ist sozusagen zweifach «gekrönt». In der Mitte umkreist eine gefaltete Krone ganz deutlich den feinen hellen Stern. Den zweiten Kreis an der Peripherie der Strahlen kann der Betrachter in seiner Vorstellung ergänzen, und es ergibt sich hierzu ebenfalls eine vollständige Krone.

Dieser Stern wird ohne Sockelteil gestaltet. Jeder Strahl wird aus einem einzigen Schnitt gefaltet – Magie der Faltkunst … Nehmen Sie sechs Schnitte in der Größe Ihrer Wahl, wie oben angegeben. Die lange Mittellinie bilden. Für die (S)-Spitze die Grundfalten 1, 2 und 3 sehr deutlich falten (S. 28).
Abb. 1: Öffnen Sie nur die letzte Falte 3 und legen Sie ihre äußeren Kanten auf ihre zuvor gebildeten Linien.
Abb. 2: Dann heben Sie leicht in der Schnittmitte den rechten Teil der Grundfalte 2, um die rechte Ecke der ersten Grundfalte zu befreien. Ziehen Sie diese versteckte Ecke (🡐) vorsichtig wie eine Lasche nach links heraus, und zwar so weit, dass eine Falte auf der linken Schnitt-Außenkante ganz zubleibt; in der Zeichnung ist dies genau illustriert.

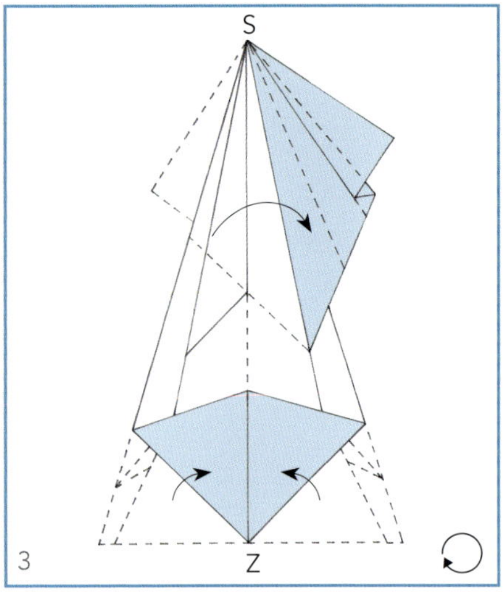

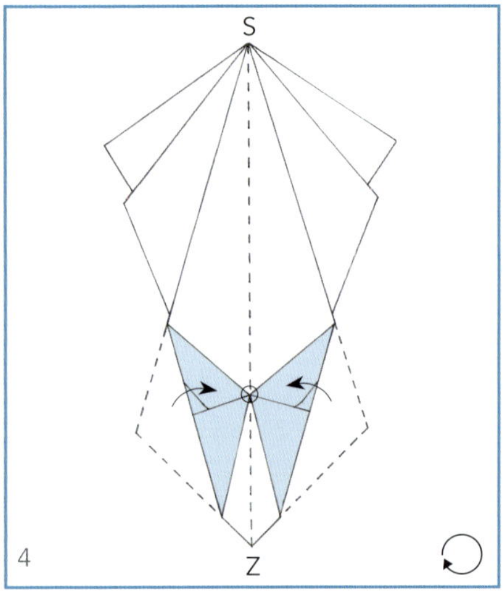

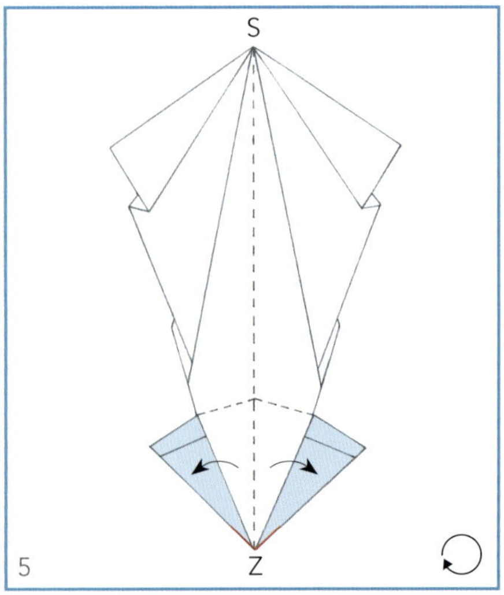

Am (Z)-Bereich weiter nach der Zeichnung vorgehen. Die vier Klebepunkte unten anbringen. Mit der Schere ganz unten die zwei überflüssigen Eckchen abschneiden.

Abb. 3: Versetzen Sie die ganze linke Faltung des (S)-Flügels auf die rechte Seite. Führen Sie dann den gleichen Entfaltungsvorgang – wie bei Schritt 2 und 3 – spiegelbildlich für den linken (S)-Teil aus.

Am (Z)-Zentrum die Grundfalte 1 bilden. Nicht kleben!

Wenden Sie jetzt den Schnitt, um die Rückseite zu falten!

Abb. 4: Beim (Z) knicken Sie beide Ecken auf die Kreuzung Mittellinie/durchscheinender Treffpunkt der vorigen Falte. Kleben.

Den Schnitt wieder auf die Vorderseite wenden!

Abb. 5: Öffnen Sie so weit wie möglich beide (Z)-Flügel, indem Sie ihre äußeren Kanten auf die jeweiligen unteren kleinen Schrägkanten setzen (rot angedeutet). Die Falten müssen seitwärts fein spitz zulaufen.

Den Schnitt wieder wenden (Rückseite)!

Abb. 6: Die (S)-Spitzen auf die Kreuzung Mittellinie/innere (Z)-Kanten herunterklappen. Kleben. Jetzt schlitzen Sie mit der scharfen Messerklinge auf beiden Seiten die angedeuteten Oberkanten nur bis zur roten punktierten Linie auf.

Abb. 7: Falten Sie auf gleiche Weise beide (S)-Flügel auf die entsprechende rot punktierte Linie und legen Sie danach ihre Innenkanten auf die etwas schrägen Hilfslinien zurück. Die Zeichnung zeigt auf der rechten Seite eine fertige Falte. Diese Plissee-Falten können lose bleiben, um einen leicht dreidimensionalen Effekt zu erzielen.

Nun an der (S)-Spitze für beide freigelegten äußeren Ecken eine Vorbereitungsfalte bilden, wie bei der Zeichnung rechts angedeutet.

Abb. 8: Abschließend werden diese Eckchen auf die jeweiligen Hilfslinien zurückgeknickt. Kleben.

Für die Zusammensetzung verwenden Sie das sechsstrahlige Diagramm (siehe S. 25f.).

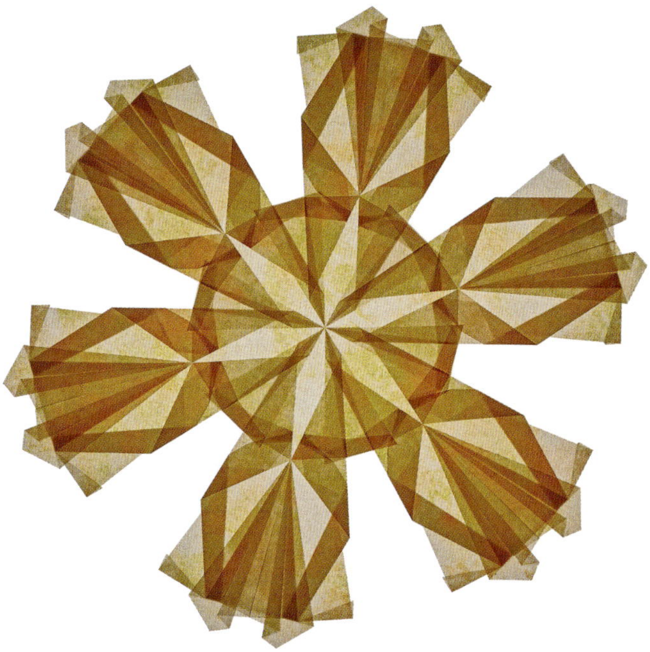

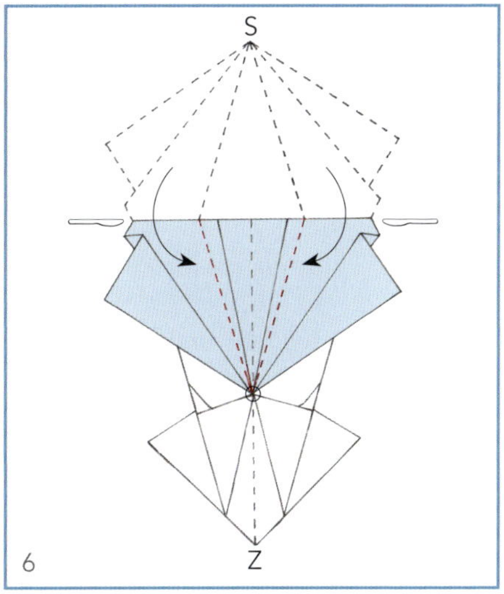

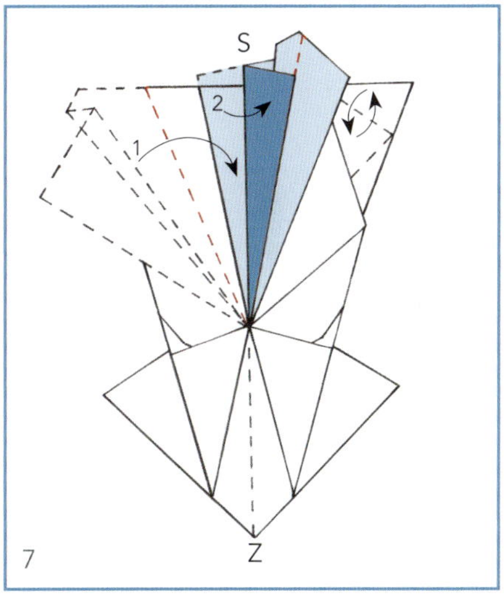

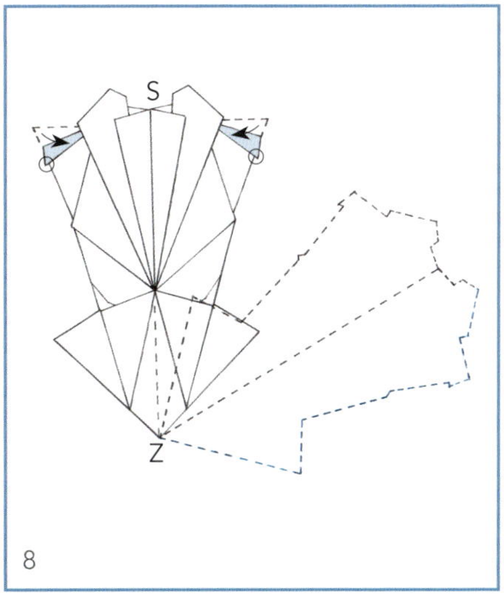

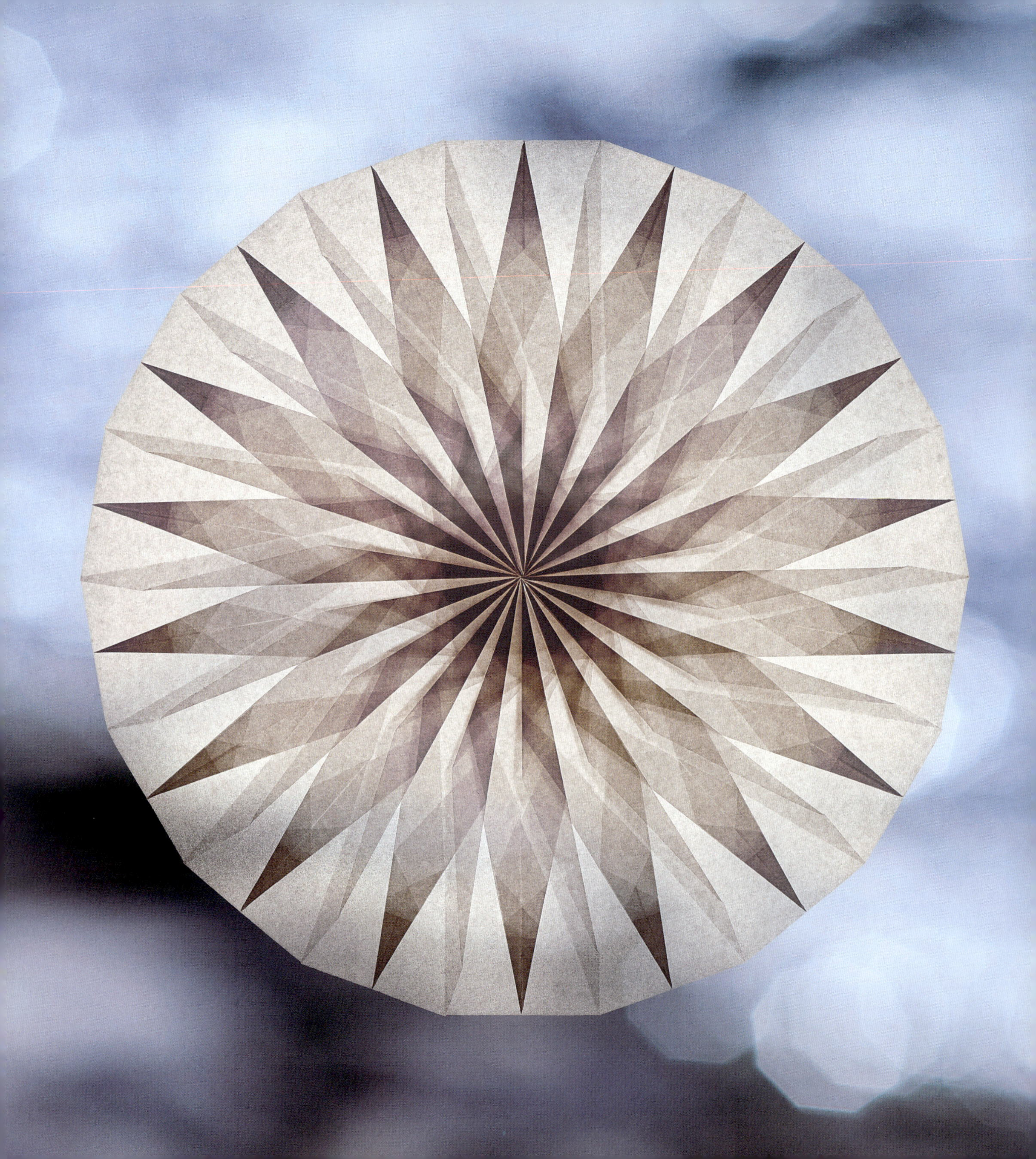

Sonnensphäre *

Achtzehnstrahlig
Ø 35 cm, Schnitt 7
Ø 25 cm, Schnitt 8

Federfein sind die Strahlen – federleicht ist der Sonnenball! Je dünner die Schnitte, desto zahlreicher die Strahlen ... Mit einem schlichten Kunstgriff und mit einfachen Falten lässt sich die Strahlenzahl sogar verdoppeln. So alternieren bei der Zusammensetzung dieser Sonne lückenlos achtzehn klare mit achtzehn eher verschwommenen Strahlen.

Nehmen Sie achtzehn lange Streifenschnitte, wie oben angegeben. Die lange Mittellinie bilden. Dann kommen hintereinander die Grundfalten 1, 2 und 3 (S. 28). Kleben Sie die letzte Falte 3 sowohl an ihrer Spitze als auch ausnahmsweise an ihren Innenkanten entlang (Klebestriche), damit die Konturen der Sonnenstrahlen später deutlicher erscheinen.
Abb. 1: Nach der Zeichnung vorgehen – klappen Sie die gebildete Spitze auf den Anfang der Mittellinie der anderen Schnitthälfte um. Kleben. Für das neue (Z)-Zentrum bilden Sie dann die Grundfalten 1 und 2 (S. 28).
Abb. 2: Beim (Z)-Zentrum nur die angezeigte linke Hälfte einer Grundfalte 3 bilden. Klebepunkt und für bessere Kontraste lange Klebestriche anbringen.
Die Zusammensetzung ist einfach. Um nachkorrigieren zu können, ist es aber vorteilhaft, zunächst nur jeden zweiten

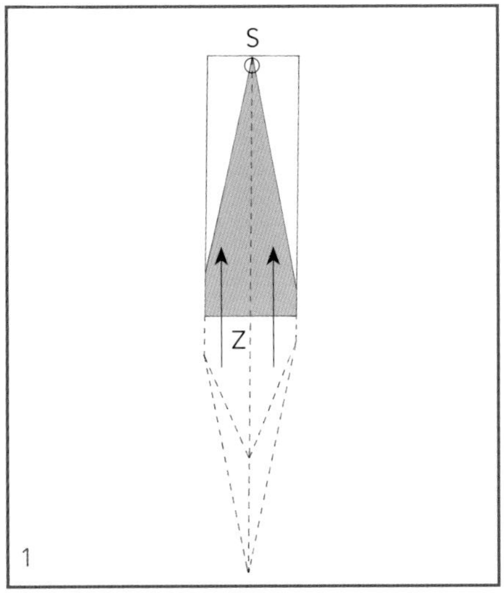

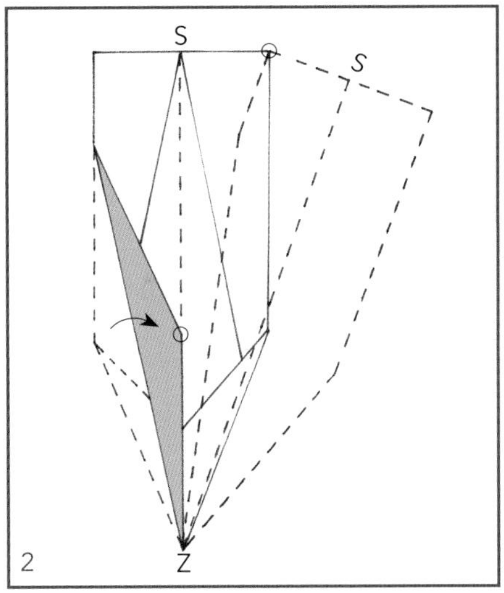

Strahl knapp an der Kante ein wenig anzukleben, denn diese Zusammensetzung ist ziemlich stramm.
Wenn alles richtig sitzt, können Sie die Schnitte mit langen Klebestrichen befestigen.

Leicht und luftig zeigt sich die Sonnensphäre am Fenster; es hat den Anschein, als würde sie emporsteigen!

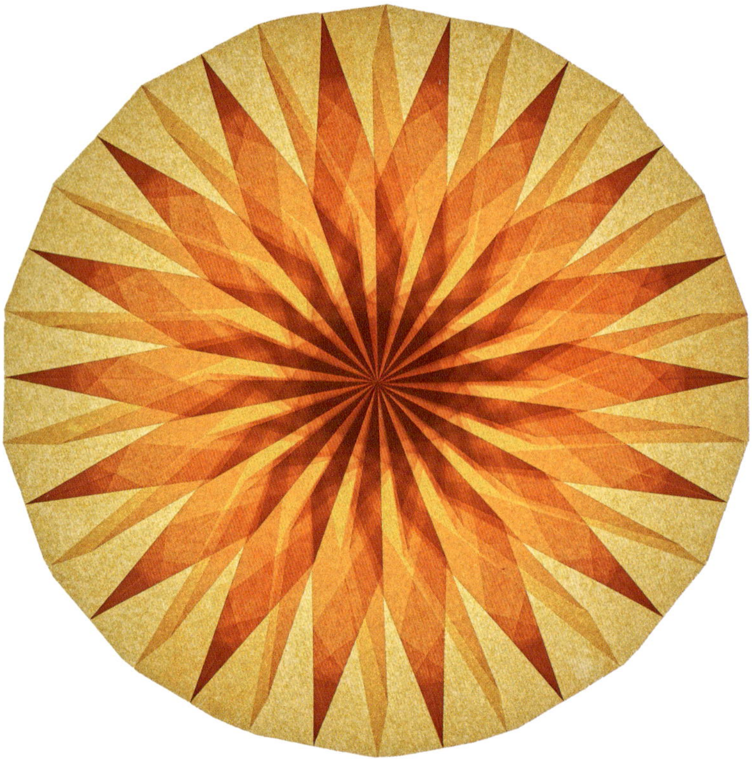

Feurige Nelke **

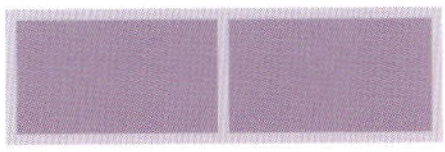

Achtstrahlig
Ø 34,5 cm, Schnitt 7
Ø 25 cm, Schnitt 8

Geflammte Falten flattern im Seidenglanz am Fenster – eine feurige Lichtnelke in ihrem Sommerkleid ...

Nehmen Sie acht lange Streifenschnitte, wie oben angegeben. Bilden Sie die kurze Mittellinie.
Abb. 1: Nach der Zeichnung vorgehen.
Abb. 2: Versetzen Sie die innere rechte Kante auf die äußere linke (Z)-Kante.
Wenden Sie jetzt den Schnitt, um die Rückseite zu falten.
Abb. 3: Bei der linken Schnittseite nach der Zeichnung vorgehen. Bei der rechten Seite wird die linke kleine Kante des Winkels an die senkrechte Falte entlang gelegt.

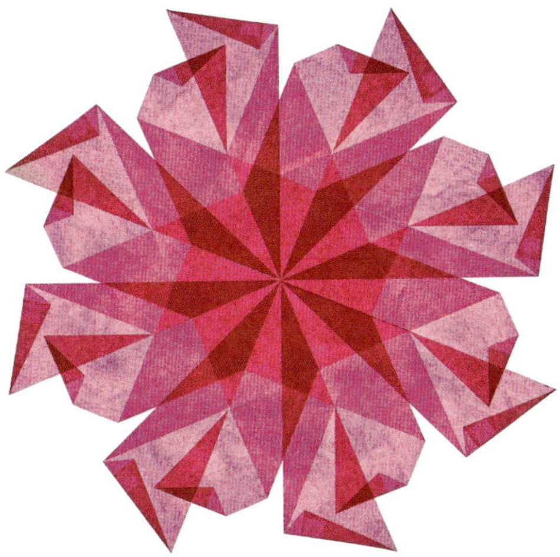

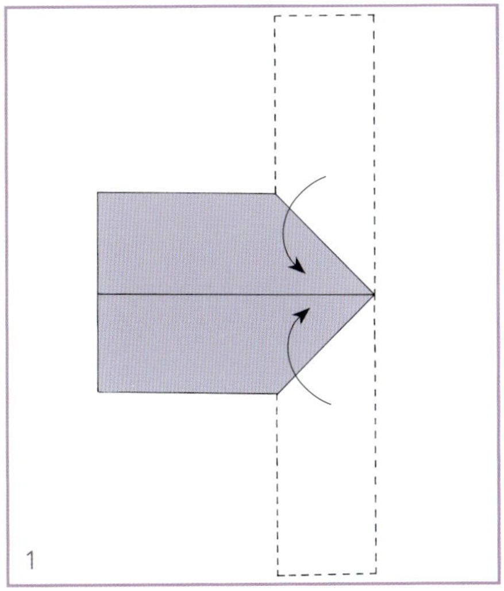

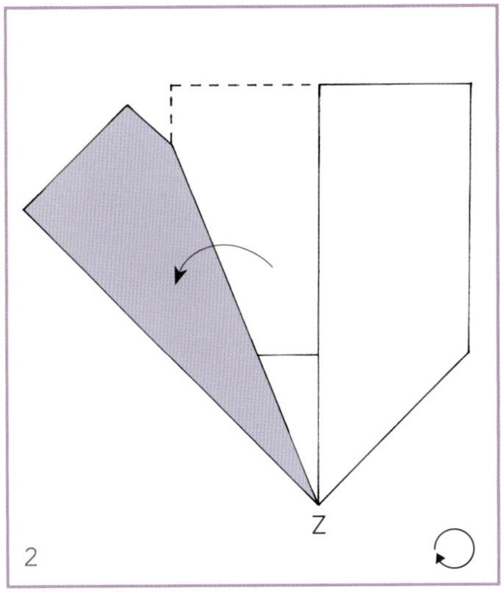

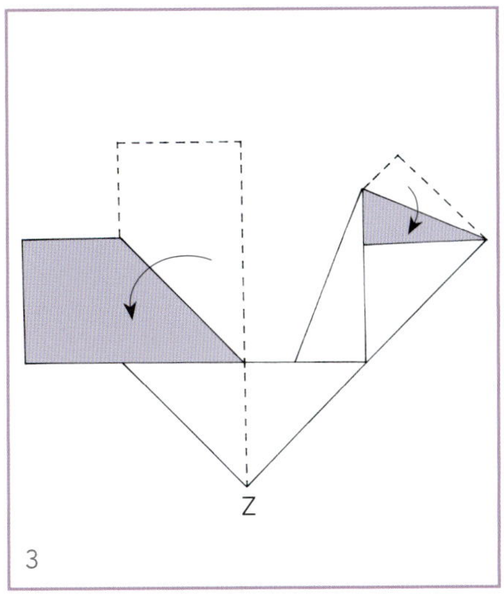

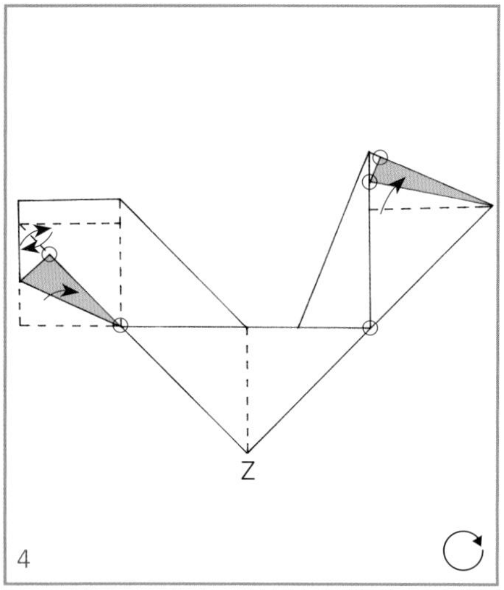

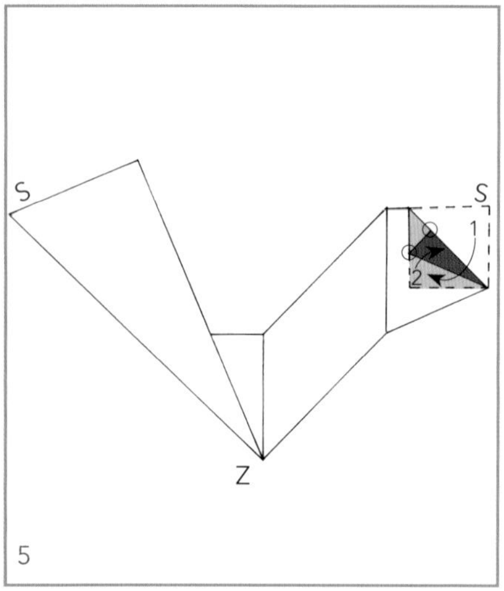

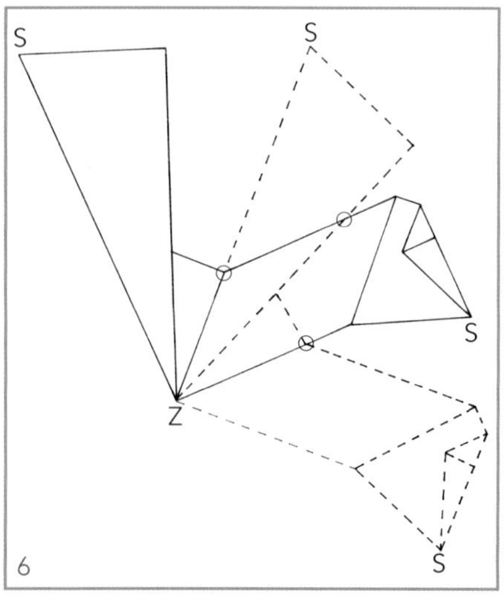

Abb. 4: Bei der linken Schnittseite zuerst eine Vorbereitungsfalte bilden; diese stützt sich auf die Kante, die darunter hindurchschimmert (rote punktierte Linie). Dann setzen Sie die untere Kante auf die neu entstandene Linie. Rechte Schnittseite: einfach nach der Zeichnung vorgehen. Alle angezeigten Klebepunkte anbringen.
Wenden Sie den Schnitt wieder auf die Vorderseite!
Abb. 5: Die rechte (S)-Spitze wird im Zweierschritt fertig gefaltet. Zuerst wird die rechte obere Ecke vorsichtig herabgesenkt, und zwar nur so weit, bis die Basiskante die kurze Kante dahinter erreicht (kurzer roter Strich auf der Zeichnung). Dann wird das Eckchen zurückgeknickt. Kleben.
Abb. 6: An der Zeichnung können Sie ablesen, wie sich der zweite Schnitt für die Zusammensetzung auf den ersten Schnitt stützen muss. Alle acht Schnitte müssen so angeordnet sein, dass sie ganz exakt aneinanderliegen, damit gar keine Lücken zwischen den Strahlen entstehen. Zuletzt befestigen Sie das Gebilde mit langen Klebestrichen.
Neckisch neigt sich die Nelke aus Seidenpapier am Fenster.

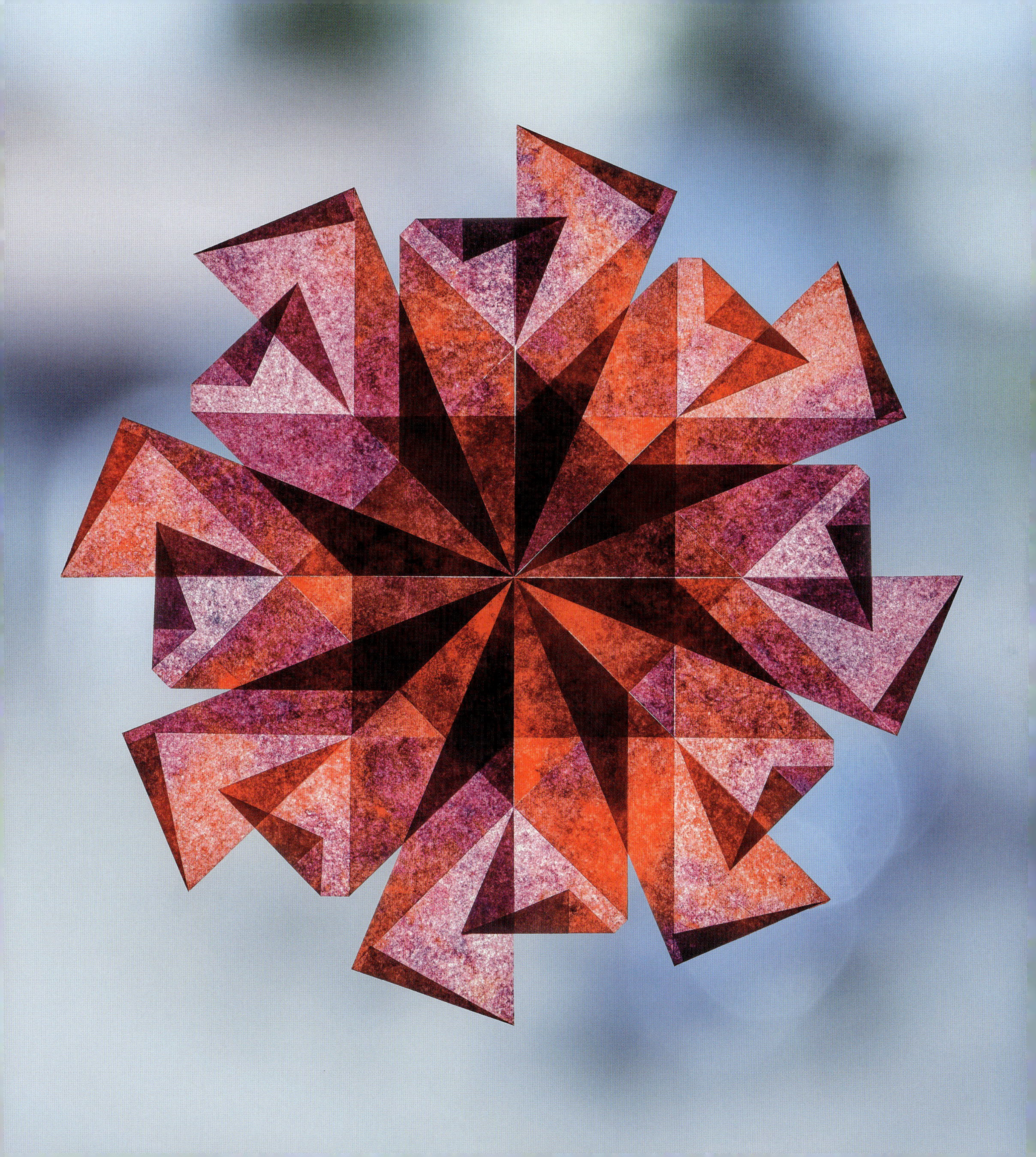

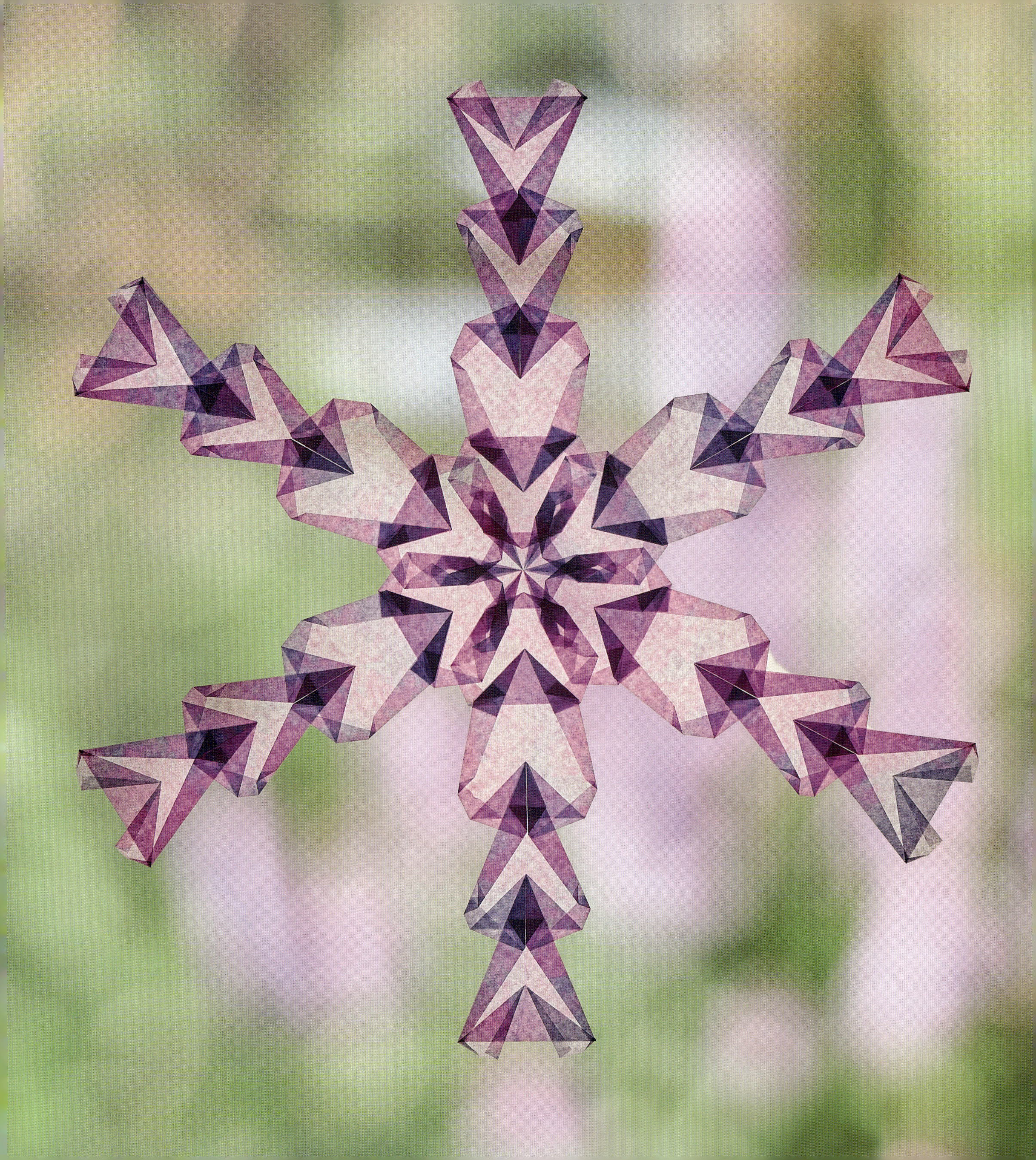

Glitzernder Schneekristall ****

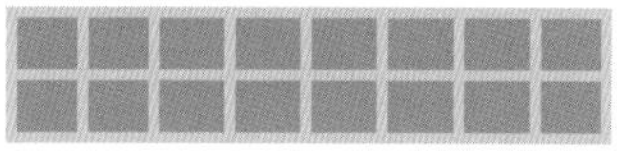

Sechsstrahlig
Ø 38,5 cm Schnitt 7
Ø 26,5 cm Schnitt 8

Eine Winterzier hat soeben die Fensterscheibe verzaubert: magische Erscheinung eines Schneekristalls! Lang ausgestreckte, ziselierte Strahlen kristallisieren sich hier besonders ausdrucksvoll heraus. In der Mitte bildet sich glitzernd eine zierliche Eisblüte.

Nehmen Sie sechs lange Streifenschnitte, wie oben angegeben. Der kleinere Schnitt 8 verlangt beim Falten mehr Fingerspitzengefühl.
Die lange horizontale Mittellinie bilden. Wieder öffnen. Falten Sie den Schnitt dann dreimal hintereinander in die Länge, um die sieben vertikalen Linien zu gewinnen. Mit dem Fingernagel diese Faltlinien sehr deutlich drücken, bevor Sie den Schnitt wieder aufmachen.
Abb. 1: Legen Sie den langen Schnitt so vor sich hin, wie die Zeichnung es zeigt, und zwar unbedingt so, dass die zwei ersten kleinen horizontal gewordenen Linien konvex (^) unten liegen. Knicken Sie die zweite Horizontale auf die dritte, dann die vierte auf die fünfte und die sechste auf die siebte.

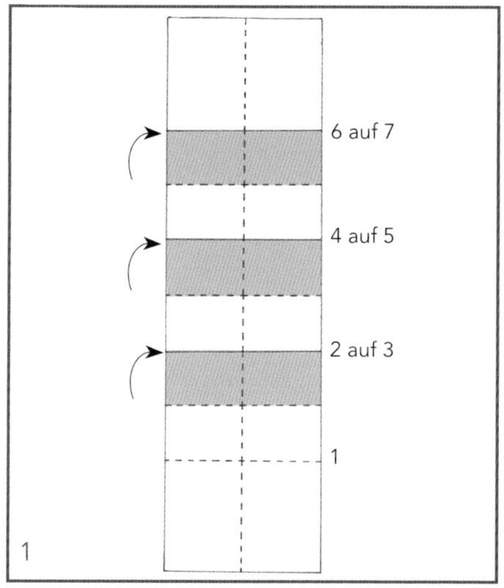

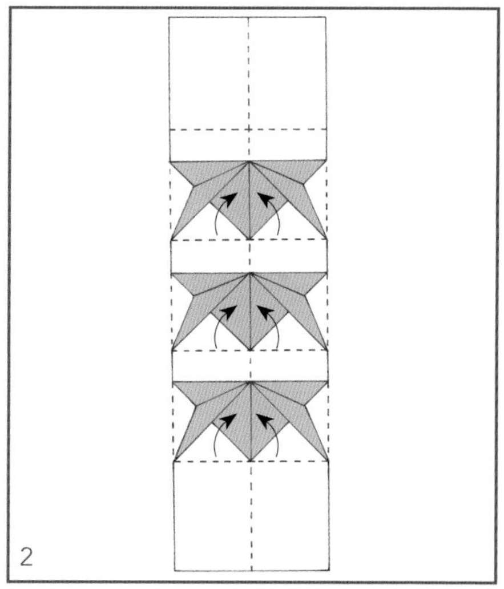

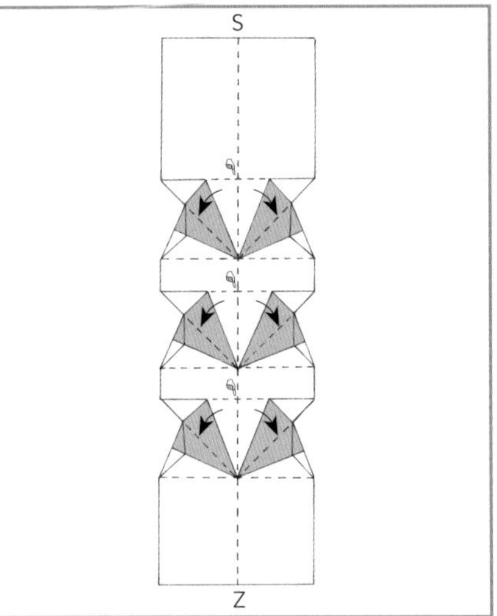

3

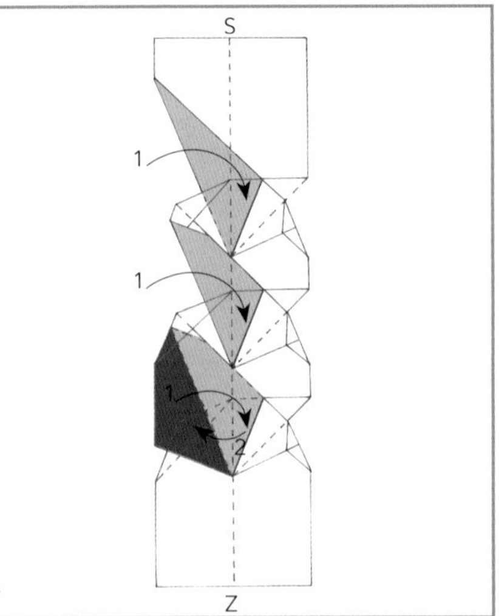

4

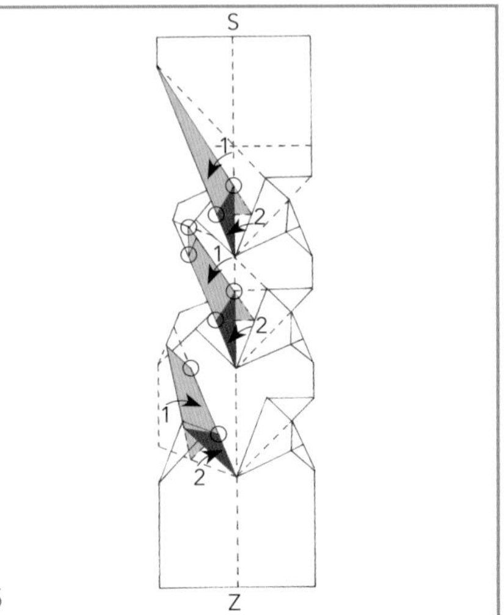

5

Abb. 2: Jetzt werden die drei Kanten (rot punktiert) – ansatzweise einer Grundfalte ähnlich – so bewegt, dass die gesamte obere Schicht für die feinen Dreiecksbildungen in einem Zug leicht mitgezogen wird. Behelfen Sie sich eventuell mit der Messerspitze, damit die kleinen Dreiecke schön spitz verlaufend flachgelegt werden.

Abb. 3: Heben Sie leicht jede innere Kante (rot punktiert), um beiderseits eine Trichterfalte zu bilden (S. 29).

Abb. 4: Zuerst nur die linke Schnitthälfte falten. Von oben nach unten vorgehend, ziehen Sie jede innere Kante der linken Trichterfalten (rote Striche) nach rechts, um sie auf die Kanten der rechten Trichterfalten zu setzen. Am (Z)-Bereich öffnen Sie zusätzlich die angezeigte Falte nach links.

Abb. 5: Gestalten Sie nach der Zeichnung die linke Schnitthälfte weiter im Zweierschritt. Alle Klebepunkte anbringen. *Jetzt wird die rechte Schnitthälfte ähnlich gefaltet* wie bei Abb. 4, jedoch werden für die zwei oberen Faltungen die rechten inneren Kanten auf die äußeren linken Kanten gesetzt. Für die unterste Faltung aber kommt die innere rechte Kante nur an die innere linke Kante. Dann folgen die Falten spiegelbildlich genau wie bei Abb. 5. Kleben. Die fertige rechte Schnitthälfte ist in Abb. 6 deutlich erkennbar.

Abb. 6: Am (Z)-Zentrum eine Grundfalte 1 bilden. Dann öffnen; nach der Zeichnung vorgehen. Für die (S)-Spitze wird die Basiskante auf die erste obere Hilfslinie gelegt. Drei Klebepunkte anbringen. *Jetzt den Schnitt wenden (Rückseite)* und einfach die (Z)-Spitze auf die durchscheinende untere Faltecke zurückknicken (sichtbar bei Abb. 7, rot punktiert). Nicht kleben. *Den Schnitt wieder auf die Vorderseite wenden!*

Abb. 7: So sieht momentan der fast fertig gefaltete Schnitt aus. Zwei Vorbereitungsfalten für das (Z)-Zentrum bilden. Wieder öffnen. Legen Sie dann die äußeren Ecken auf die jeweiligen neu gebildeten Hilfslinien. Für die (S)-Spitze legen Sie die zwei angezeigten Falten so weit wie möglich zurück, indem Sie dabei mit dem Zeigefinger die entstehende Spitze auf der Mittellinie festhalten. Um diese Falte exakt zu bilden, ist es bequemer, den Schnitt kurz auf den Kopf (d. h auf die Spitze) vor sich hin zu legen.

Abb. 8: Es bleiben noch die feinen Falten an der (S)-Spitze zu vollenden. Dafür kommen zwei Vorbereitungsfalten. Öffnen. Dann die zwei Kanten auf die entstandenen Hilfslinien knicken. Falten Sie danach das (Z)-Zentrum fertig, indem Sie die zwei äußeren schrägen Kanten auf die unteren kurzen legen (rote Striche auf der Zeichnung). Alle angegebenen Klebepunkte anbringen. Bei Bedarf konsolidieren Sie das gesamte Gebilde vorne und hinten mit langen Klebestrichen. Für die Zusammensetzung verwenden Sie das sechsstrahlige Diagramm.

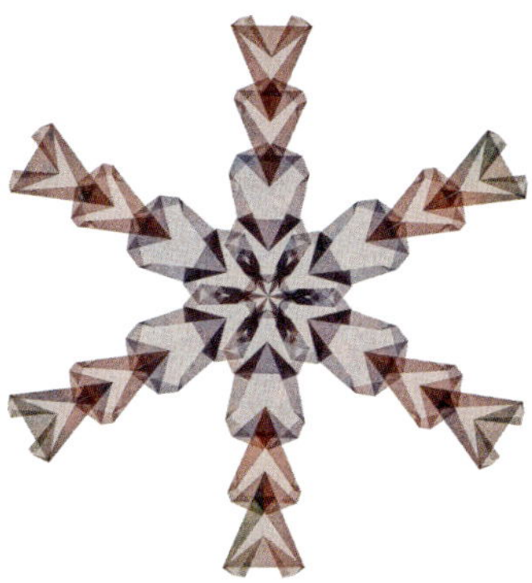

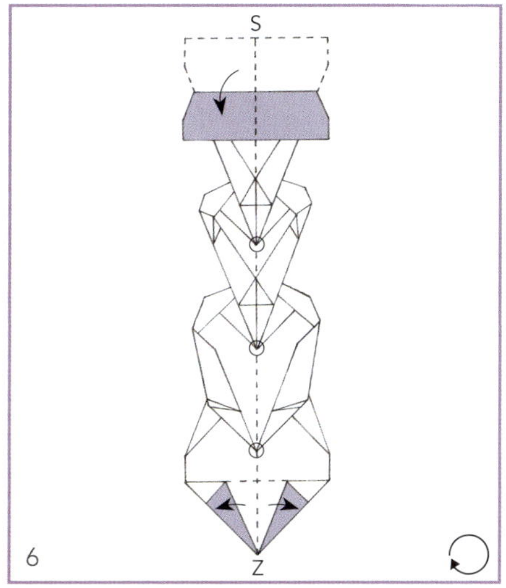

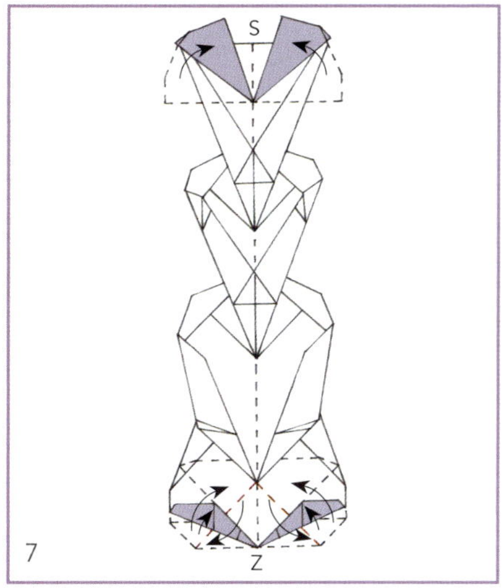

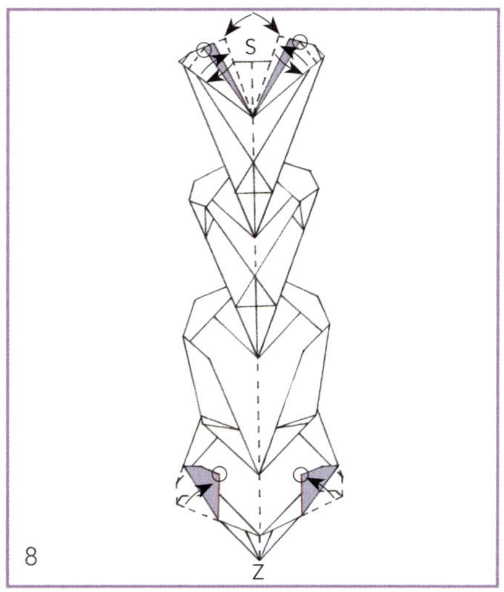

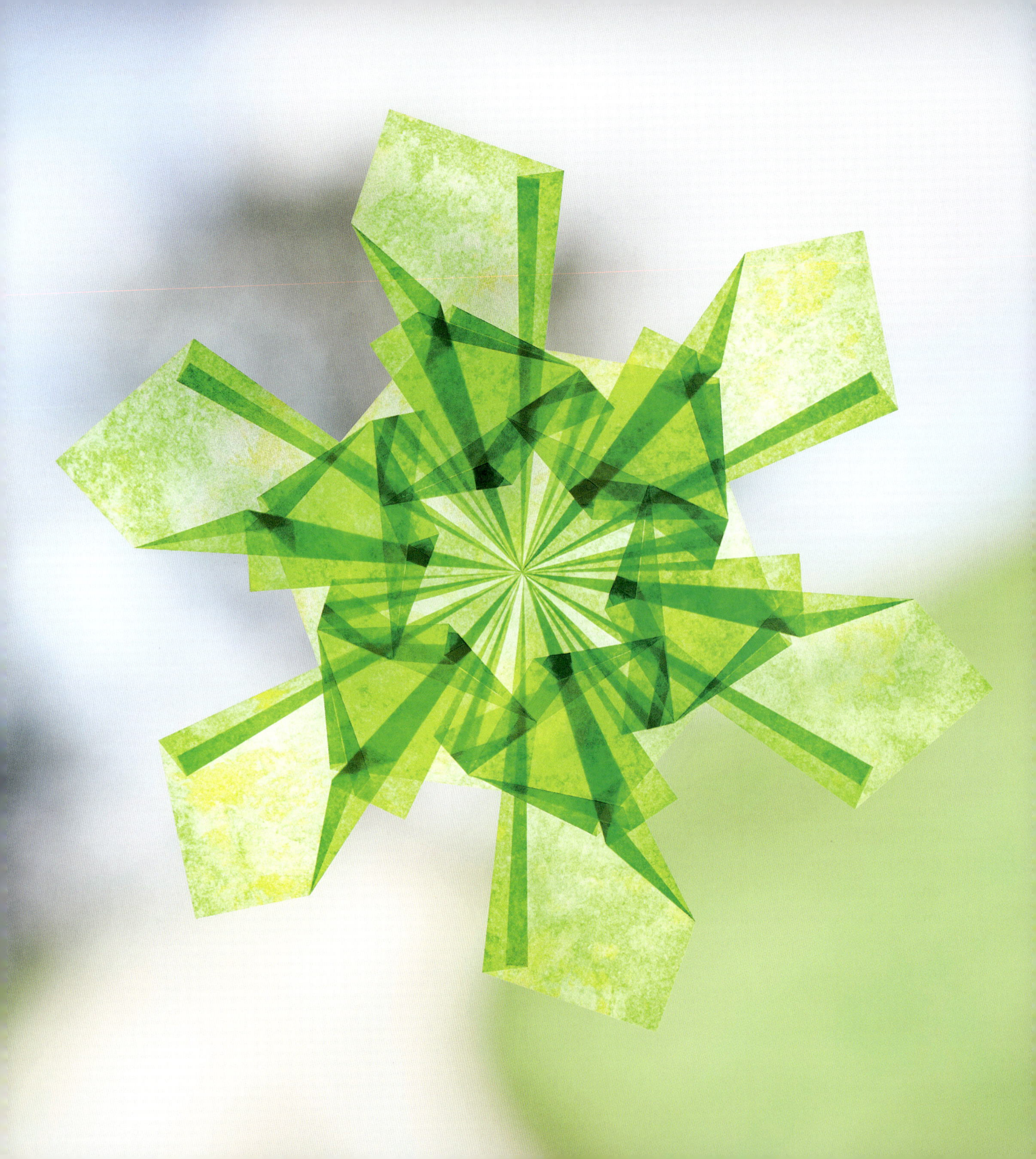

Strahlenglanz ***

Sechsstrahlig
Ø 42 cm, Schnitt 5
Ø 30,5 cm, Schnitt 4

Heitere Strahlen von «Plisseefalten» leuchten aus der Herzmitte dieses Transparents hervor. Gleichzeitig entsteht eine dynamische Spannung im mittleren Bereich, die zu einer differenzierten rotierenden Bewegung führt.

Nehmen Sie sechs rechteckige Schnitte, wie oben angegeben. Bilden Sie die lange Mittellinie. Wieder öffnen. Dann die Schnitte zweimal hintereinander in die Länge falten. So erhalten Sie beim Wiederöffnen drei senkrechte Linien.

Abb. 1: Knicken Sie die untere linke Schnittseite so nach oben, dass ihre untere Kante richtig die erste kurze Mittellinie trifft sowie unten ihre neue Kante genau die erste senkrechte Mittellinie erreicht.

Abb. 2–4: Nach den Zeichnungen vorgehen. Falls nötig, behelfen Sie sich mit dem Messerrücken, damit die Falten fein spitz verlaufen. *Wenden Sie jetzt Ihren Schnitt, um die Rückseite ebenfalls zu gestalten.*

Abb. 5: Die kurze Mittellinie auf die obere rechte Schnittkante legen (rote punktierte Linien).

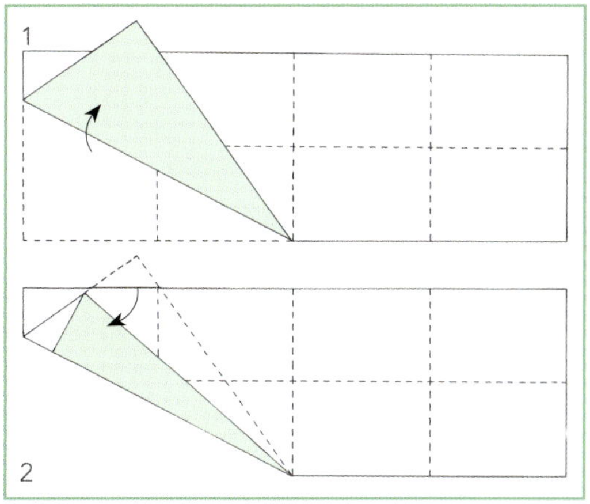

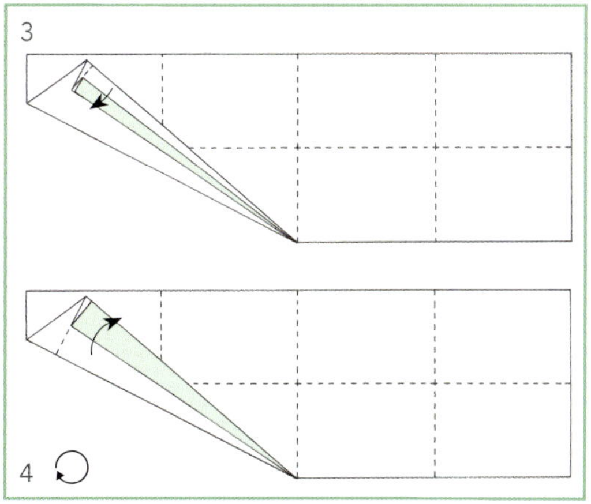

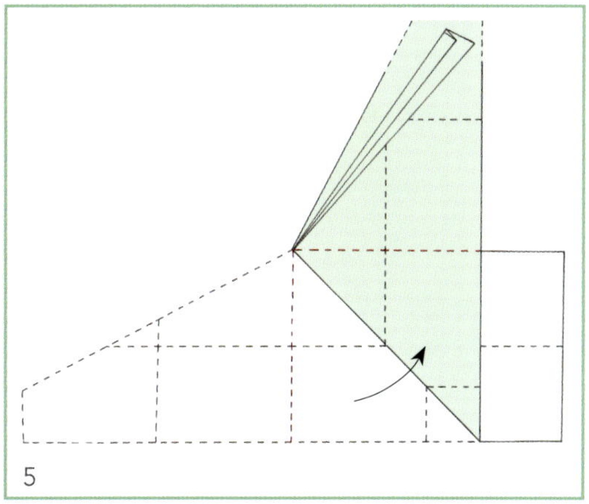

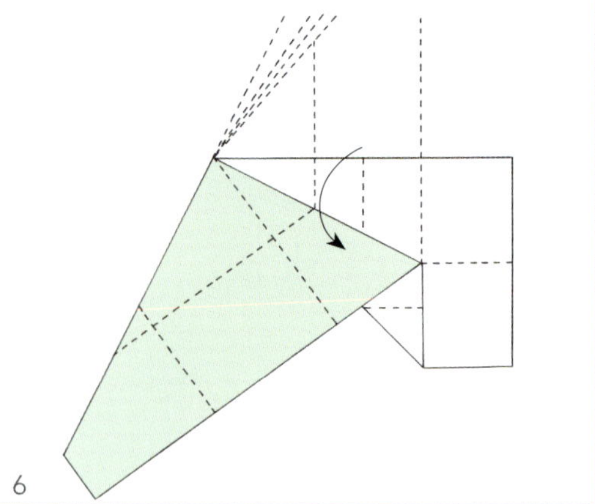
6

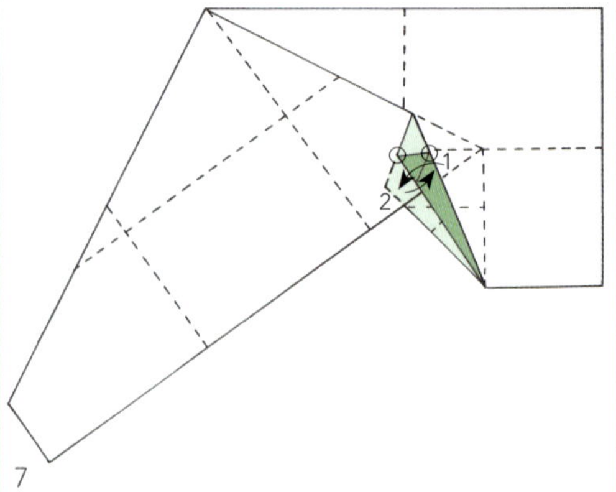

7

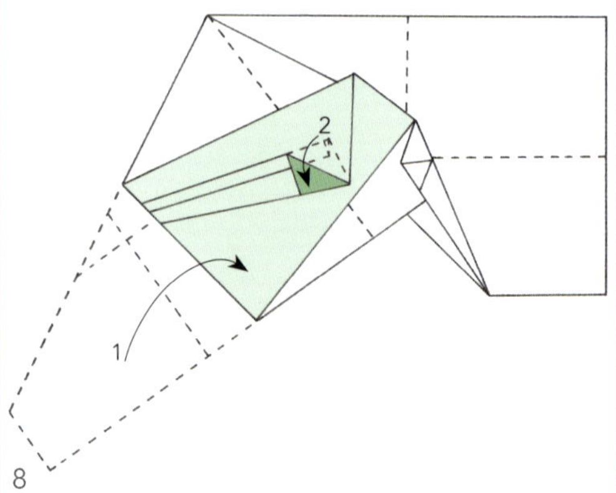

8

Abb. 6: Senken Sie, entsprechend der Zeichnung, den oberen Flügel herab.
Abb. 7: Falten Sie den Winkel im Zweierschritt. Zwei Klebepunkte.
Abb. 8: Der rechte Winkel des linken Flügels wird zurückgeknickt und an das mittlere Eck angeschlossen. Dann die kleine Ecke zurückknicken.
Abb. 9: Den vorigen linken Flügel wieder öffnen, um das weitere Falten an der rechten Seite zu ermöglichen. Legen Sie im Zweierschritt zuerst die obere Kante entlang der mittleren Kante und knicken Sie sie, wie angezeigt, zurück.
Abb. 10: Die rechte Seite wird fein spitz zu Ende gefaltet und geklebt. In der Schnittmitte folgt eine weitere Falte. Auch hier kleben.
Abb. 11: Den linken Flügel wieder schließen. Im Zweierschritt wird der untere Winkel weiter gefaltet und zurückgelegt.
Abb. 12: Erst oben fertig falten und kleben. Am unteren Teil kommt jetzt eine Vorbereitungsfalte: Die äußere Kante wird an die innere Kante gelegt und wieder geöffnet, um sie auf die neu gebildete Hilfslinie zu setzen.

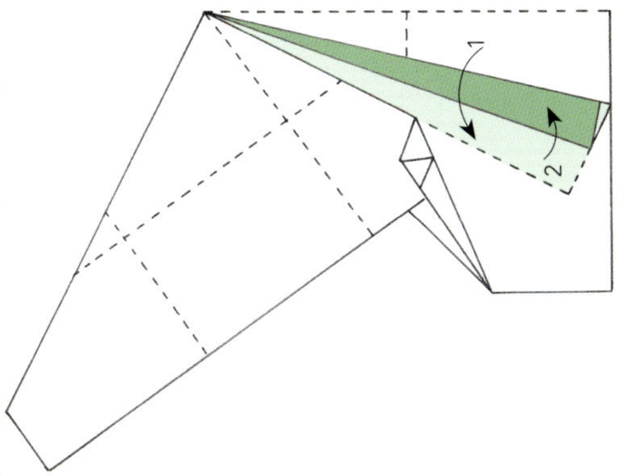

9

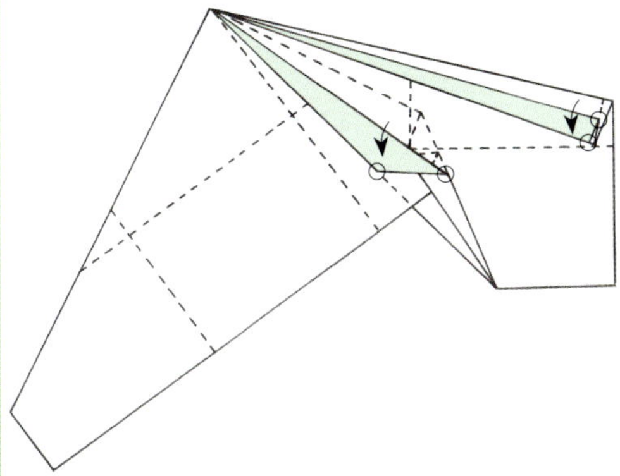

10

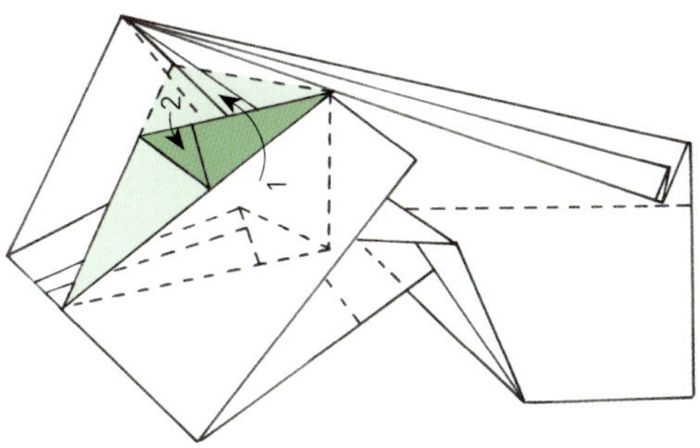

11

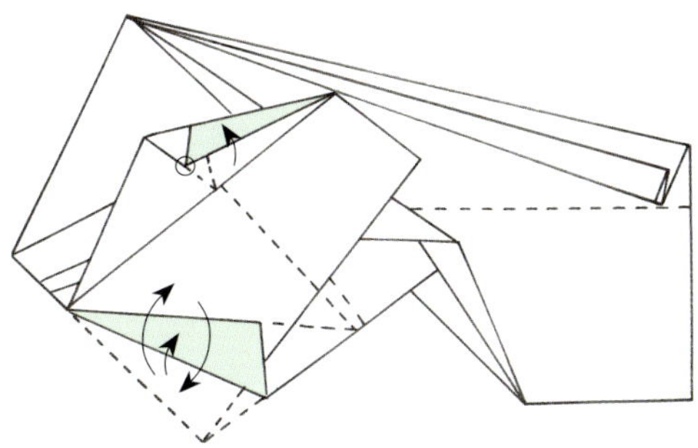

12

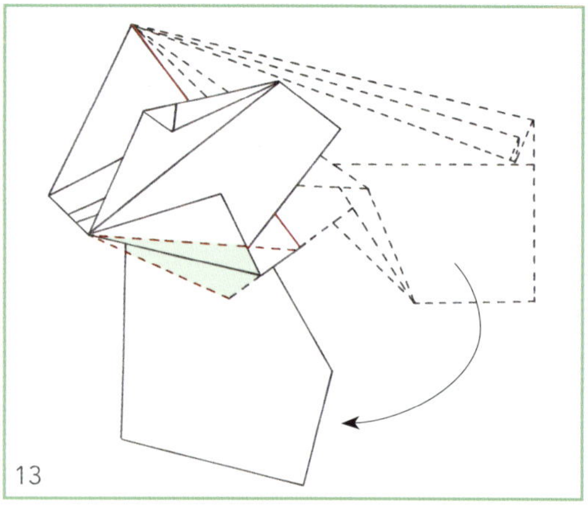

13

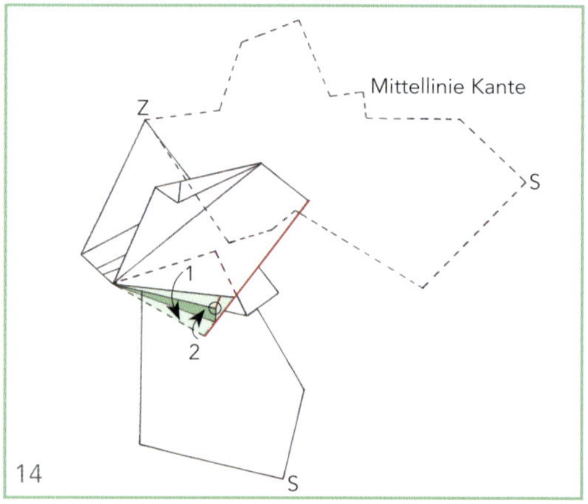

14

Abb. 13: Heben Sie den ganzen Schnitt hoch, damit sich der rechte Flügel von sich aus nach links (siehe Pfeil) zusammenklappt, sodass die senkrechte Mittellinie (roter Strich) eine Kante wird.
Dann wird im mittleren Teil die untere rot punktierte Linie gleitend auf die obere Hilfslinie gelegt.
Abb. 14: Die letzte Falte im Zweierschritt fertig bilden. Falten Sie die rechte obere Kante (rot punktiert) so nach unten, dass sie geradlinig an die rechte Flügelkante (roter Strich) anschließt. Zuletzt (Pfeil 2) knicken Sie die kleine untere Ecke, wie angezeigt. Klebepunkt. Für die Zusammensetzung der sechs Schnitte brauchen Sie das sechsstrahlige Diagramm. Die Mittellinienkante des zweiten Schnitts kommt auf die nächste Diagrammlinie.

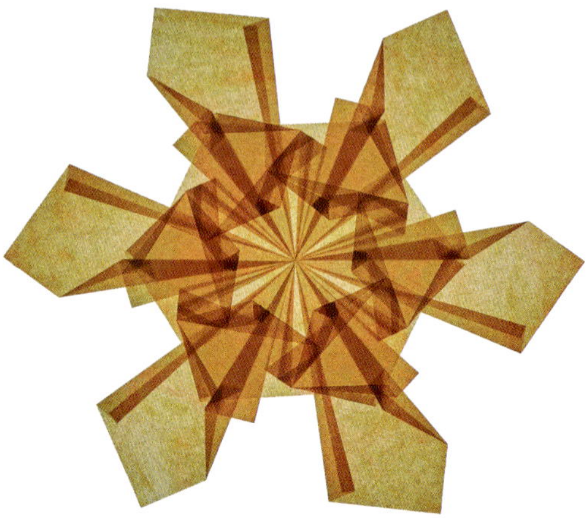

Dreiecksverwandlung ****

Dreiteilig
Ø 28 cm, Schnitt 5
Ø 20 cm, Schnitt 4

Bei diesem außergewöhnlichen Transparent scheinen die Faltungen durcheinanderzupurzeln. Doch bei vertiefter Betrachtung offenbart sich eine ruhige, ordnende harmonische Kraft. Es ist eine faszinierende Vervielfältigung der verschiedensten Dreiecke, die logisch zueinander stehen. In der Mitte entsteht sogar von selbst ein reizvoller Ausschnitt mit einem gleichseitigen Dreieck. Mit drei Farben können Sie bei dieser Dreiecksverwandlung einen noch attraktiveren Effekt erzielen (siehe Abb. auf S. 11).

Nehmen Sie drei rechteckige Schnitte, wie oben angegeben. Bilden Sie die lange Mittellinie. Wieder öffnen. Dann die Schnitte zweimal hintereinander in die Länge falten. Recht gut kniffen, damit Sie beim Wiederöffnen drei deutliche senkrechte Linien bekommen.
Abb. 1-4: Die Gestaltung basiert auf dem vorigen Transparent. Daher greifen Sie zunächst auf die vier ersten Schritte von «Strahlenglanz» zurück (S. 79). *Dann auch hier den Schnitt wenden* und spiegelbildlich auf der Rückseite die rechte Schnitthälfte genauso falten. Anschließend den Schnitt hochheben und beide Seitenflügel an der Mittellinie zuklappen.

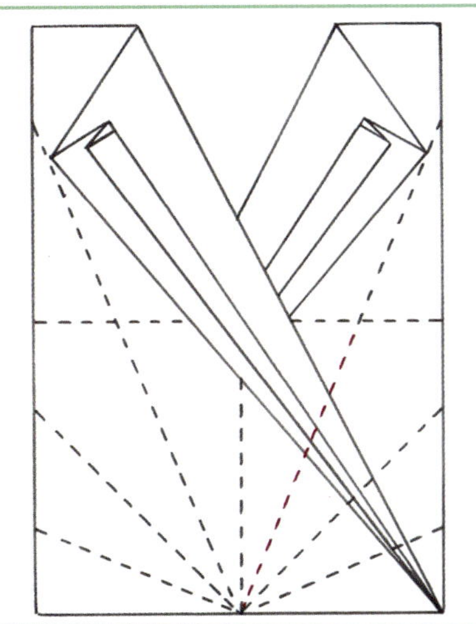
5

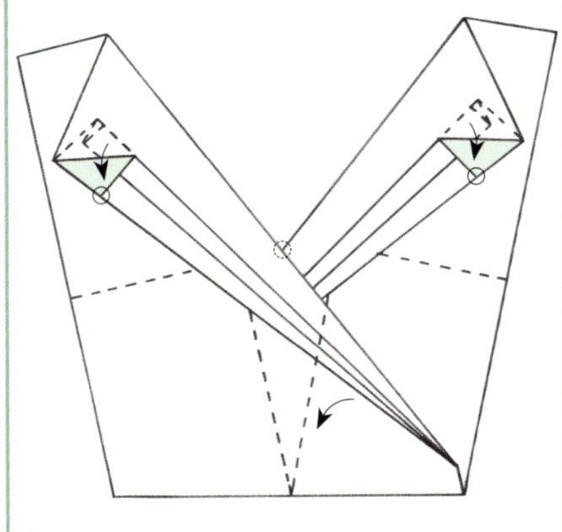
6

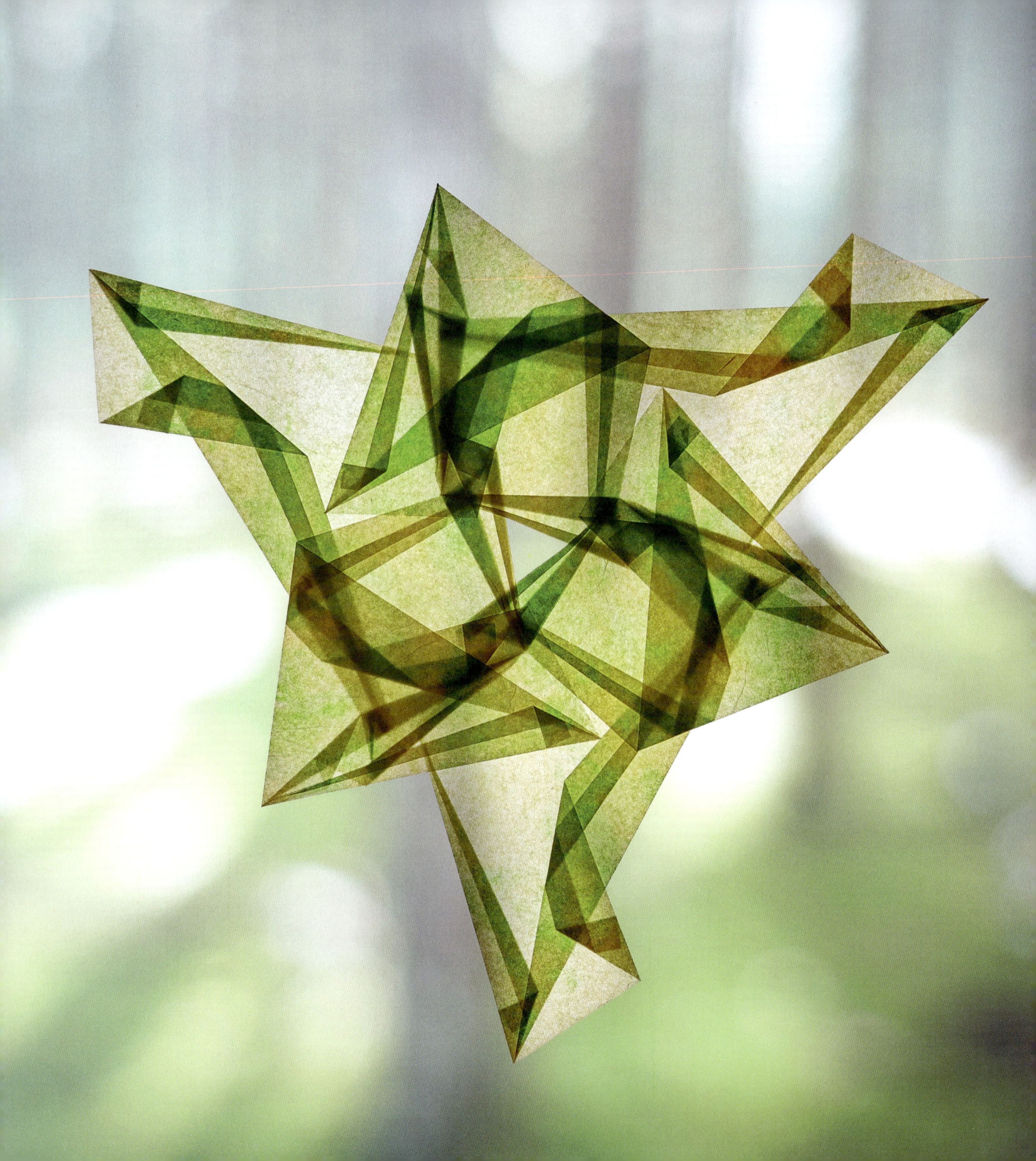

Abb. 5: Sie bekommen momentan die abgebildete Schnittform.
Bilden Sie gleich die Grundfalte 1 und 2 (S. 28). Wieder öffnen. Dadurch erhalten Sie ein Bündel von Hilfslinien.
Abb. 6: Jetzt die obere Schnittlage ein wenig nach links ziehen (Pfeil), damit ihre erste rechte Hilfslinie (rot punktiert bei Abb. 5) nur eine Linie weiter gleitend auf die darunterliegende Mittellinie gesetzt wird. Der Schnitt hat die Gestalt angenommen, wie die Zeichnung sie zeigt. Mit einem Klebepunkt zwischen beiden Schnittlagen fixieren. Danach beide Eckchen zurückknicken. Kleben.
Abb. 7: Legen Sie die zwei Basiskanten auf die entsprechenden schrägen Linien. Die beiden oberen Winkel so zurückknicken, dass einerseits ihre Basiskanten die jeweiligen punktierten Hilfslinien unten erreichen (siehe rote Punkte) und anderseits oben flach ausgestreckt werden.
Abb. 8: Es werden beiderseits die zwei unteren Falten im Zweierschritt zurückgeknickt; die Zeichnung rechts zeigt den fertigen Vorgang.
Abb. 9: Jetzt kommt beidseitig eine Verschiebung der Falten: Lassen Sie diese Schrägkanten (rote punktierte Linie) auf die jeweiligen Außenkanten herabgleiten und legen Sie diese dann flach, wie es die Zeichnung in der linken Hälfte zeigt. Im zweiten Schritt (siehe Zeichnung rechts) auch für beide Seiten die Falten fertig bilden und kleben.
Den Schnitt wieder wenden (Vorderseite)!

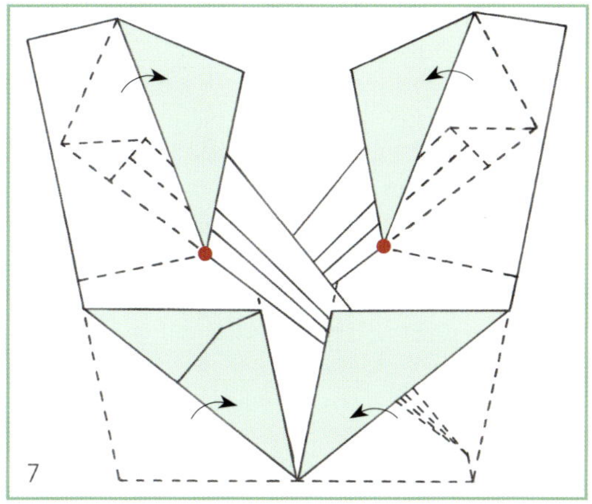

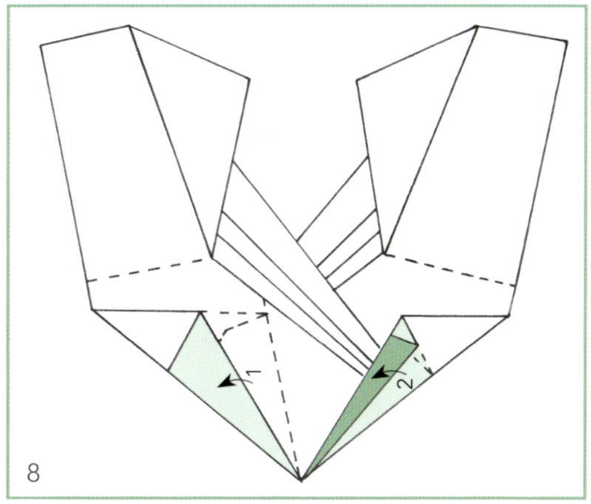

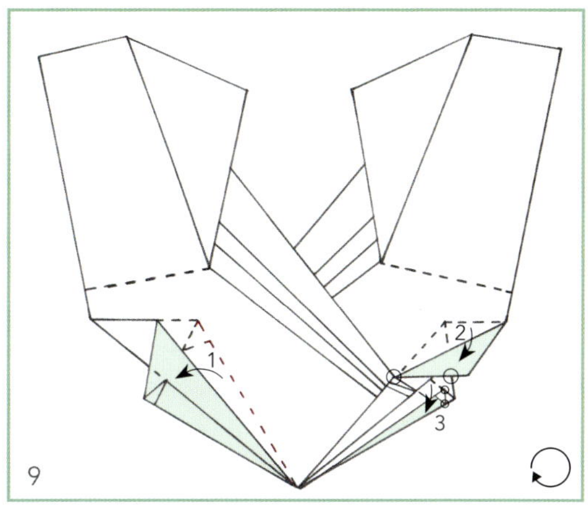

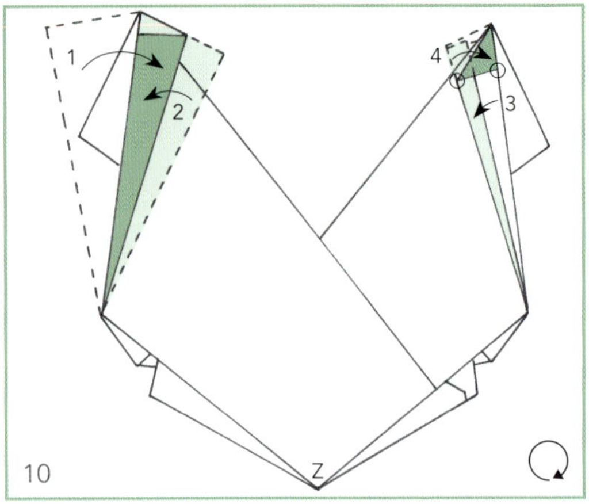

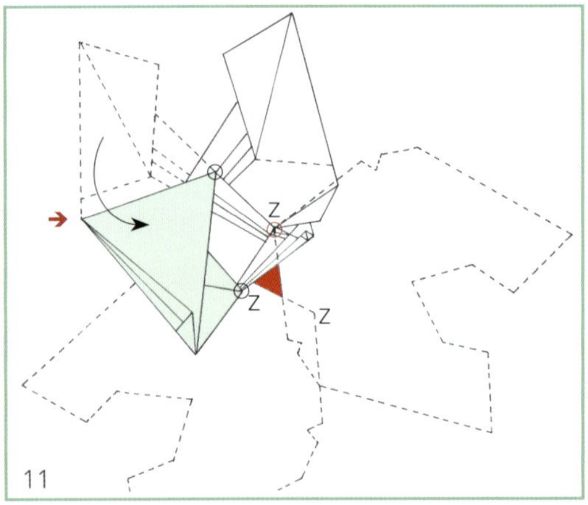

Abb. 10: Knicken Sie nun beidseitig auf der Schnittvorderseite im Viererschritt die Flügel zurück – entsprechend der Zeichnung erst links, dann rechts. Kleben. *Wenden Sie Ihren Schnitt wieder auf die Rückseite!* Der untere Winkel entspricht dem (Z)-Zentrum.

Abb. 11: Eine besondere Zusammensetzung: Legen Sie Ihre drei fertig gefalteten Schnitte so auf den Tisch, dass die jeweiligen (Z)-Zentren auf die Kreuzung Kante/zurückgefaltete Ecke des vorigen Schnitts treffen (mit rotem Kreis verdeutlicht). In der Mitte entsteht jetzt von selbst ein Ausschnitt eines gleichseitigen Dreiecks (siehe rotes Dreieck). Kleben Sie zuerst nur die drei (Z)-Zentren.

Um die richtige Gestalt des Transparentes endgültig abzuschließen, knicken Sie, nach der Zeichnung, jeden linken Flügel so zurück, dass der untere rechte breite Winkel auf die untere rechte Kante des (Z) trifft. Dabei darauf achten, dass die oberen feinen Falten des Flügels beim Schließen nicht verknickt werden. (Ein roter Pfeil zeigt diese empfindliche Stelle an.) Befestigen Sie das gesamte Gebilde mit langen Klebestrichen.

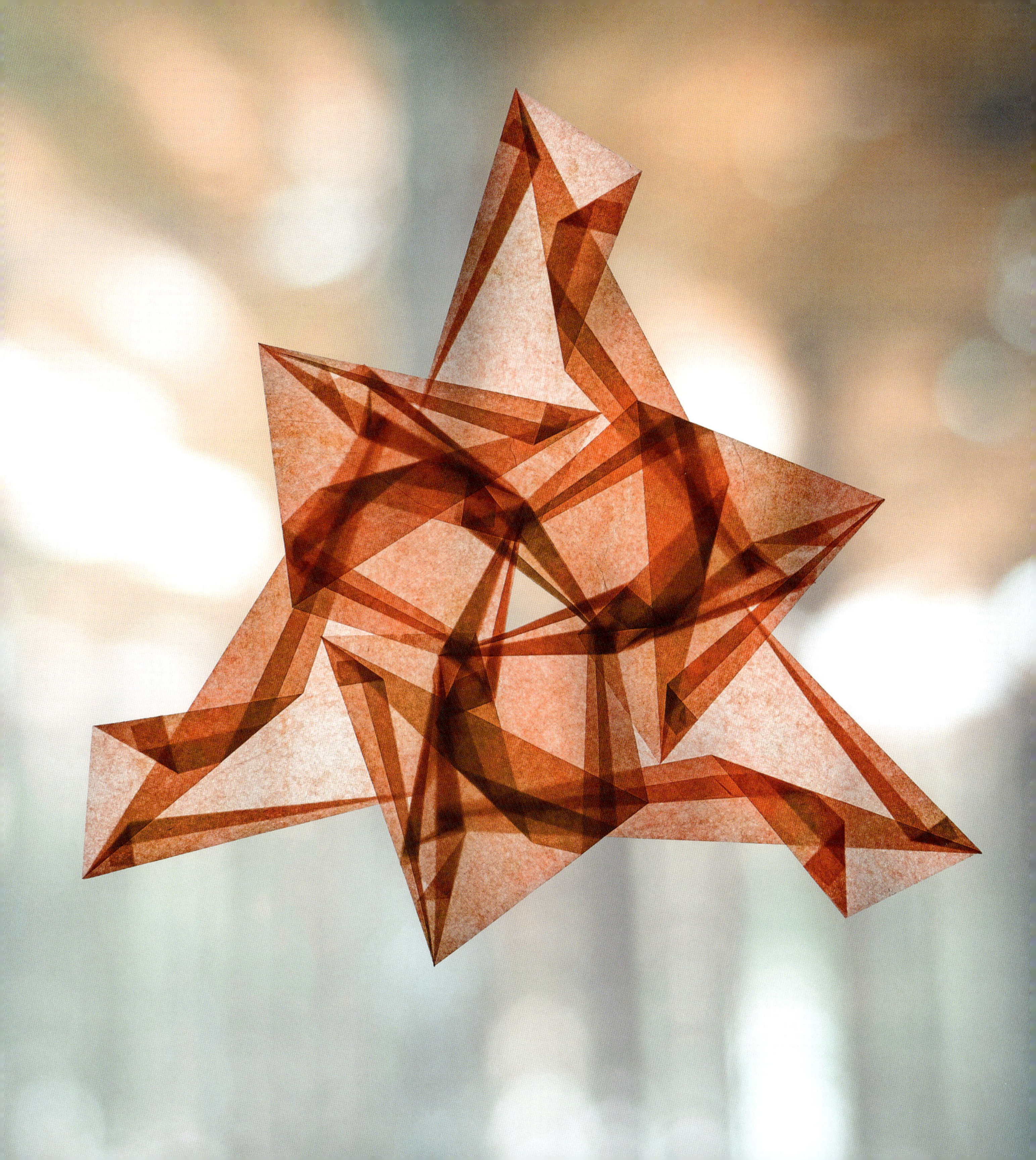

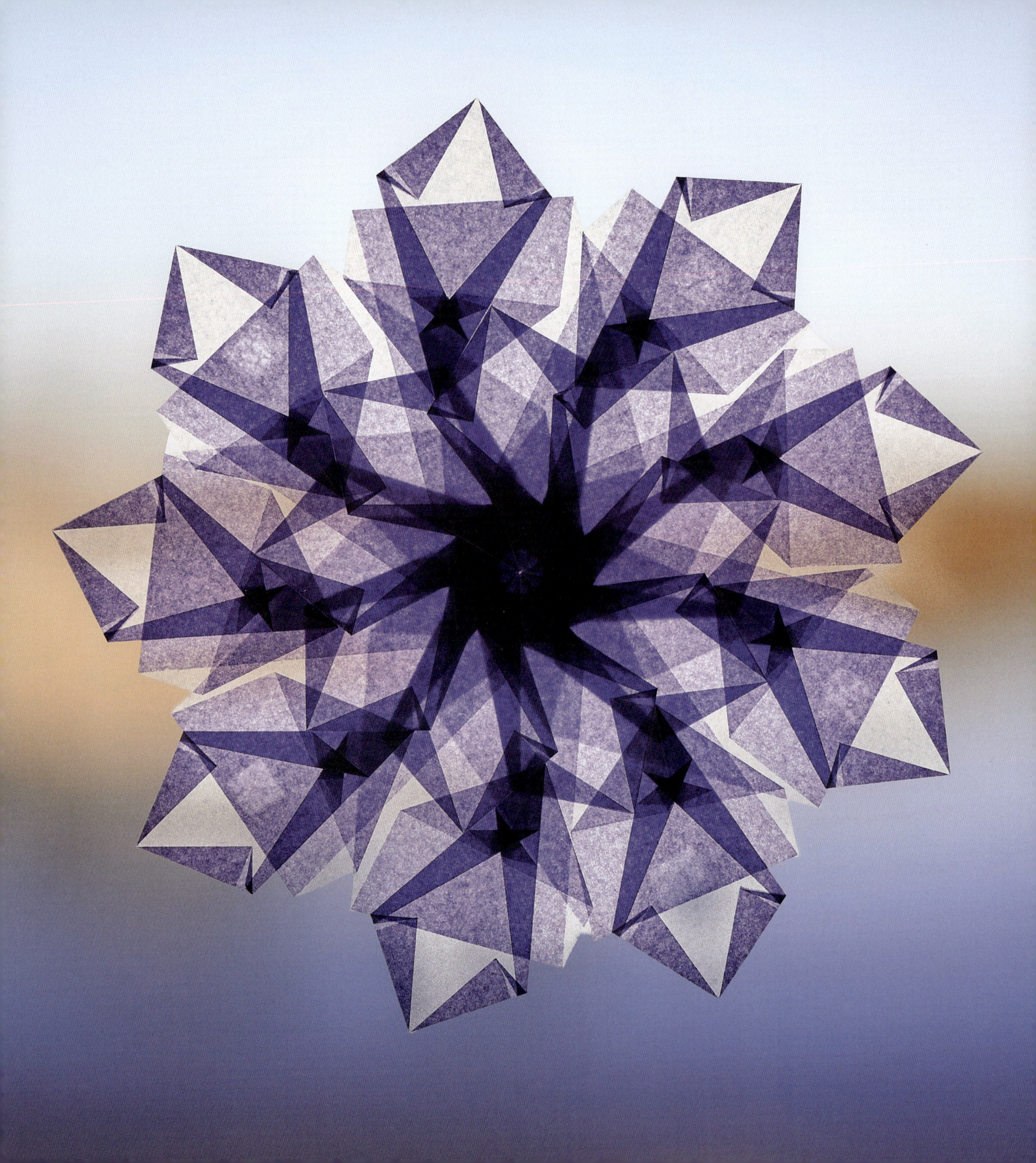

Distelblüte ****

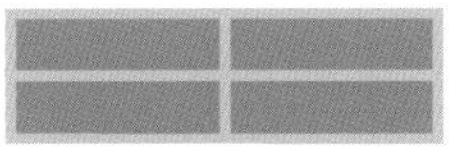

Neunstrahlig
Ø 39 cm, Schnitt 9
Ø 27,5 cm, Schnitt 7

Mit ihren scharfen Kanten und zackigen Spitzen, die sich leicht und flüchtig um die Mittelachse drehen, erinnert uns diese Distelblüte an die Dürre und Trockenheit mancher heißen Sommertage. Ein ausgefallenes Gebilde mit der seltenen Strahlenzahl 9!

Nehmen Sie neun rechteckige Streifenschnitte, wie oben angegeben. Beide Mittellinien bilden. Wieder öffnen. Danach eine Schnittkante auf die kurze Mittellinie legen und wie folgt fortfahren:

Abb. 1: Bilden Sie für das (Z)-Zentrum die Grundfalten 1 und 2 (S. 28). Wieder öffnen, um die notwendigen Hilfslinien zu bekommen.

Abb. 2: Es folgt eine Art «Trichterfalte» (S. 29), um eine innere pfeilartige Gestaltung anzubringen. Bewegen Sie also mit dem Finger zwischen den zwei Papierschichten den linken unteren Teil des Zentrums, um die linke Außenkante direkt auf die Mittellinie zu drücken (rote punktierte Linien). Darauf achten, dass die mitkommenden Kanten sich dann exakt auf die entsprechenden Hilfslinien herabsetzen.

Abb. 3: Nach der Zeichnung im Zweierschritt vorgehen.

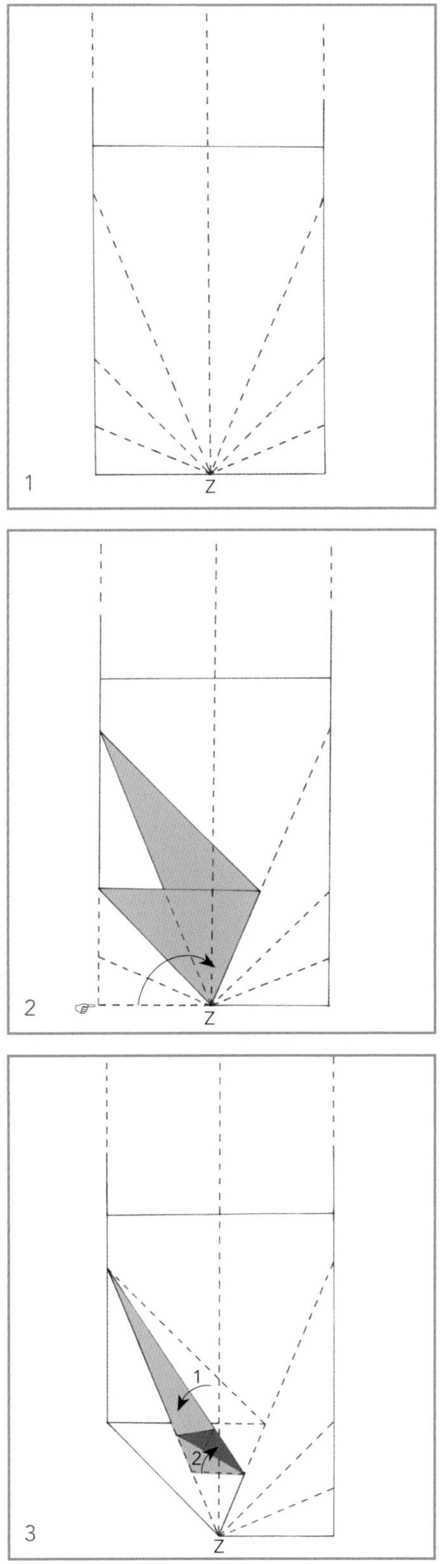

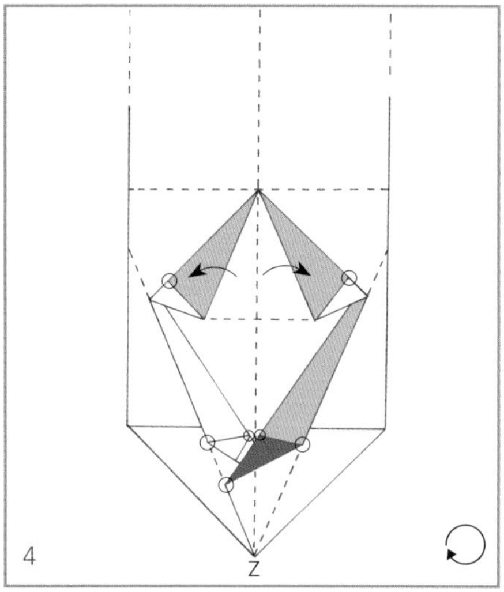

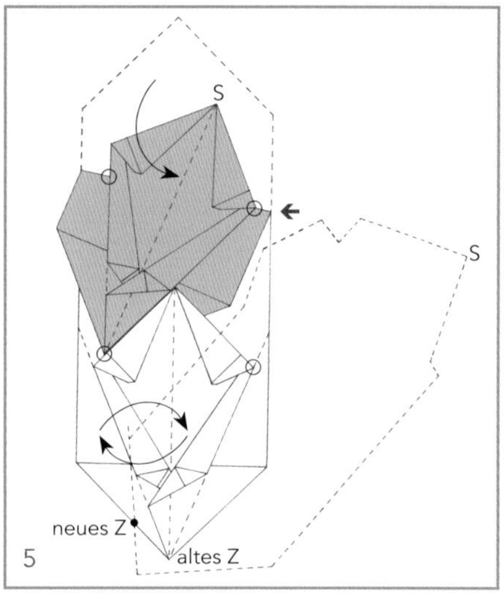

Abb. 4: Für die rechte Seite des (Z)-Zentrums den gleichen Faltprozess ab der sogenannten Trichterfalte bei Abb. 2 und Abb. 3 spiegelbildlich ausführen. Dann an der oberen Kante die Grundfalte 1 bilden (S. 28) und den mittleren Teil öffnend befreien. Kleben. *Jetzt den Schnitt wenden (Rückseite)!* Falten Sie auf der Rückseite den anderen Endschnittteil genauso von vorne von Schritt 1 bis Schritt 4.

Abb. 5: Jetzt kommt ein kleiner Kunstgriff! Der verdeckte zuvor gefaltete Teil wird wieder nach vorne gestülpt (großer Pfeil), damit alle Faltungen auf der gleichen Schnittseite liegen. Und zwar so: Der rechte obere Winkel legt sich an die äußere Kante (siehe roter Pfeil), gleichzeitig gleitet die rechte untere Kante (roter Strich) an der oberen linken Kante des gefalteten unteren Schnittteils entlang. Die Zeichnung illustriert den Vorgang präzis. Die angezeigten Klebepunkte anbringen.

Für die Zusammensetzung der neun fertig gefalteten Schnitte brauchen wir hier eine extra Stützlinie. Diese erhalten wir mittels einer Vorbereitungsfalte an der linken Kante des (Z)-Zentrums. Um diesen wichtigen neuen (Z)-Punkt zu finden, *legen Sie nur andeutungsweise* diese linke äußere Kante auf die rechte innere Kante der Trichterfalte. Wieder öffnen. An der Kreuzung der Außenkante mit dieser Hilfslinie (rot punktiert) liegt der gesuchte Orientierungspunkt • für eine harmonische Zusammensetzung. Die linke (Z)-Kante des nächsten Schnitts legt sich dann an diese Faltlinie. Wurde das Seidenpapier bearbeitet, kann sie eventuell minimal vor oder hinter diese Linie gelegt werden. Falls eine leichte Nachkorrektur nötig ist, kleben Sie vorsichtshalber erst mit einem dünnen Klebstoffpünktchen. Am Ende das Transparent mit langen Klebestrichen befestigen.

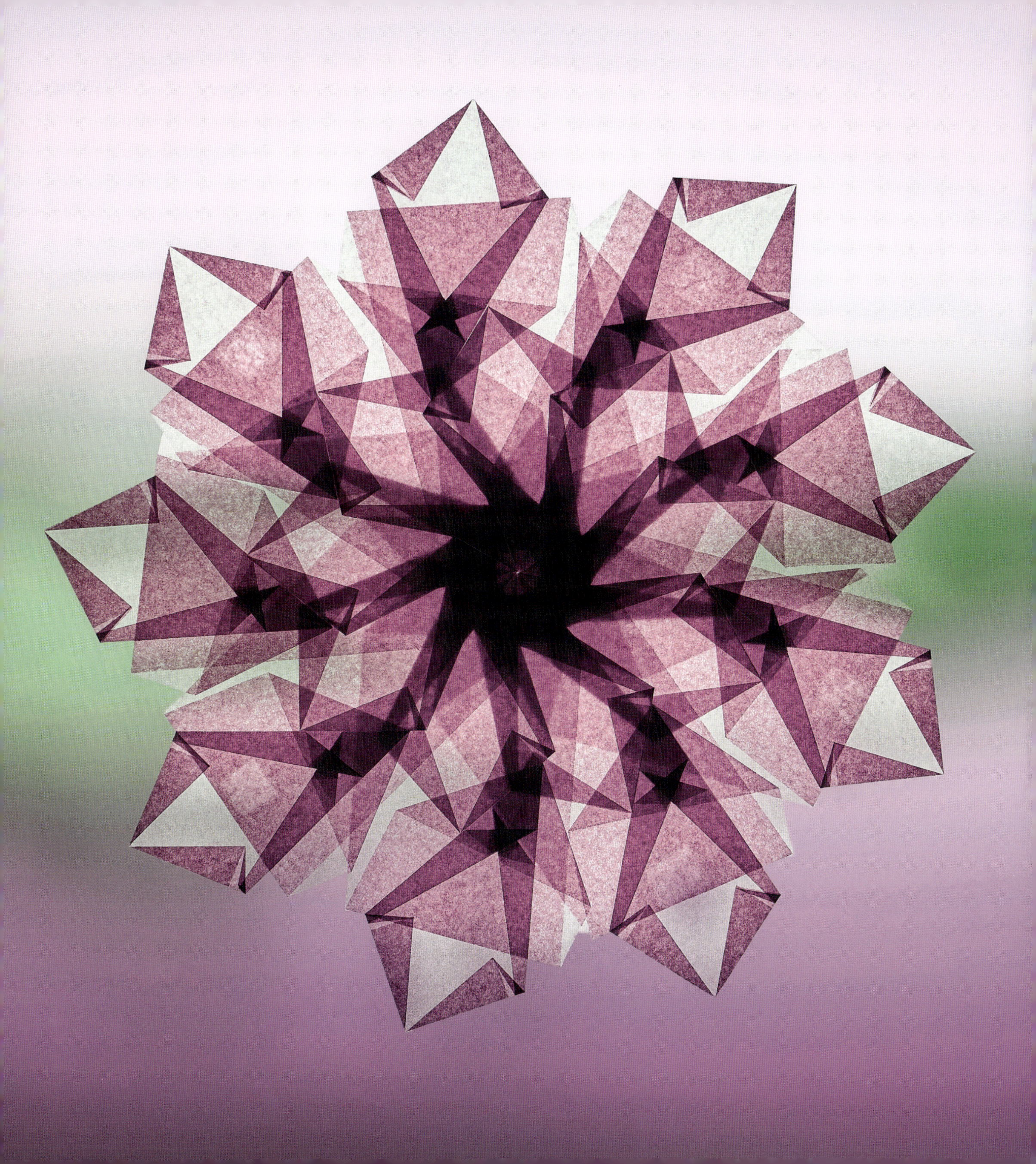

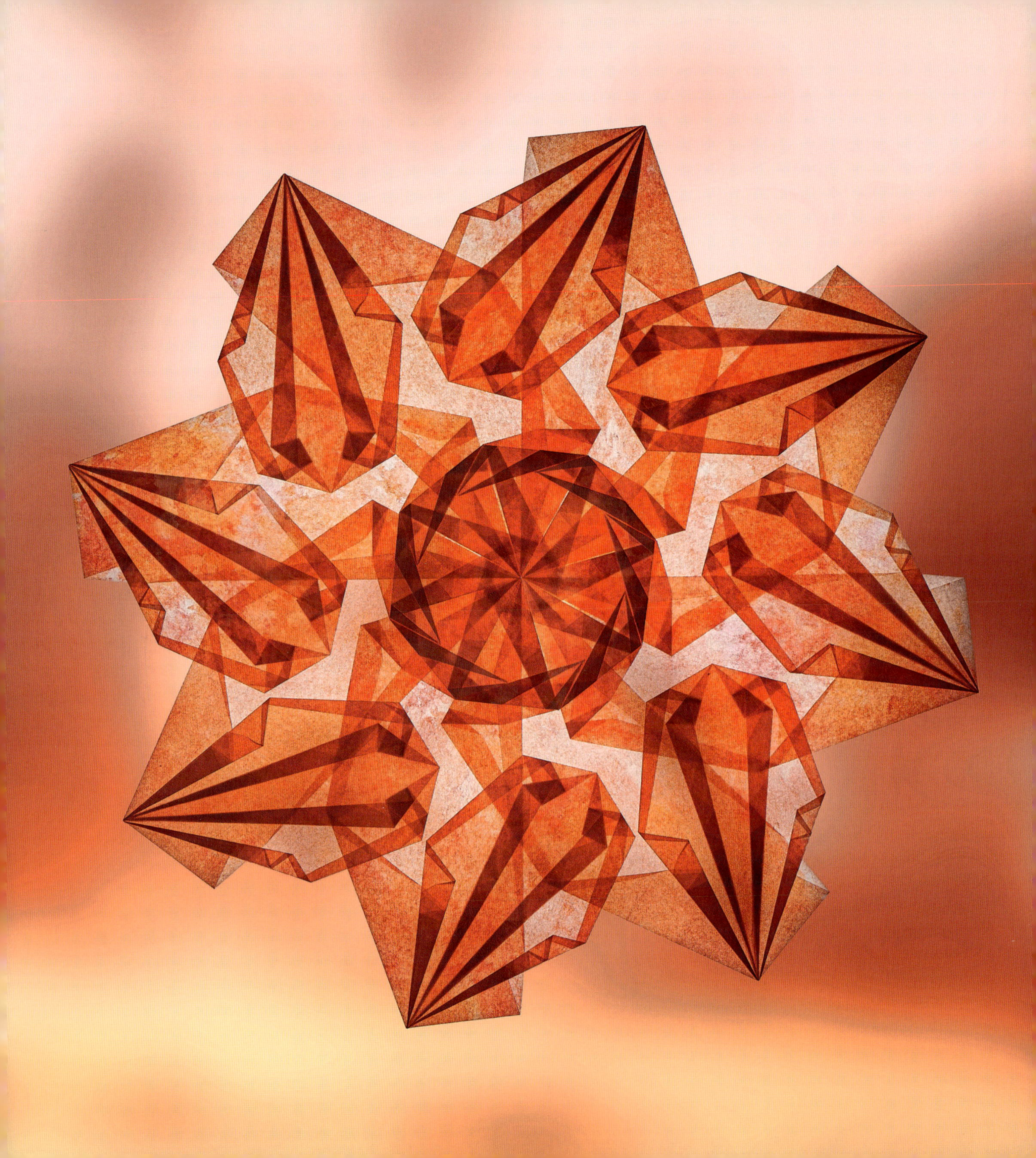

Feuerwirbel ****

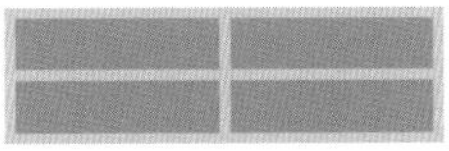

Achtstrahlig
Ø 50,3 cm, Schnitt 10
Ø 35 cm Schnitt 9

Von zwei wirbelnden Gegenbewegungen getrieben, schwingen sich lose, lodernde Flammenspitzen zum Himmel empor. Eine feurige Sommersonne!

Nehmen Sie acht lange Streifenschnitte, wie oben angegeben. Die lange Mittellinie bilden. Öffnen. Dann falten Sie die kurze vertikale Mittellinie. Wieder öffnen. Bilden Sie danach für beide Schnittenden die Grundfalten 1, 2 und 3 (S. 28). Abb. 1: Für die (S)-Spitze öffnen Sie die Mitte. Nach der Zeichnung vorgehen. Dabei behelfen Sie sich mit dem Messerrücken, um die Faltenspitzen so fein wie möglich zu gestalten. Alle Klebepunkte und hier zusätzlich lange Klebestriche anbringen. Abb. 2: Für das (Z)-Zentrum zuerst die letzte Falte wieder öffnen. Dann in einem Zug ihre beidseitigen Kanten auf die entsprechenden Hilfslinien knicken. Auch die Mitte der Spitze jetzt ganz befreien. Alle Klebepunkte anbringen. Mit langen Klebestrichen befestigen. Danach wird die (S)-Spitze auf die Kreuzung der zwei Mittellinien zurückgeknickt und angeklebt. Abb. 3: Bilden Sie für die neu entstandene Basis der (S)-Spitze die Grundfalte 1. Danach kommen zwei «Trichterfalten» (S. 29). Kleben.

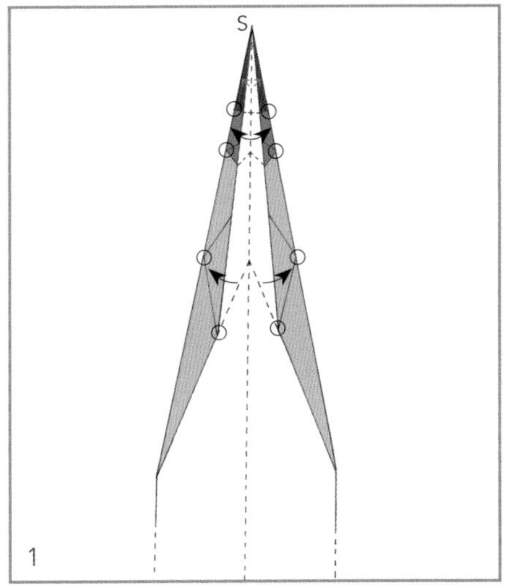

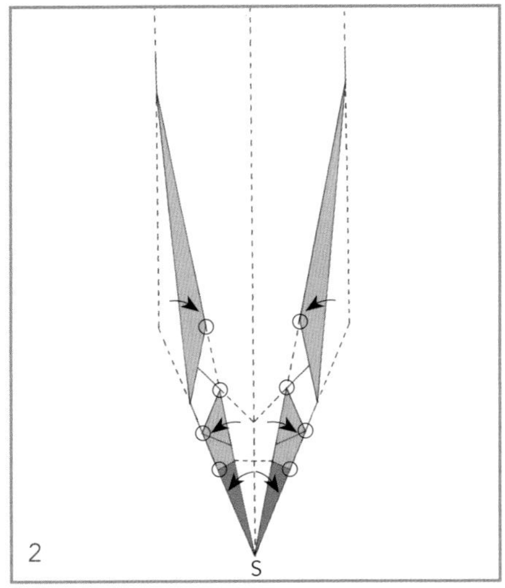

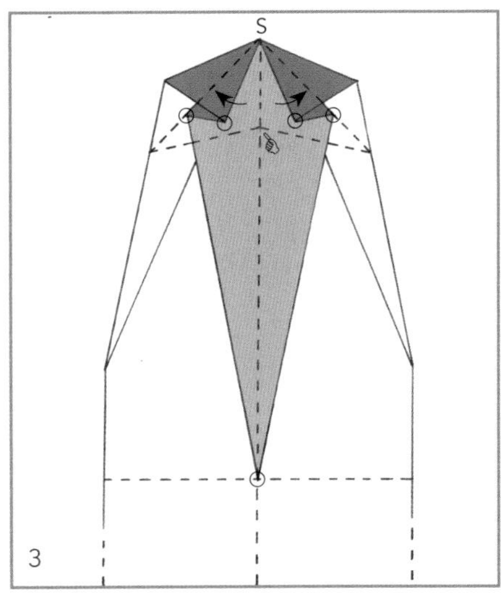

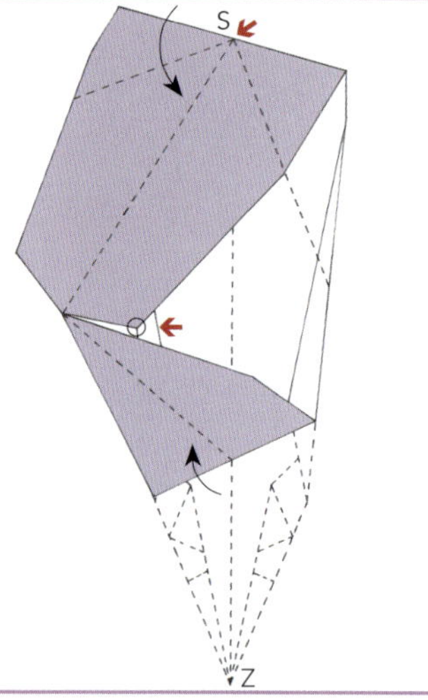

4

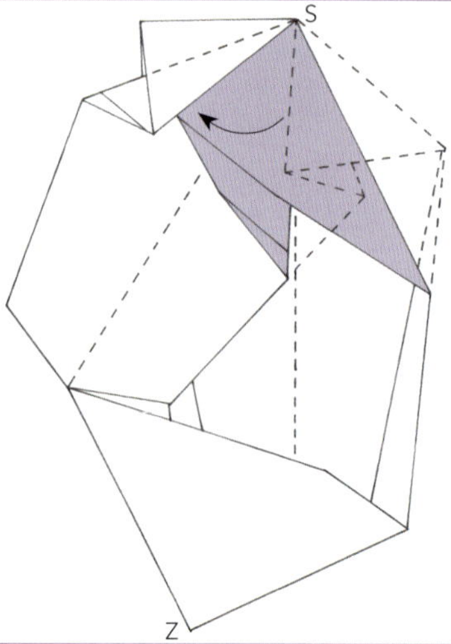

5

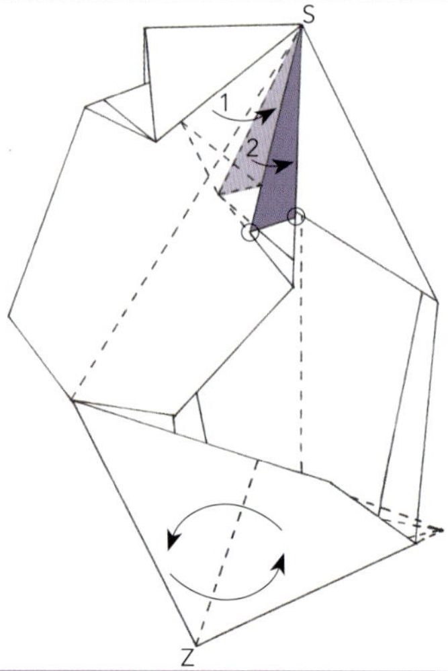

6

Abb. 4: Die eben gefaltete neue Spitze (S) wird so nach innen umgeklappt, dass ihr rechter Winkel auf die linke Kante des (Z)-Bereiches trifft. (Zwei Pfeile deuten auf diesen oberen Bewegungsvorgang.) Vor allem darauf achten, dass die darunter verdeckte Spitze (nur zu sehen, wenn das Licht durchscheint, dabei nicht verknickt wird.

An diesem Schritt angekommen und bevor Sie den Klebepunkt anbringen, ist es vorteilhaft, zu prüfen, ob alle Ihre Schnitte in der Gestaltung dieselbe exakte Größe haben. Erst dann nur den angezeigten Klebepunkt anbringen.

Nun wird das (Z)-Zentrum auch zurückgeknickt, und zwar so, dass seine Spitze die alte (S)-Spitze trifft. Aber nicht kleben! An der noch ungefalteten neuen (S)-Spitze wird der gleiche Vorgang wie bei Abb. 3 ausgeführt. Das heißt: Grundfalte 1, dann zwei beidseitige Trichterfalten nach dem gleichen Prinzip bilden. Jedoch werden hier ihre Formgrößen wegen der schrägen Lage natürlich unterschiedlich sein. (Abb. 4 zeigt den Vorgang nicht, er wird aber bei Abb. 5 nachvollziehbar.)

Abb. 5: Die eben gebildete größere rechte Trichterfalte an der (S)-Spitze wird an die innere Kante der kleineren linken herangezogen (Pfeil).

Abb. 6: Dann werden die (S)-Innenkanten im Zweierschritt übereinander zurückgeknickt. Am (Z)-Zentrum kommt eine Vorbereitungsfalte. Die linke Außenkante wird auf die rechte gelegt und wieder geöffnet.

Abb. 7: An der (S)-Spitze wird nun die innere Kante der linken Trichterfalte auf die Mittellinie gelegt (roter Pfeil). Noch eine Vorbereitungsfalte am (Z)-Zentrum: Die obere Kante wird auf die neu entstandene Faltlinie gelegt und wieder geöffnet.

Abb. 8: Die linke Trichterfalte an der (S) wird auch zweimal nacheinander gefaltet. Kleben.
Am (Z) wird die linke obere Kante endgültig auf die neu gebildete Hilfslinie gesetzt. Kleben.
Kontrollieren Sie vorm Zusammensetzen noch die acht fertigen Schnitte. Nehmen Sie dafür einen Schnitt als Modell und prüfen Sie durch Aufeinanderlegen, ob sie alle gleich sind.
Abb. 9: Das Zusammensetzen bereitet keine Schwierigkeiten. Alle (Z)-Zentren werden zuerst leicht aneinandergeklebt. Ihre zurückgeklappten Spitzen lassen sich an die vorigen entsprechend anpassen (siehe Pfeil 1). Der breite (S)-Winkel berührt fast den vorigen Teil (Pfeil 2). Wenn das gesamte Gebilde harmonisch aussieht, können Sie es mit Klebestrichen befestigen.

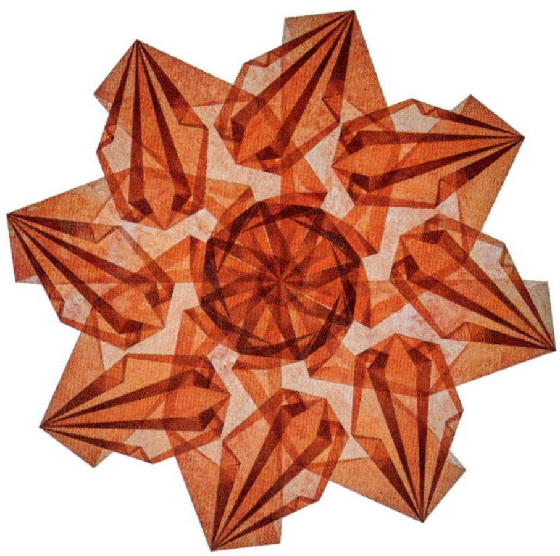

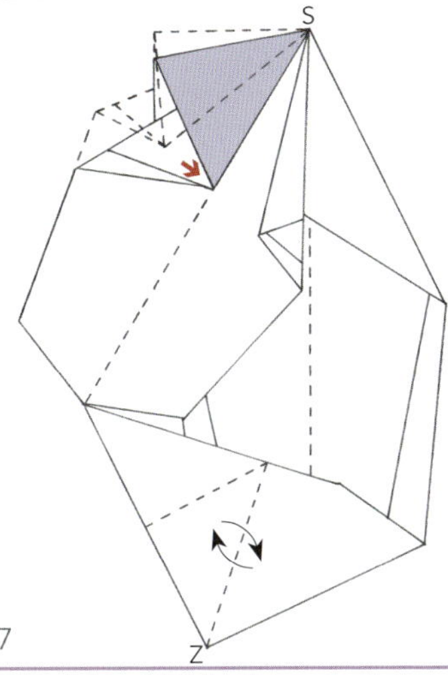

7

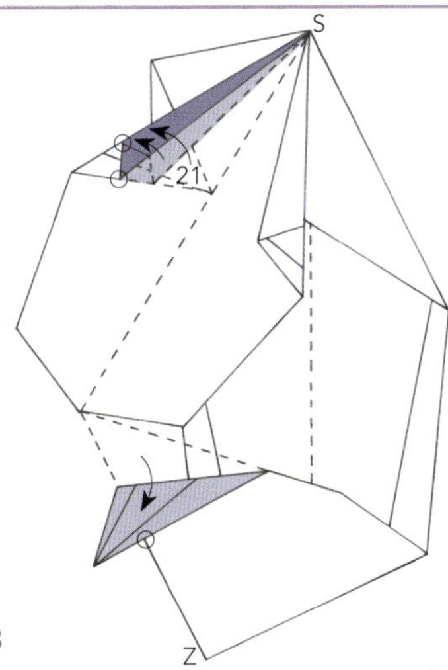

8

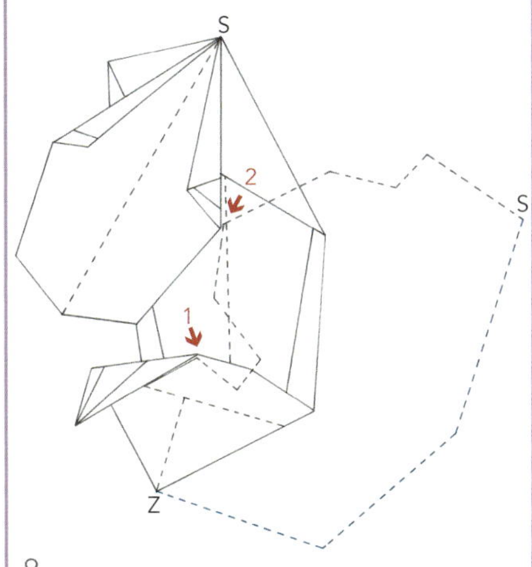

9

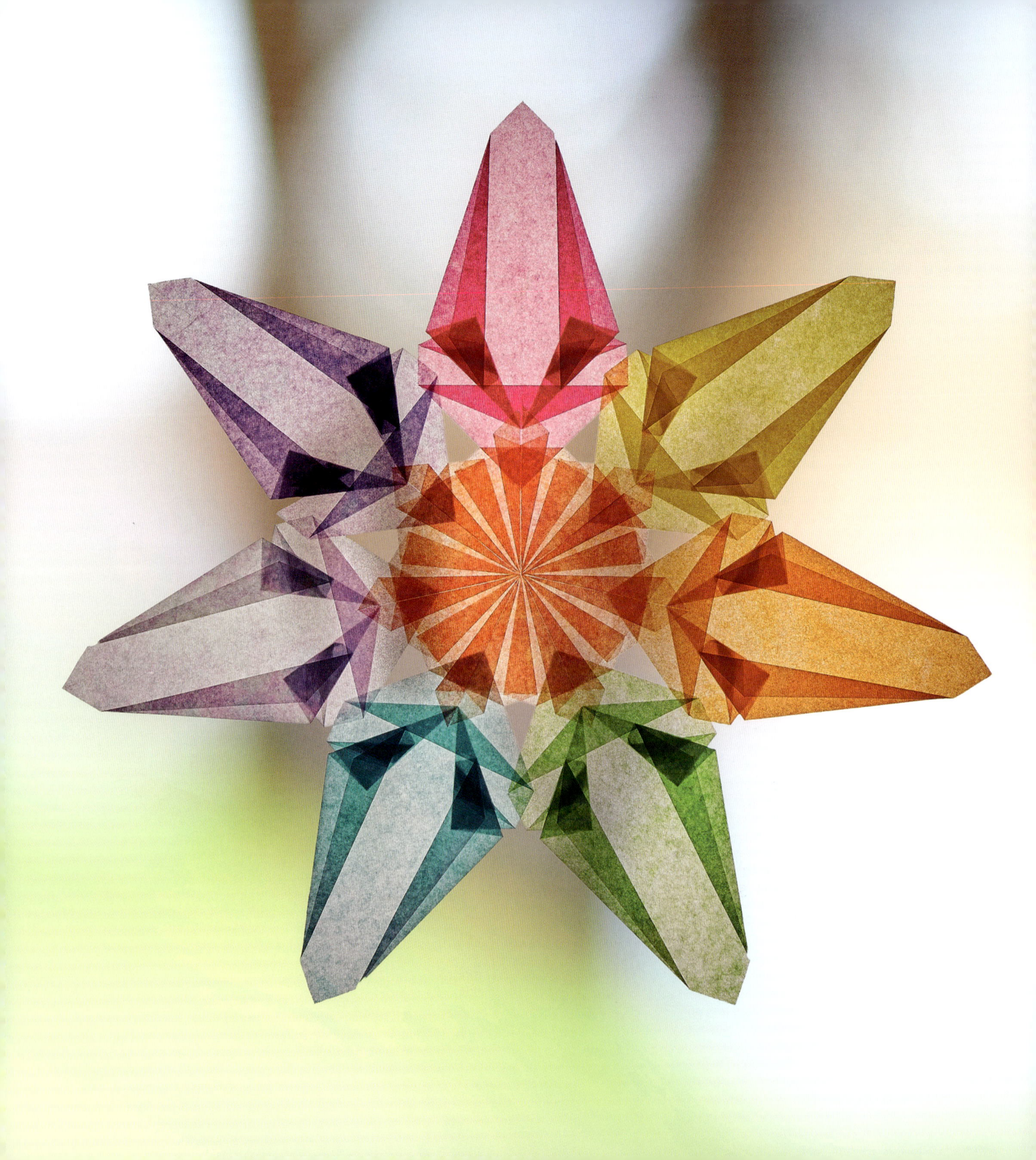

Die sieben Strahlen ***

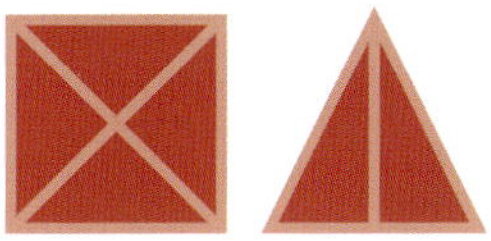

Siebenstrahlig
Ø 40 cm, Schnitt 18 + 19
Ø 34 cm, Schnitt 19 + 20

Dieses anmutige Transparent hat eine sanfte und ruhige Ausstrahlung. Eine Stimmung von Leichtigkeit und Lebensfreude umschwebt die sieben Strahlen. Um den feinen Innenkreis herum zeigen sich dekorative Ausschnitte, wie geschliffene Diamanten. Für die sieben Strahlen bieten sich die Farben des Regenbogens an.

Wie die obigen Schnittangaben schon vermuten lassen, besteht das vorliegende Transparent aus zwei Teilen: Sockel und Strahl.

Zuerst beginnen Sie mit dem Sockelteil.

Um die dreieckigen Schnitte anzufertigen, richten Sie sich nach den Anleitungen der Schnittvorlagen, S. 20. Nehmen Sie sieben dreieckige Schnitte der gewünschten Größe. Die Mittellinie bilden. Das Gefaltete öffnen.

Abb. 1: Erst eine Vorbereitungsfalte bilden. Dann setzen Sie den linken Winkel auf den angezeigten Kreuzungspunkt. Kleben. Danach schließen Sie beide rechte Flügel einfach auf die Mittellinie (nicht angezeigt).

Abb. 2: Öffnen Sie diese Flügel und falten Sie sie beide im Zweierschritt; die Zeichnung zeigt unten den fertigen Faltprozess.

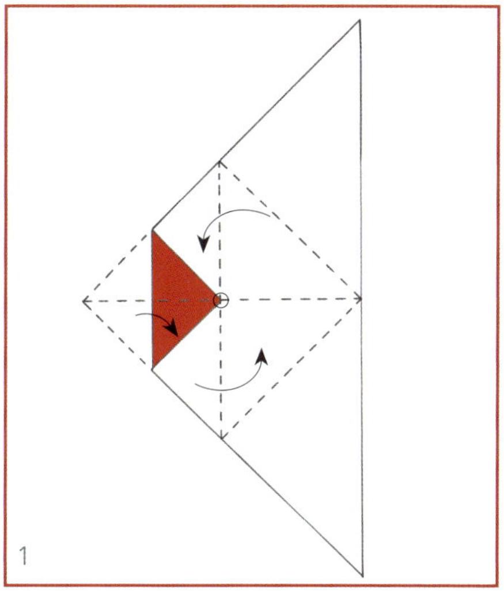

1

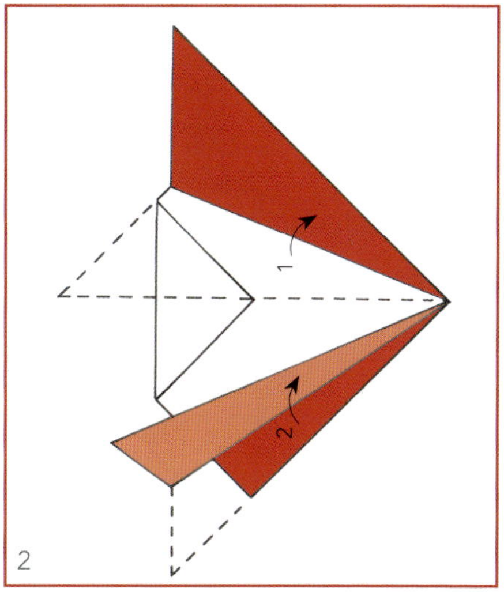

2

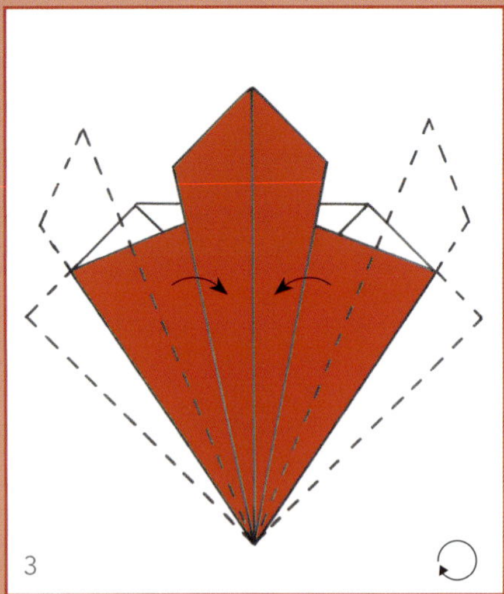
3

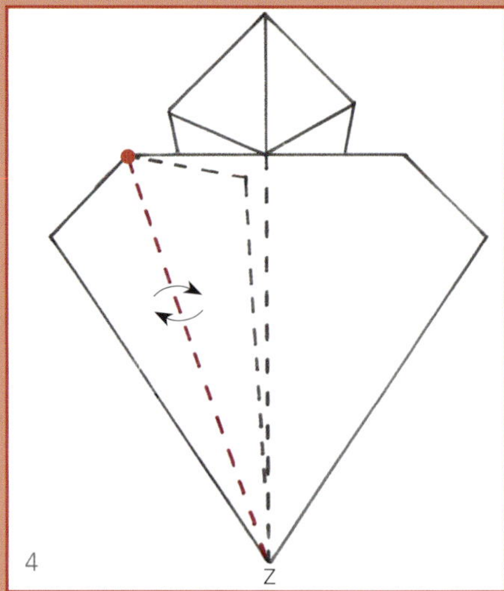

4

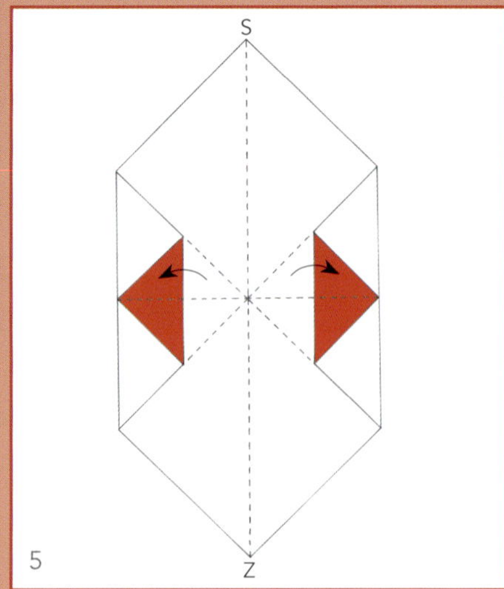

5

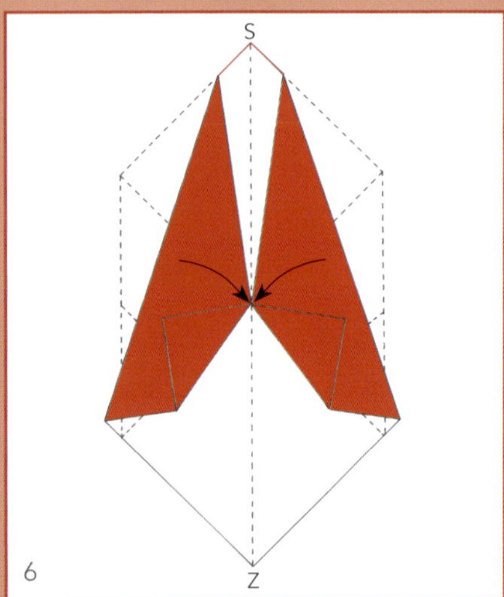

6

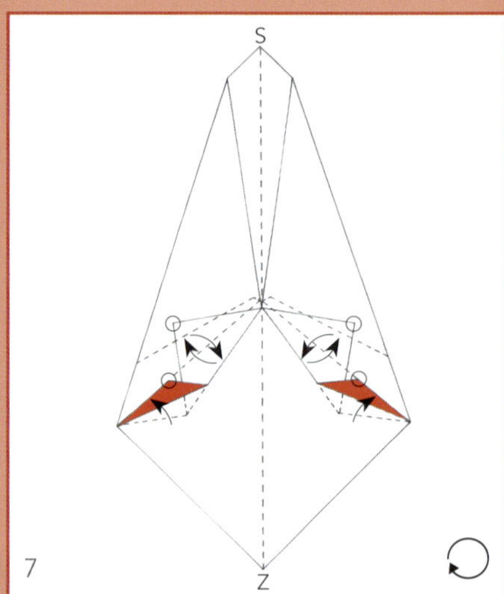

7

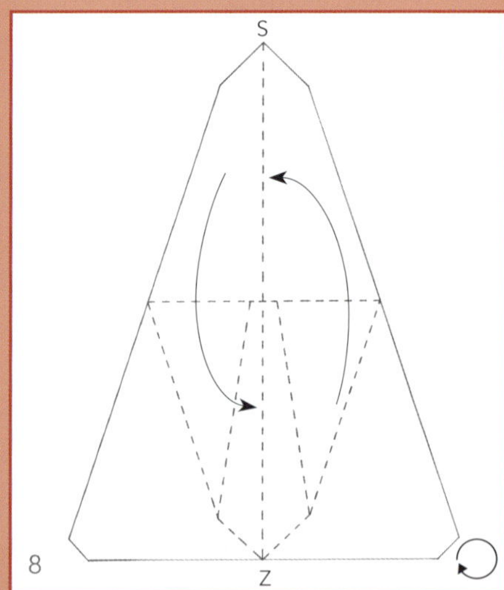

8

Abb. 3: Die inneren Kanten an die Mittellinie heranziehen. Nicht kleben!
Wenden Sie jetzt Ihren Schnitt auf die Rückseite!
Abb. 4: Auf der Kehrseite bilden Sie eine Vorbereitungsfalte. Dafür die linke Kante so weit nach innen zurückknicken, dass oben der Winkel gut markiert wird (siehe roter Punkt). Sie bekommen eine wichtige Hilfslinie (rot punktiert) für die spätere Zusammensetzung der Sockelteile.
Die untere Spitze wird zum (Z)-Zentrum.

Falten der sieben Strahlen:
Jetzt sieben viereckige Schnitte nehmen, die, wie oben angegeben, zu den gewählten Sockelschnitten passen. Beide Diagonalen bilden.
Abb. 5: Legen Sie beide Außenecken auf den Mittelpunkt und knicken Sie sie auf die neuen Außenkanten zurück.
Abb. 6: Ziehen Sie dann beiderseits die oberen Innenwinkel der Seiten flügelförmig nach innen zum Mittelpunkt heran.
An diesem Stadium der Zeichnung angekommen, prüfen Sie, ob die Kantenlänge der (S)-Spitzen (in rot angedeutet) regelmäßig sind. Andernfalls bewegen Sie die Flügel leicht, um den Abstand zu regulieren.
Abb. 7: Zuerst die zwei oberen Ecken kleben. Dann kommen die Vorbereitungsfalten auf beiden Seiten; die kurzen unteren Schrägkanten auf die äußeren Kanten legen. Wieder öffnen. Knicken Sie anschließend die Ecken auf die entstandenen Hilfslinien zurück. Kleben.
Jetzt folgt ein wichtiger Übergang (hier nicht angezeigt, aber bei Abb. 8 sichtbar): Das (Z)-Zentrum wird auf den Mittelpunkt bzw. die Flügelkreuzung gelegt. *Wenden Sie den Schnitt auf die Rückseite!*
Abb. 8: Auf der Kehrseite kommt eine neue Vorbereitungsfalte: Die (S)-Spitze wird auf das (Z)-Zentrum, d.h auf die Kreuzung Basiskante/Diagonale, zurückgelegt und wieder geöffnet.
Wenden Sie dann den Schnitt wieder auf seine Vorderseite!

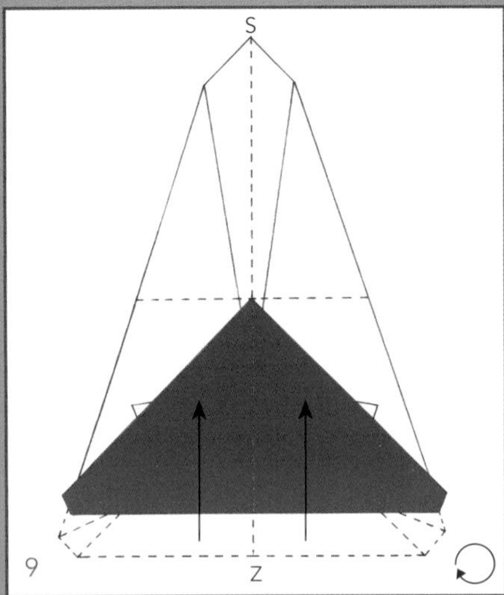
S
Z
9

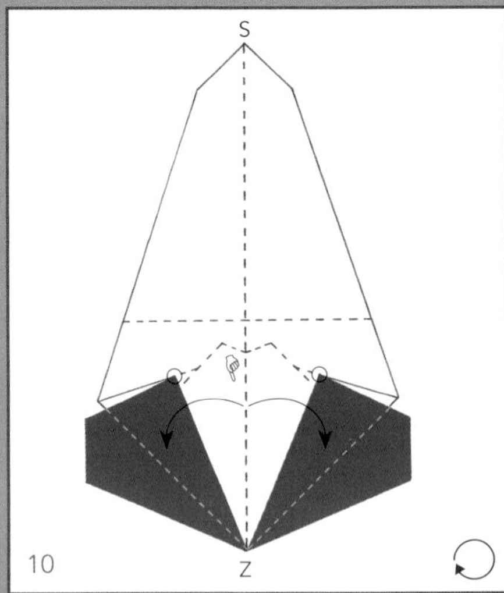
S
Z
10

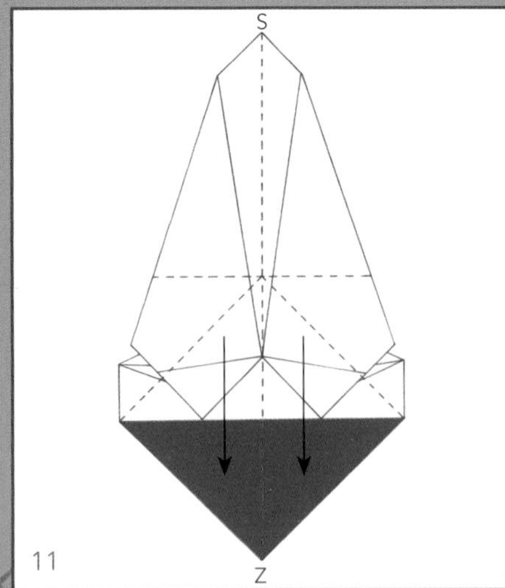
S
Z
11

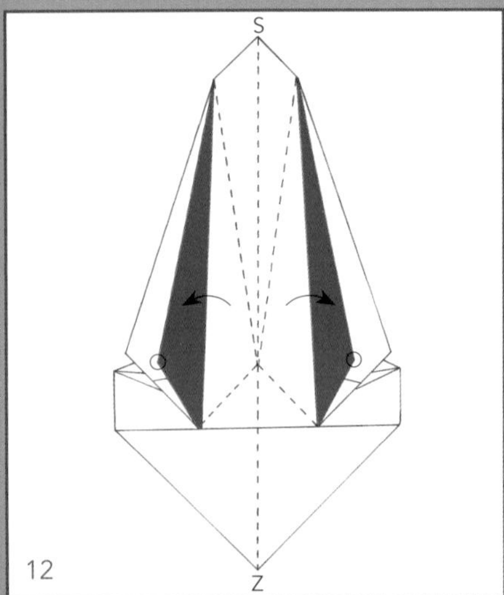
S
Z
12

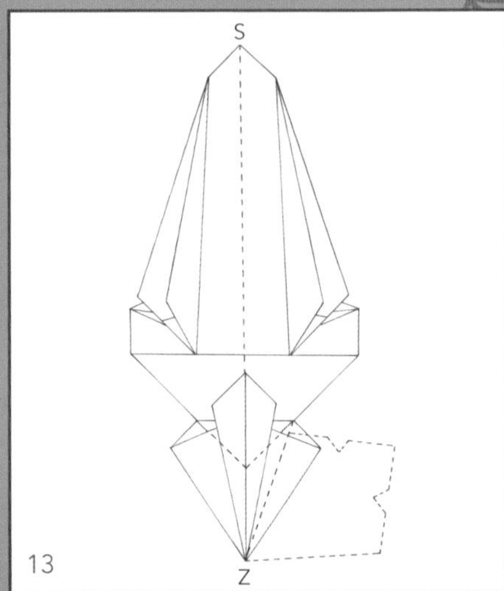
S
Z
13

Abb. 9: Öffnen Sie wieder das (Z)-Zentrum und legen Sie seine Spitze auf die neue Hilfslinie. *Den Schnitt wieder wenden (Rückseite)!*
Abb. 10: Am (Z) erst die Grundfalte 1 bilden und gleich beidseitig mit der «Trichterfalte» (S. 29) fortfahren (rote punktierte Linien). Zwei Klebepunkte.
Wenden Sie den Schnitt wieder auf seine Vorderseite!
Abb. 11: Die ehemalige (Z)-Spitze wird so weit wie möglich nach unten zurückgeknickt. Dabei darauf achten, dass die Verlängerung der Mittellinie richtig geradlinig bleibt.
Abb. 12: Öffnen Sie nun beide Flügel, exakt entsprechend der Zeichnung. Dabei müssen auch die Falten oben fein spitz verlaufen. Kleben.
Abb. 13: *Die Zusammensetzung der sieben Sockelteile:* Die linke Kante des zweiten Schnitts muss auf der rechten Hilfslinie (zuvor gebildet, Abb. 4) des vorigen Schnitts liegen (rot punktiert).
Dann werden die sieben Strahlen zum fertigen Sockel hinzugefügt: Heben Sie dafür leicht die losen Sockelflügel, um die (Z)-Spitzen der Strahlen richtig einzukeilen, sodass die rechten Winkel der jeweiligen Dreiecke exakt aufeinandersitzen. Anschließend die Strahlen aneinanderkleben.

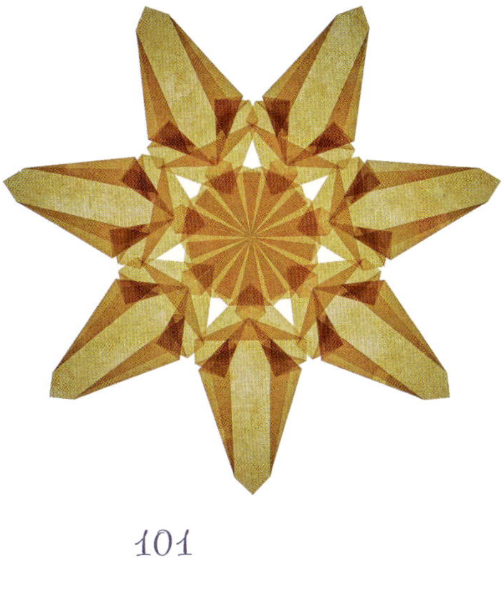

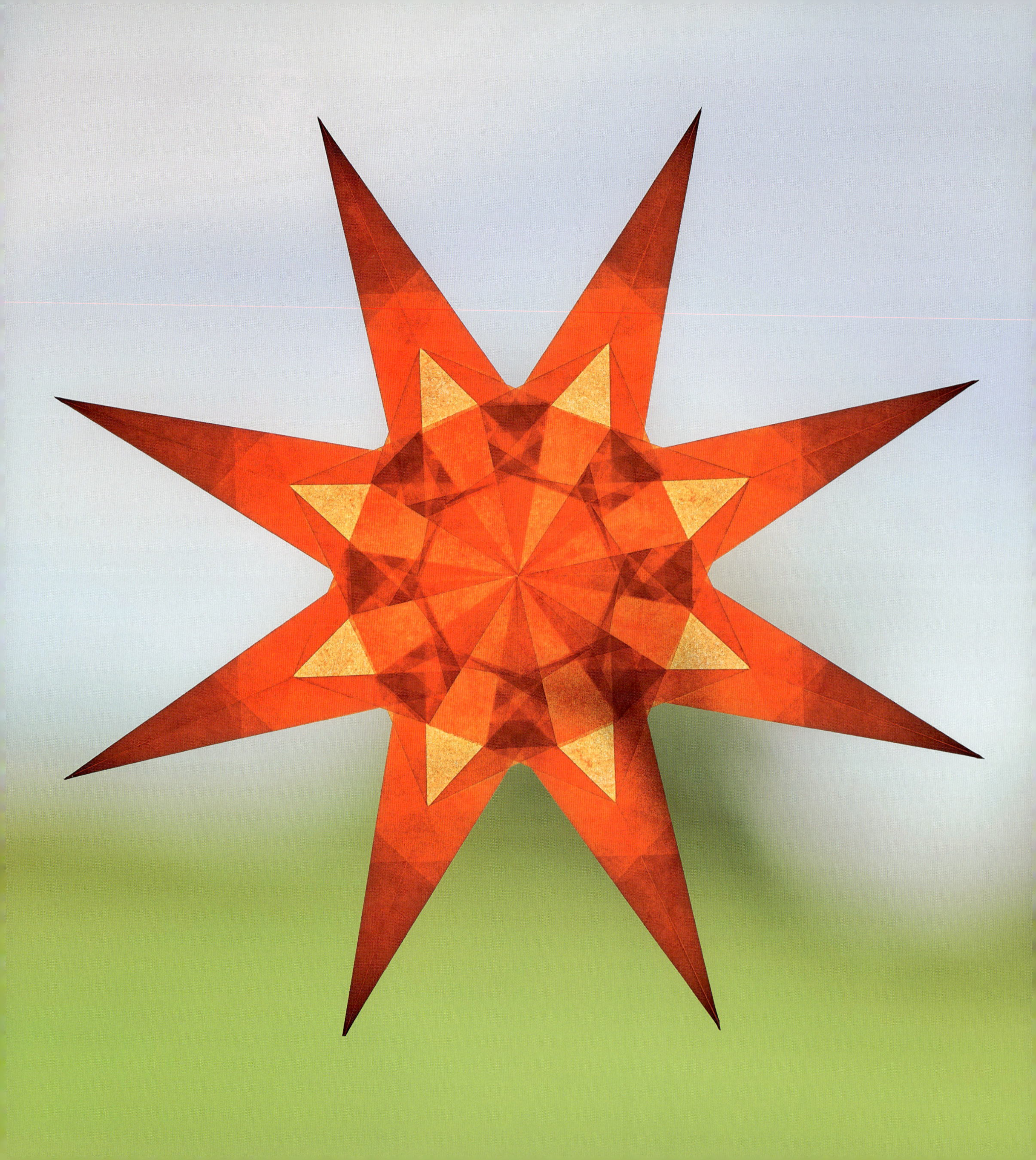

Feiner Spitzenglanz **

Achtstrahlig
Ø 34 cm, Schnitt 2
Ø 24 cm, Schnitt 1

Freies, spielerisches Improvisieren mit Seidenpapier führt zu einer logischen Gesetzmäßigkeit der Falten, die uns immer wieder staunen lässt. Hier, bei diesem einfacheren Stern, alternieren die nach außen zielenden, eher klassischen Strahlenspitzen mit den nach innen reflektierenden Spitzen im dekorativen Ring. Und zur Überraschung erscheinen um diesen Ring deutlich zwei gegeneinander versetzte Vierecke, die insgesamt also ein Achteck bilden!

Nehmen Sie, wie oben angegeben, acht rechteckige Schnitte nach der gewünschten Größe und bilden Sie die lange Mittellinie. Öffnen. Dann für die (S)-Spitze die Grundfalten 1, 2 und 3 ausführen (S. 28).

Abb. 1: Öffnen Sie beidseitig nur die letzte Falte 3, aber nicht ganz, sondern nur bis zur Kreuzung an der darunterliegenden Falte 2. Darauf achten, dass die zurückgelegten Falten fein spitz zur (Z)-Basiskante hin verlaufen. Kleben. Dann beim (Z)-Zentrum die Grundfalte 1 bilden.

Abb. 2: Nach der Zeichnung vorgehen.

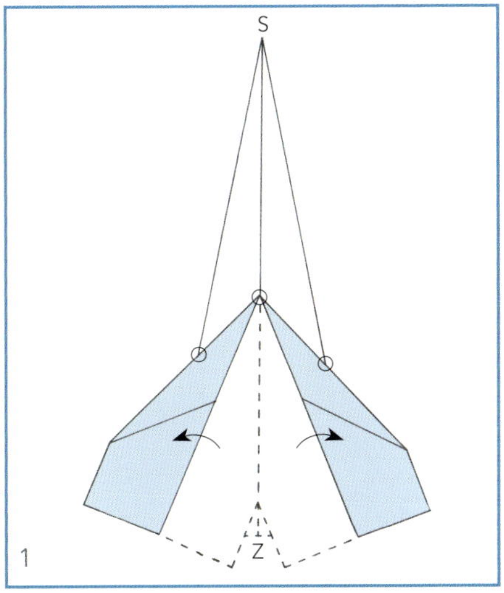

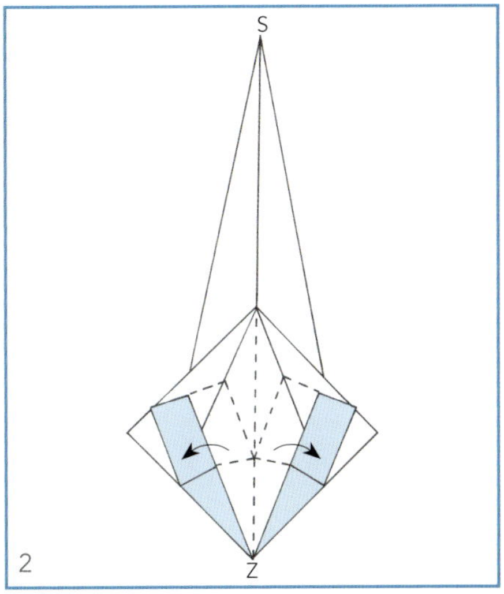

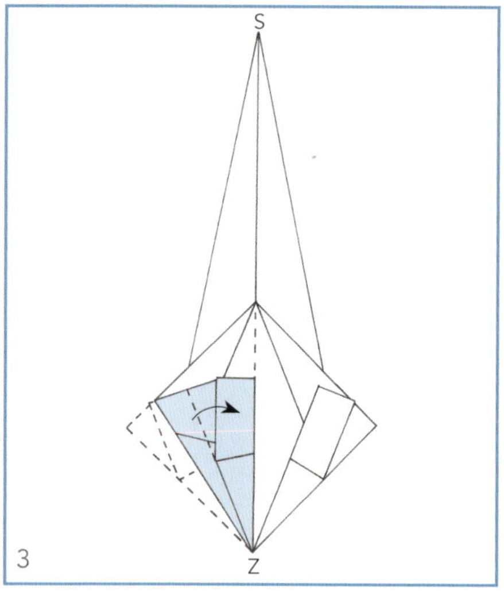

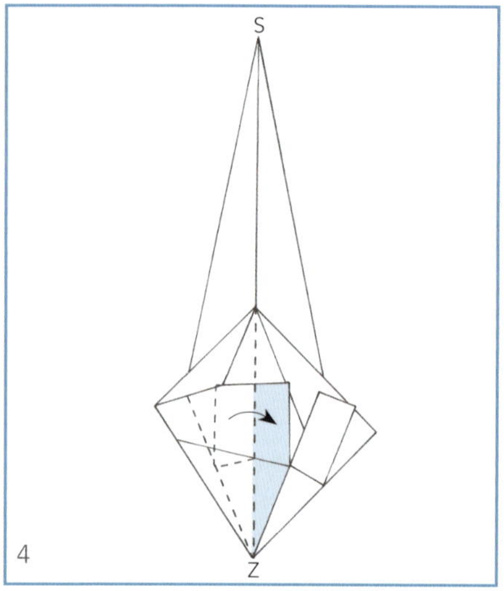

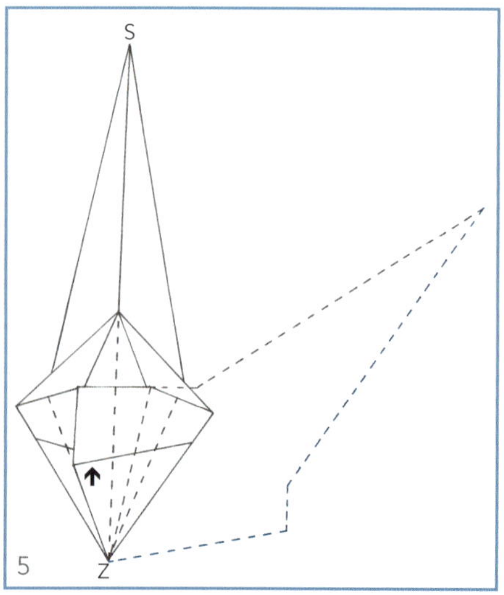

Abb. 3: Am (Z)-Zentrum ziehen Sie zuerst die linke innere Kante bis zur Mittellinie heran.
Abb. 4: Dann den kleinen Flügel öffnen und nach rechts hinlegen. Die Schritte 3 und 4 für die rechte Seite wiederholen. Hier noch nicht kleben!
Abb. 5: Ihre Schnitte sind jetzt fertig gefaltet. Um einen schönen, zarten Innenring mit seinen eleganten, schwingenden Querfalten zu bekommen, ist es empfehlenswert, vor der Zusammensetzung die inneren Falten am (Z) per Transparenz zu prüfen. Die rechte feine Querfalte sollte über die darunterliegende linke Querfalte kaum herausragen. (Der Pfeil deutet auf die Stelle hin.) Andernfalls bewegen Sie ein wenig diese rechte Falte gleitend nach oben, bis sie richtig sitzt. Kleben. Für die Zusammensetzung das achtstrahlige Diagramm verwenden (S. 24f.).

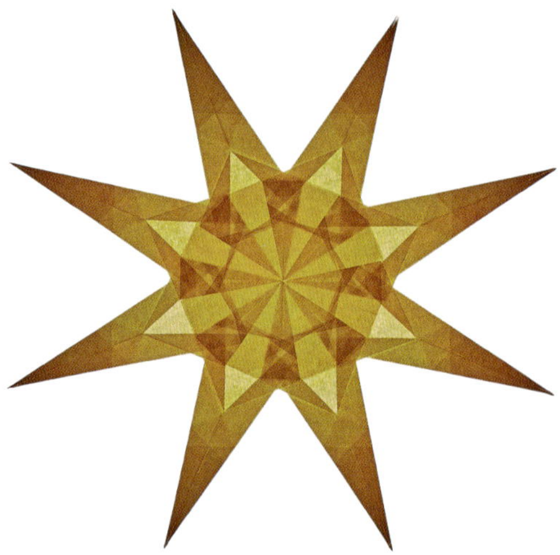

Winterrosette *****

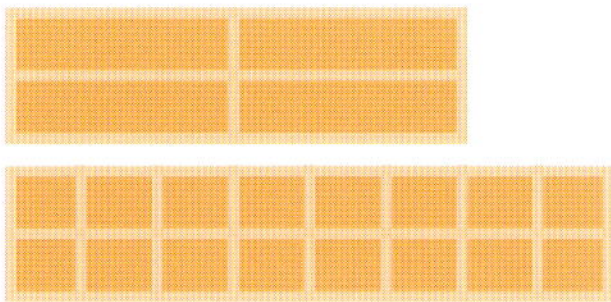

Zwölfstrahlig
Ø 51,5 cm,
Schnitt 14 und Schnitt 13

Bei dieser prächtigen Rosette bilden die sechs langen Eisstrahlen eine umfangreiche Scheibe. Jeder Strahl besteht aus einem einzigen gefalteten Schnitt. In die Zwischenräume werden alternierend sechs weitere kleinere Eiszapfen gesetzt. Für diese zwölf Schnitte ist der Faltvorgang ziemlich ähnlich, nur die Schnittgröße ändert sich.

Für die langen Eisstrahlen:
Sechs lange Streifenschnitte der Größe 14 nehmen. Die horizontale Mittellinie bilden; wieder öffnen. Dann dreimal hintereinander längs falten, um sieben kurze Vertikalen zu bekommen. Den Schnitt mit der kurzen Seite vor sich hinlegen, und zwar so, dass die dritte kleine Faltlinie konvex (^) liegt.
Abb. 1: Für die (S)-Spitze die Grundfalten 1, 2, 3 (S. 28) hintereinander falten. Die zwei letzten Falten öffnen und auf die jeweiligen Außenkanten legen. Nach der Zeichnung die zwei Innenkanten nach außen setzen. Nur vier Klebepunkte anbringen. An der (S)-Spitze vorsichtig, wie bei einer Lasche, den linken Teil der Grundfalte 1 herausziehen (➔).
Abb. 2: Klappen Sie diesen herausgeholten Flügel nach links um, indem Sie mit dem Zeigefinger seine Falzung auf der

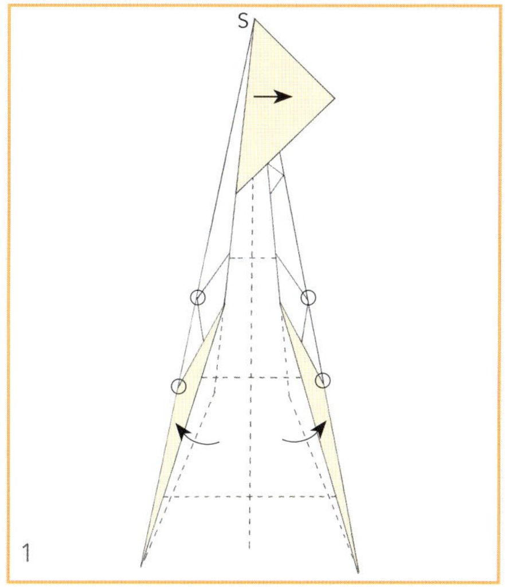

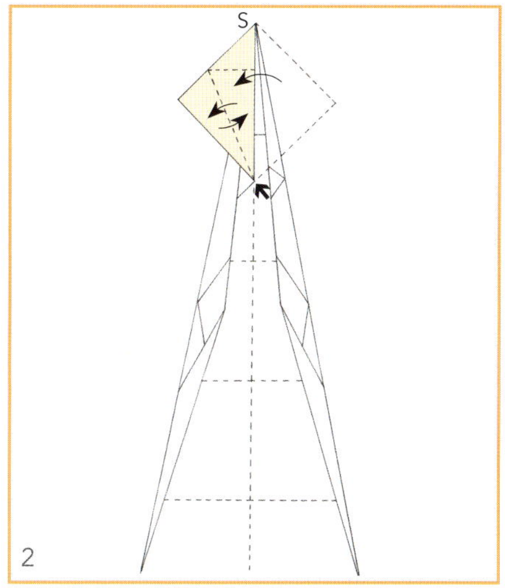

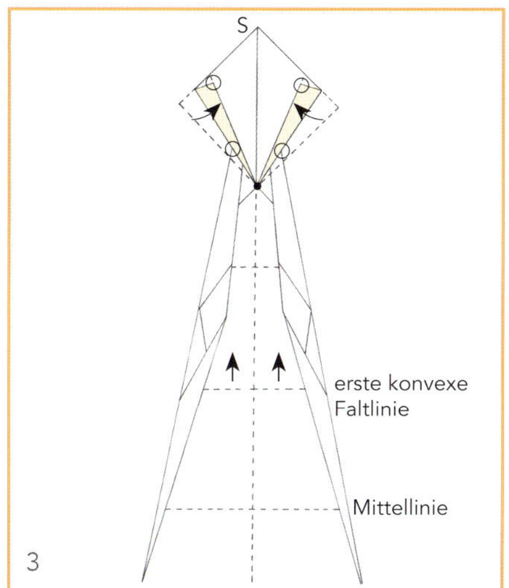

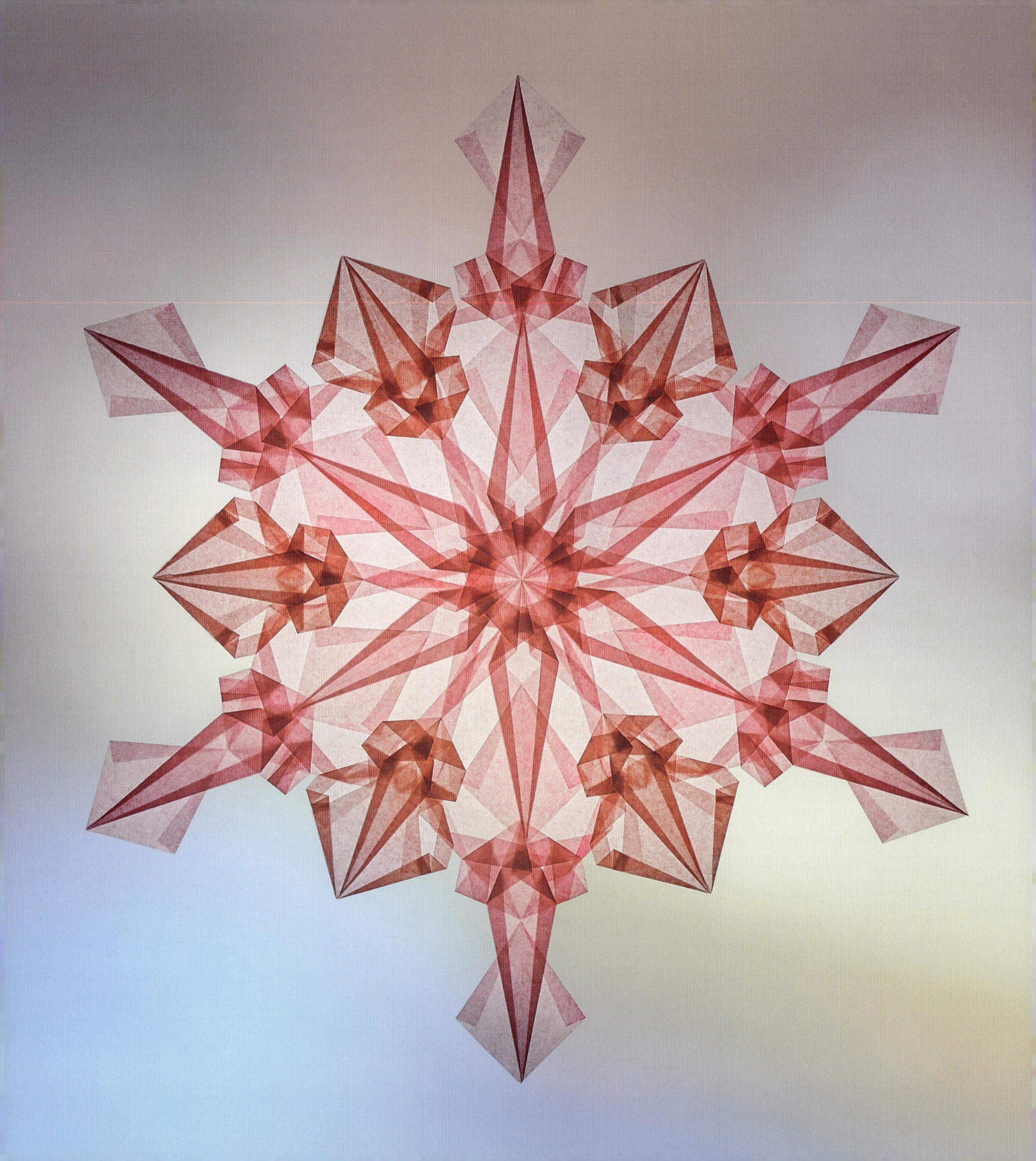

Mittellinie festhalten (dicker Pfeil). Dann die Vorbereitungsfalte bilden. Öffnen.

Abb. 3: Ziehen Sie den rechten Teil der Grundfalte 1 genauso heraus. Führen Sie den gleichen Vorgang wie bei Abb. 2 spiegelbildlich an der (S)-rechten Seite aus. Abschließend die letzten Falten an der (S)-Spitze zurückknicken. Kleben.

Jetzt bilden Sie am anderen Schnittende für das (Z)-Zentrum genau die gleichen Schritte ab 1 bis 3. Dabei überlappen sich die mittleren Kanten der Schnittteile ein wenig (sichtbar bei Abb. 4), was völlig normal ist.

Die angedeutete konvexe Hilfslinie bei der (S)-Spitze kniffen und als Kante auf den Kreuzungspunkt der geschlossenen Flügel legen (dicker Punkt auf der Zeichnung). Dabei darauf achten, dass die Mittellinie geradlinig weiter verläuft.

Abb. 4: Mit dieser neuen Kante an der (S) die Grundfalte 1 bilden (S. 28) und anschließend beiderseits die «Trichterfalten» (S. 29). Nur die drei Klebepunkte anbringen. *Dann wenden Sie den Schnitt.*

Abb. 5: Auf der Rückseite der (S)-Spitze bilden Sie erneut die Grundfalte 1. Führen Sie beiderseits die Trichterfalten aus. Anschließend die Innenkante der linken fertigen Trichterfalte an der Innenkante der rechten Trichterfalte entlang versetzen. Dabei wird die ganze linke Faltung mitgezogen (roter Strich).

Abb. 6: Rücken Sie als Nächstes die rechte Innenkante der linken Trichterfalte etwas nach links, um sie auf die Mittellinie herabzusetzen (rote punktierte Linie). Nur die angezeigten Klebepunkte anbringen. Dann falten Sie spiegelbildlich an der rechten Trichterfalte genauso weiter, wie bei Abb. 5 und 6.

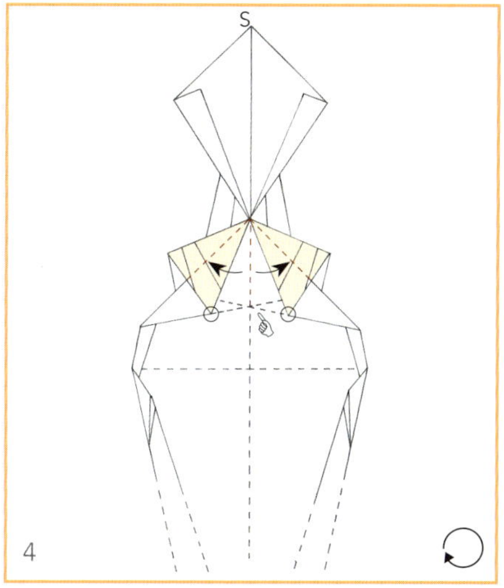

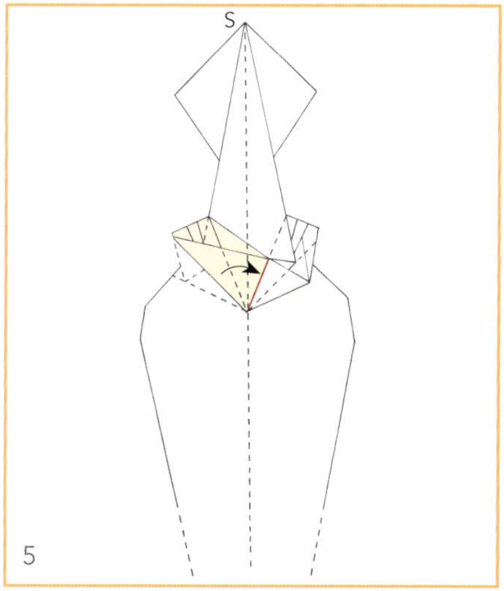

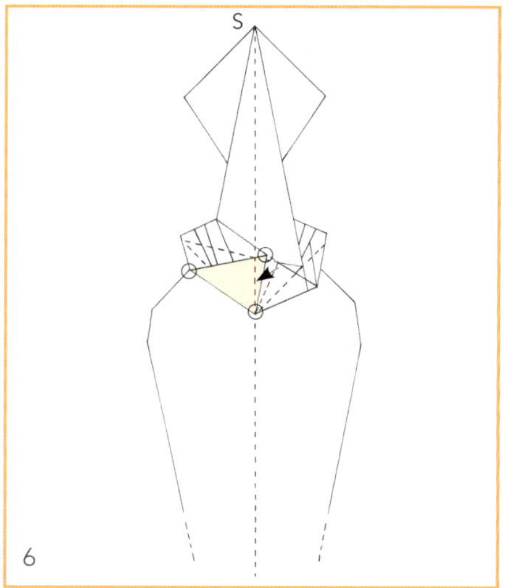

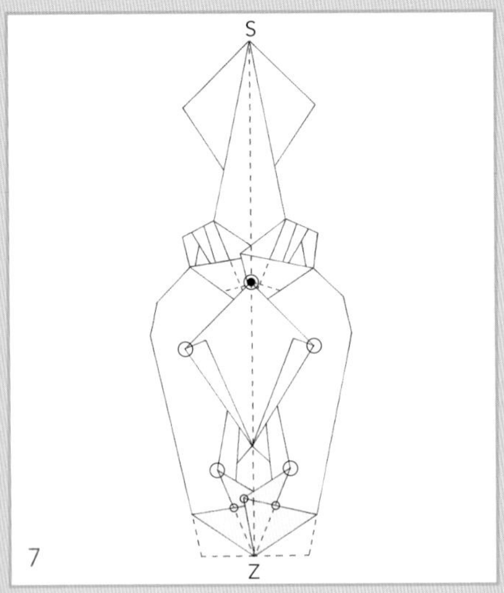
S
Z
7

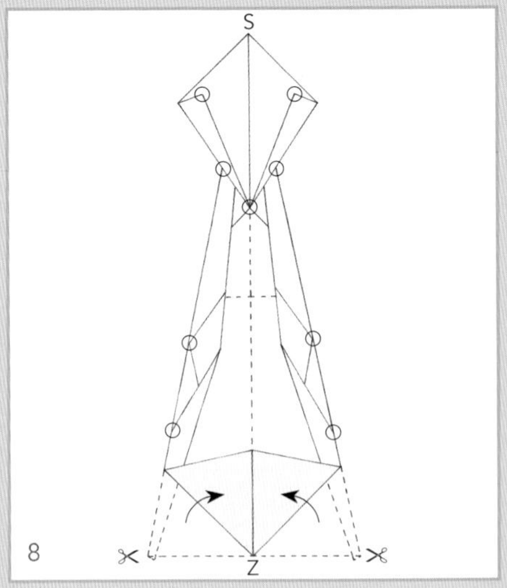
S
Z
8

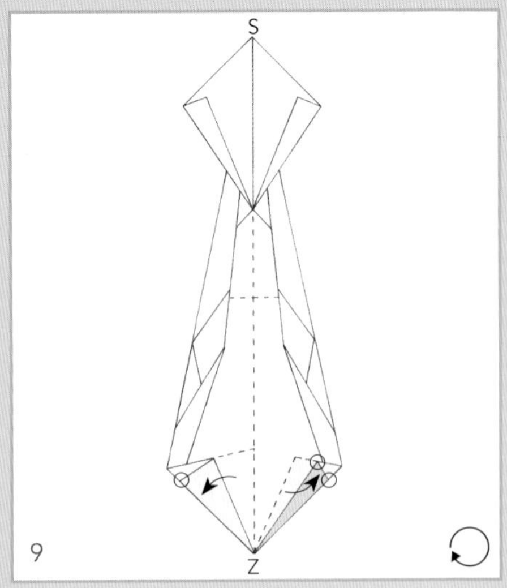
S
Z
9

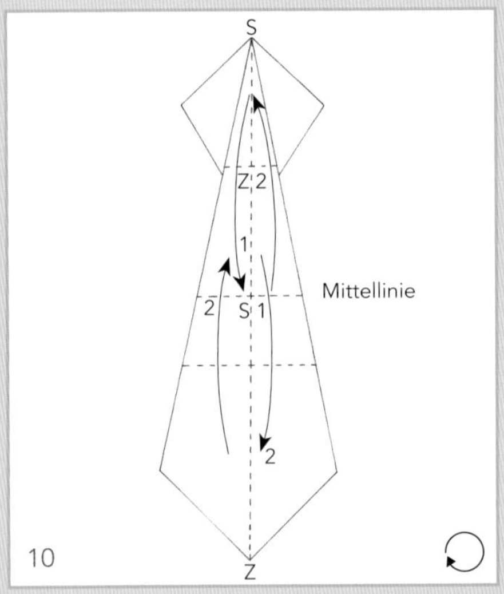
S
Z 2
1
2
S 1
Mittellinie
2
Z
10

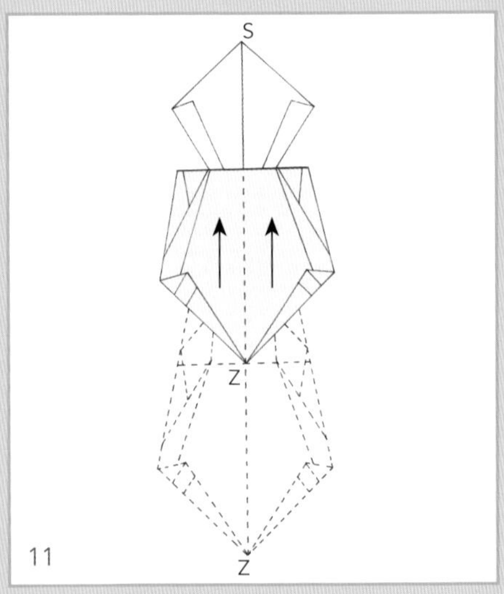
S
Z
Z
11

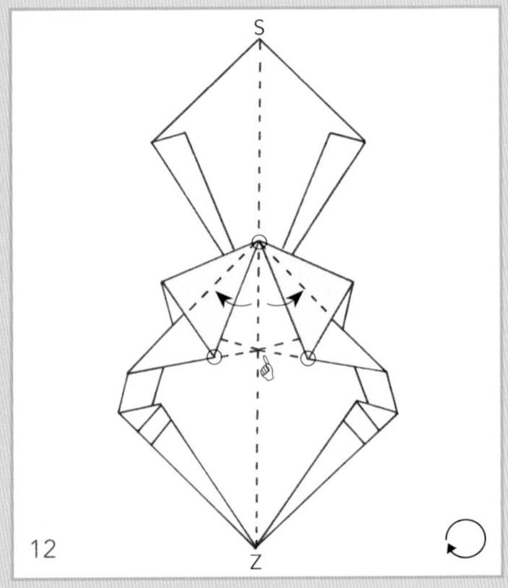
S
Z
12

Abb. 7: Jetzt das (Z)-Zentrum genau auf die Kreuzung Mittellinie/durchschimmernde Kante (schwarzer Punkt bei der Zeichnung) knicken. Ankleben. Die neu entstandene Basiskante wird genauso mit den zwei Trichterfalten ab Abb. 4 bis 6 fertig bearbeitet. Alle Klebepunkte anbringen. Dann können Sie mit der Zusammensetzung der sechs fertigen langen Eisstrahlen auf dem entsprechenden Diagramm beginnen (S. 25f.).

Für die kleineren Eiszapfen:
Nehmen Sie sechs rechteckige Schnitte der Größe 13. Die lange Mittellinie bilden. Öffnen. Dann die kurze Mittellinie bilden. Wieder öffnen.
Abb. 8: Für die (S)-Spitze den gleichen Faltprozess wie bei den Schritten 1, 2 und 3 anwenden. An der Basis vom (Z)-Zentrum schneiden Sie zuerst die zwei winzigen herausragenden Zipfel mit der Schere weg. Dann Grundfalte 1.
Abb. 9: Nach der Zeichnung beidseitig im Zweierschritt falten. Damit die Falten hier nicht wegrutschen, kleben Sie einmal nach Vorgang 1 und dann nach Vorgang 2 fertig. *Wenden Sie Ihren Schnitt (Rückseite).*
Abb. 10: Zwei Vorbereitungsfalten – nach der Zeichnung vorgehen. Als Erstes: Die (S)-Spitze auf den Kreuzungspunkt der Mittellinien zurücklegen und wieder öffnen. Als Zweites wird das (Z)-Zentrum auf die Kreuzung der neuen Hilfslinie/Mittellinie zurückgeklappt und ebenso wieder geöffnet. Sie erhalten eine neue Hilfslinie (rot punktierte Linie).
Wenden Sie den Schnitt wieder auf die Vorderseite!
Abb. 11: Jetzt diese neue Faltlinie kniffen, um sie aufwärts auf die oberste Hilfslinie unterhalb der (S)-Spitze zu setzen (roter Strich).
Abb. 12: Dann folgt derselbe Faltprozess auf der neu entstandenen Kante von Schritt 4: Grundfalte 1 und zwei Trichterfalten mit den drei dort angezeigten Klebepunkten. *Den Schnitt wieder wenden.*

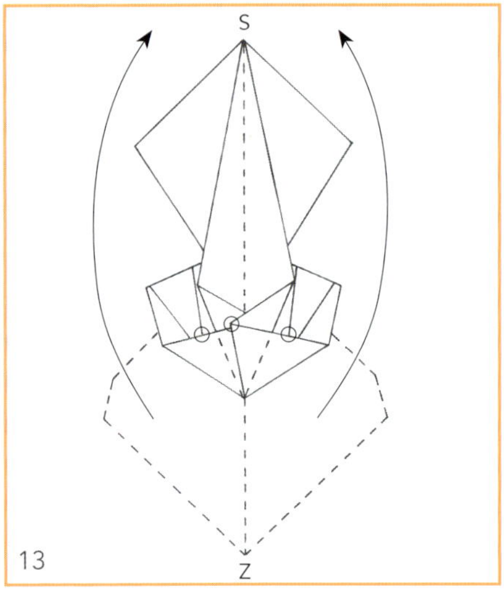

13

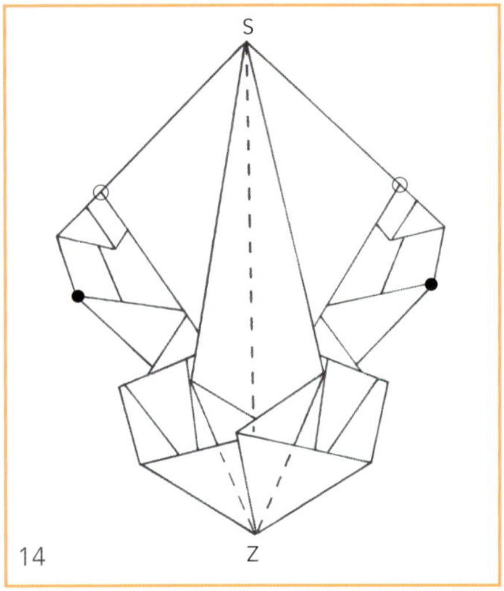

14

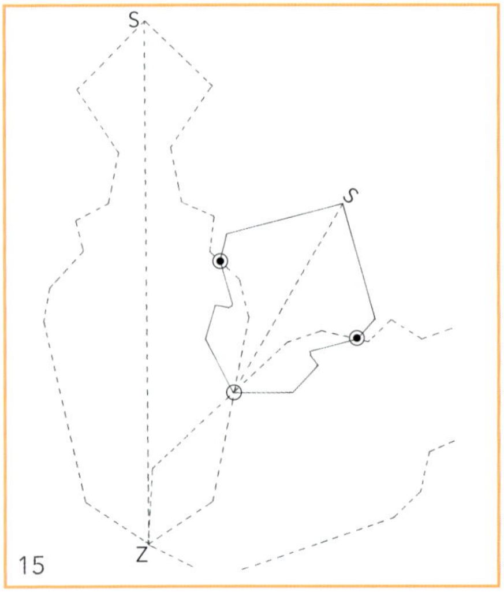

15

Abb. 13: Auf der Rückseite wiederholen Sie bei der noch ungefalteten Kante alle Schritte von Abb. 4 bis 6. Die Klebepunkte anbringen; *den unteren wichtigen Winkel an der Mittellinie aber nicht kleben!* Jetzt kommt ein Kunstgriff. Legen Sie den mittleren Teil des Schnittes am besten auf die Tischkante vor sich hin und heben Sie diesen losen Winkelbereich leicht, sodass die (S)-Spitze durch diese Umstülpung (Pfeile) exakt das (Z)-Zentrum deckt. Behelfen Sie sich dabei mit dem Messerrücken.
Abb. 14: Die Zeichnung zeigt den fertigen Schnitt eines kleinen Eiszapfens. Zwei Klebepunkte anbringen.
Abb. 15: Jetzt können Sie die sechs kleinen Eiszapfen zwischen die großen Strahlen stecken. Ihr (Z)-Zentrum wird auf die Kreuzung von zwei Strahlen aufgesetzt, und ihre beiden breiten Winkel stützen sich auf die jeweiligen Strahlenkanten (mit schwarzen Punkten auf den Zeichnungen 14 und 15). Fertig kleben.

Ihre Winterrosette glitzert jetzt in einem vielfältigen Eiszapfenspiel prächtig und geheimnisvoll am Fenster.

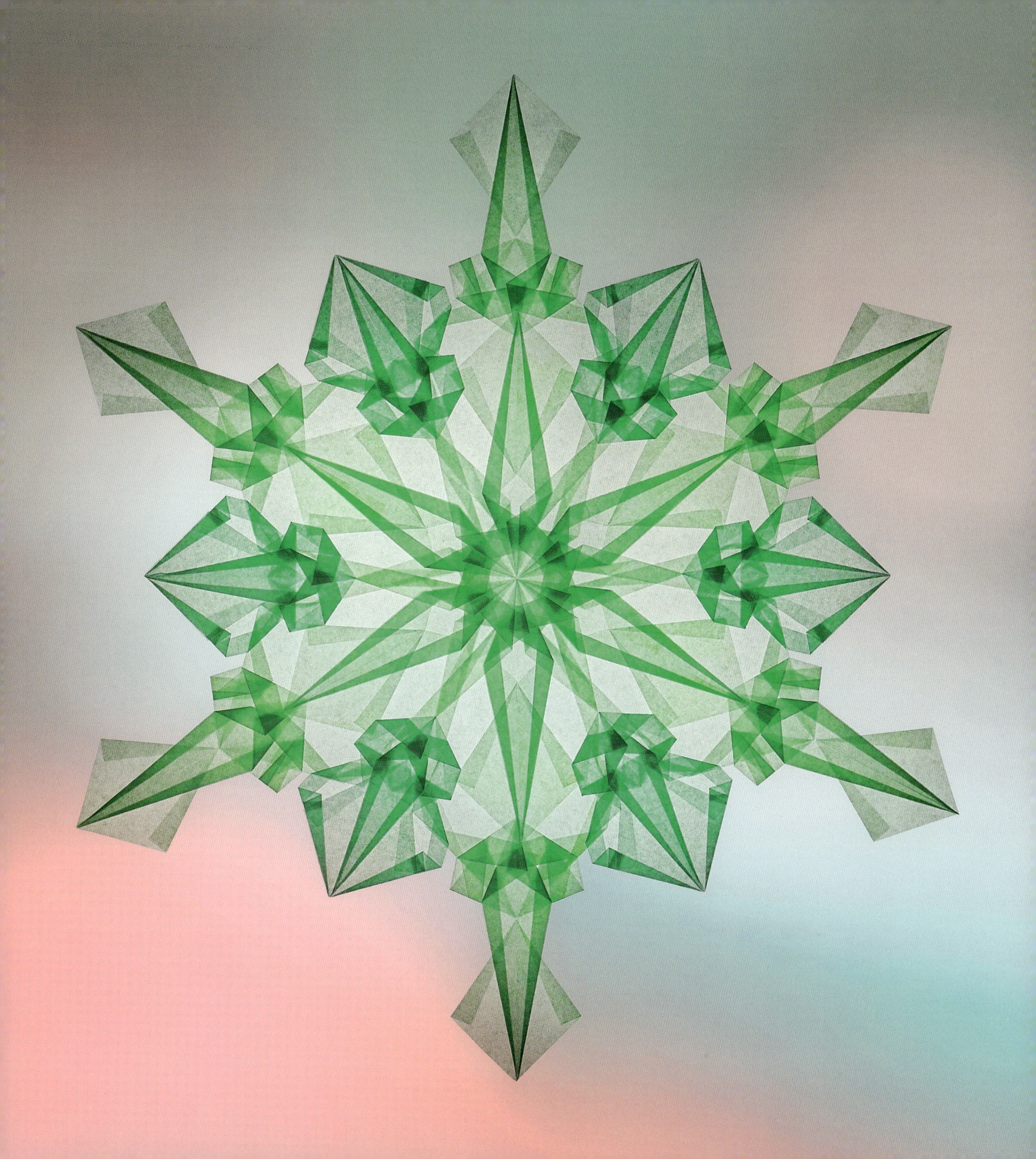

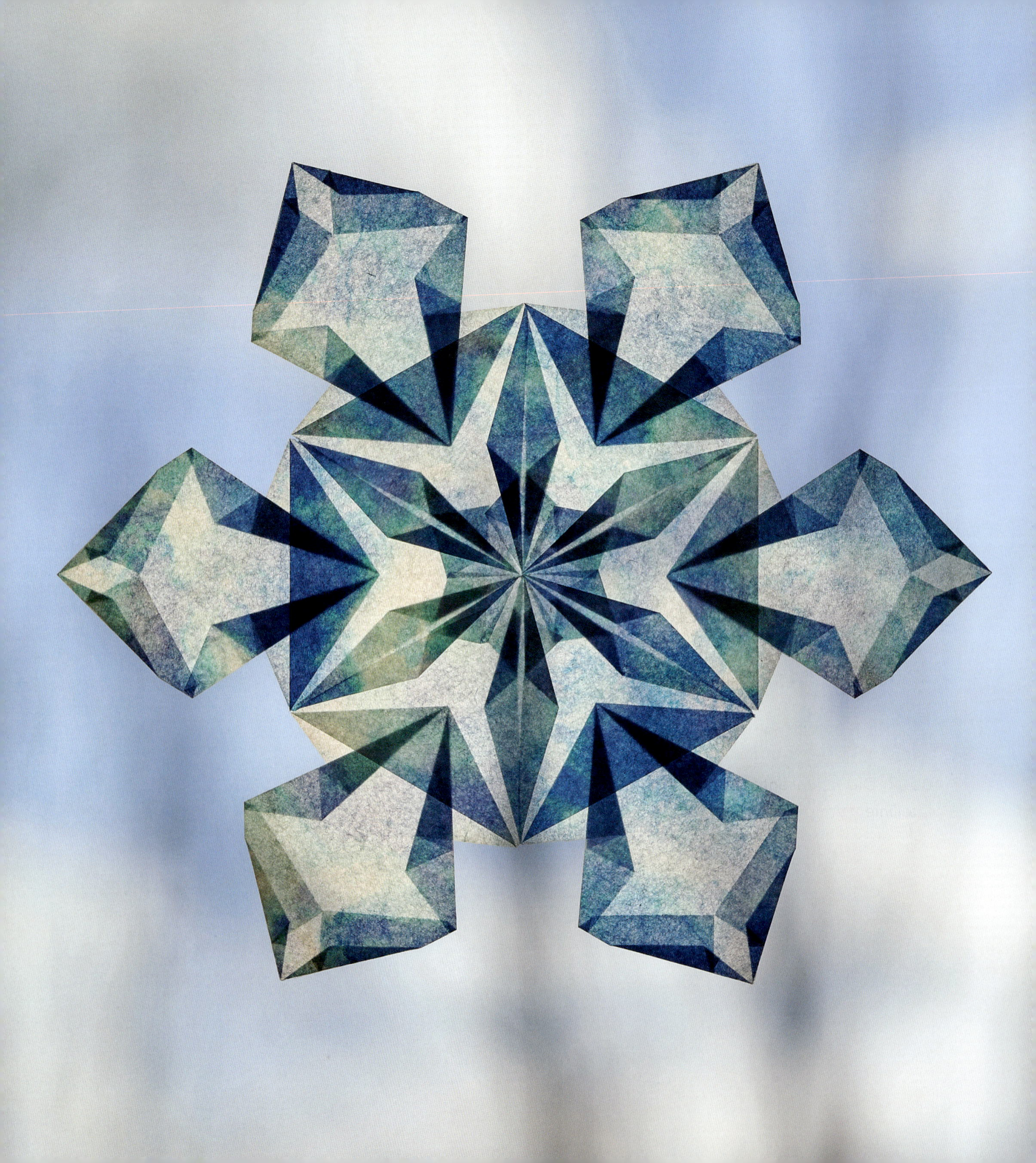

Kristallkraft ***

Sechsstrahlig
Ø 24 cm, Schnitt 18 oder 20
Ø 17,5 cm, Schnitt 19

Schneekristalle sind in der Natur immer sechsstrahlig und können unendlich viele Formen annehmen. Hier ein weiteres Beispiel, aus der kreativen Fantasie geboren: Eine klare Gestaltungskraft und eine kontrastreiche Struktur sind mit der Ruhe des mittleren Sechsecks verbunden.

Nehmen Sie sechs rechteckige Schnitte, wie oben angegeben. Die übliche Mittellinie bilden. Wieder öffnen. Dann – für die drei kurzen Vertikalen – der Länge nach zweimal hintereinander falten. Öffnen Sie den Schnitt aber nicht vollständig, sondern behalten Sie ihn einmal gefaltet.

Abb. 1: Fangen Sie mit der Grundfalte1 an (S. 28). Die «Trichterfalten» bilden (S. 29).

Abb. 2: Die Innenkanten der Trichterfalten beidseitig an die Mittellinie heranziehen. (Die Zeichnung zeigt rechts die fertige Falte.)

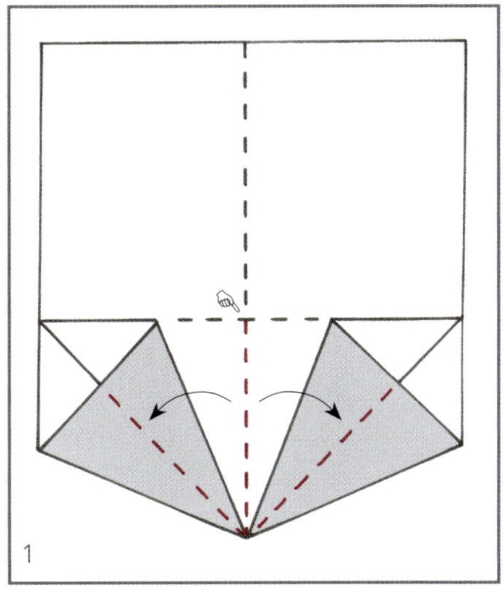

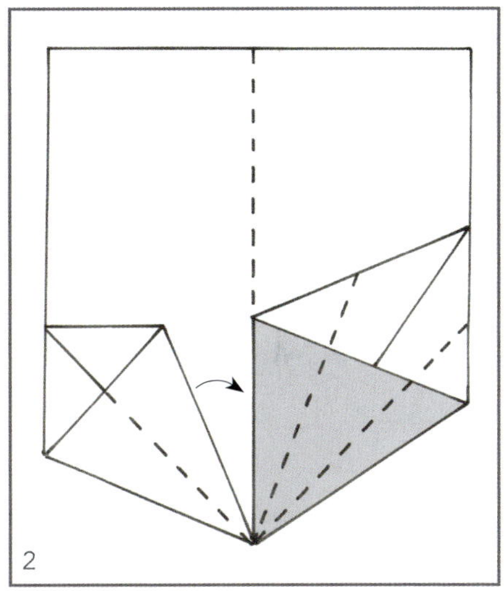

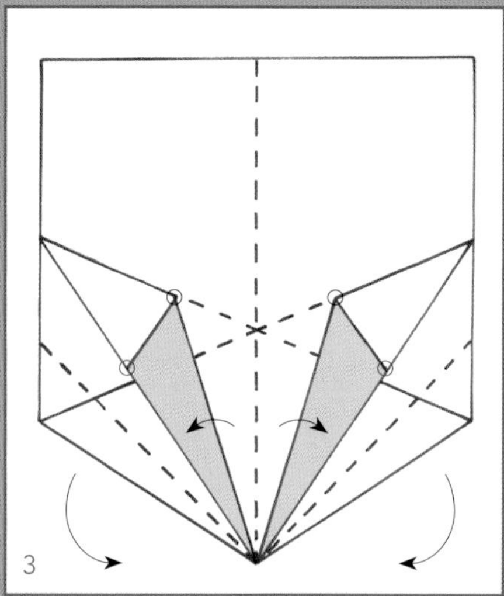
3

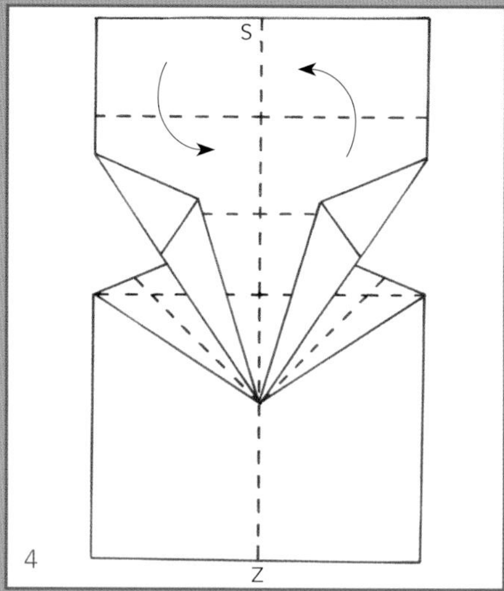
S
Z
4

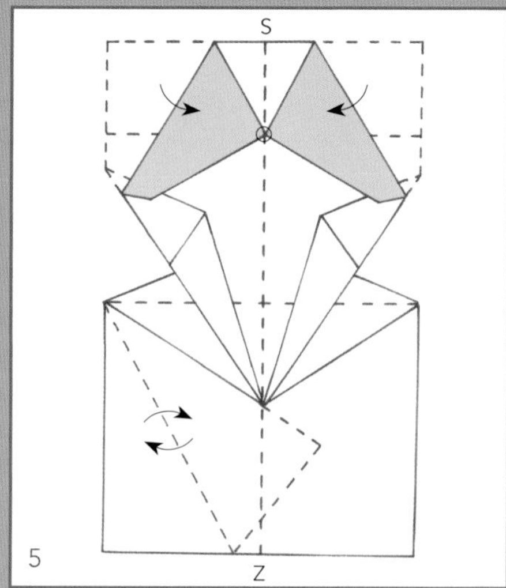
S
Z
5

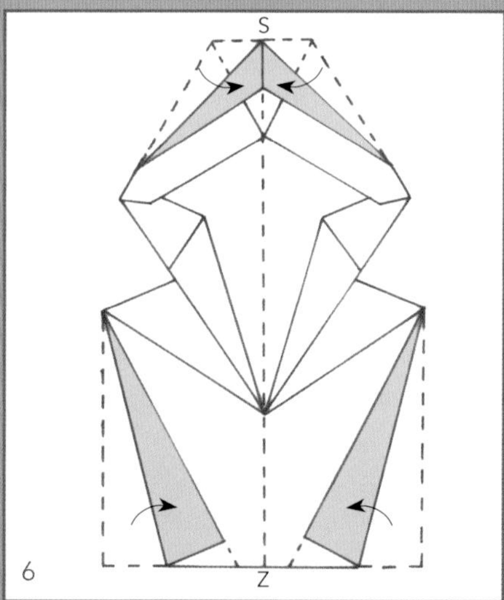
S
Z
6

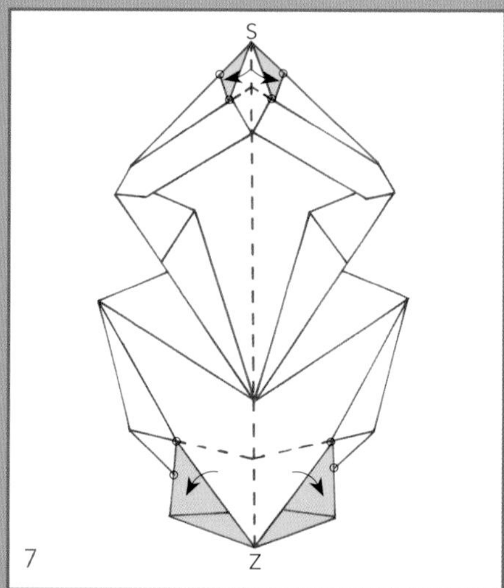
S
Z
7

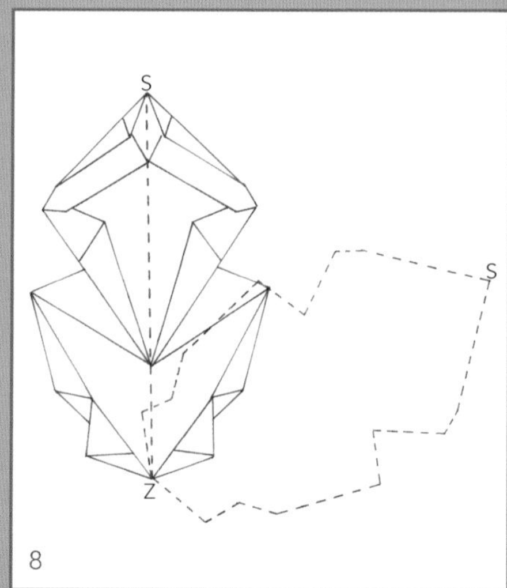
S
S
Z
8

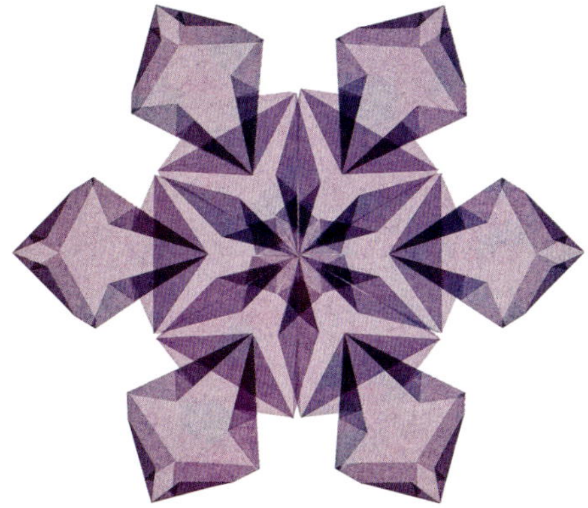

Abb. 3: Öffnen Sie, entsprechend der Zeichnung, die Mitte. Kleben – aber darauf achten, dass dabei die unterste Papierschicht nicht mitgeklebt wird (Punkte rot umkreist).

Bei dem nächsten Kunstgriff legen Sie Ihren Schnitt an die Tischkante vor sich hin. Durch Umstülpung knicken Sie mit einer Drehbewegung die unterste Schicht von hinten nach vorne (lange Pfeile).

Abb. 4: Dadurch erhalten Sie diese Schnittform. Aufgrund der Transparenz lässt sich die neu entstandene Kante gut erkennen (rot punktiert). An der (S)-Spitze wird eine Vorbereitungsfalte gebildet; ihre obere Kante wird auf die nächste horizontale Hilfslinie geknickt und wieder geöffnet.

Abb. 5: An der (S)-Spitze kleben Sie beide Ecken auf den neuen Kreuzungspunkt. Am (Z)-Zentrum bilden Sie, wie angedeutet, beidseitig zwei Vorbereitungsfalten.

Abb. 6: Weiter entsprechend der Zeichnung fortfahren – sowohl für (S) als auch für (Z).

Abb. 7: An der (S)-Spitze fertig falten und kleben. Am (Z)-Zentrum bilden Sie die Grundfalte 1. Die zwei Innenkanten so weit nach außen zurückknicken, bis sie die darunterliegenden Kanten erreichen. Darauf achten, dass die Falten richtig spitz zum (Z) hin verlaufen. Kleben.

Abb. 8: Die Zusammensetzung erfolgt wie üblich mit dem sechsstrahligen Diagramm (S. 25f.).

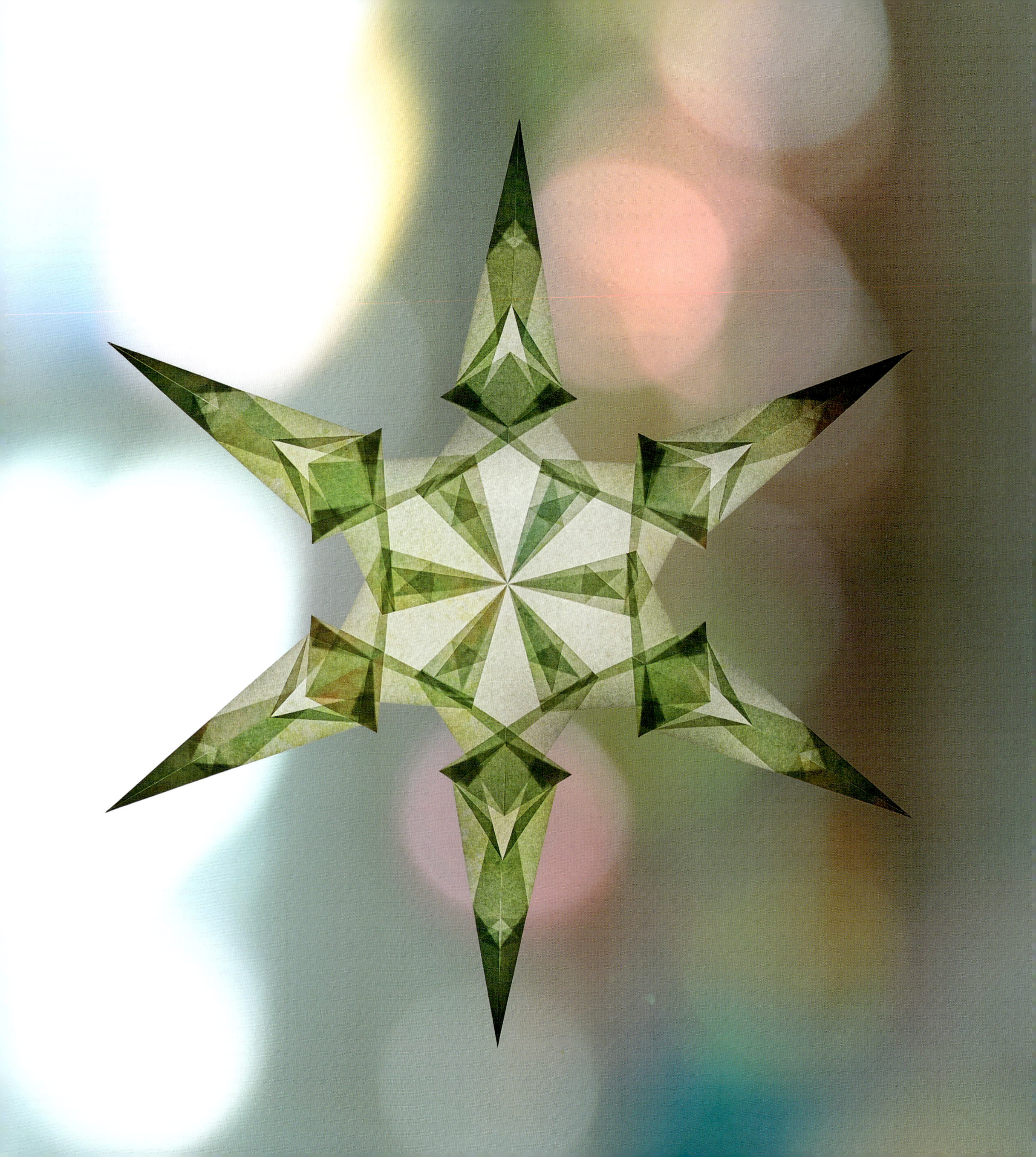

Sirius ***

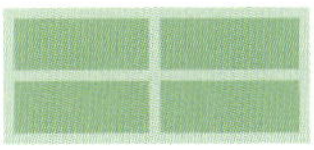

Sechsstrahlig
Ø 51,5 cm, Schnitt 5
Ø 36,5 cm, Schnitt 4
Ø 25,5 cm, Schnitt 6

Hell glänzend sendet dieser Stern seine spitzen Strahlen in die heiße Sommernacht – wie Sirius, «der Gleißende, der Glanz Aussendende» (Hesiod) aus dem Sternbild «Großer Hund». Mit seinen subtilen und feinen Falten scheint dieser Stern vibrieren zu wollen. Es lassen sich auch interessante Details bewundern: So erscheinen beispielsweise in den kleinen Innenstrahlen reizvolle lang gezogene Fünfsterne ...

Sie brauchen sechs rechteckige Schnitte nach dem obigen Format. Bilden Sie die lange Mittellinie. Öffnen. Dann die kurze Mittellinie bilden. Wieder öffnen.
Abb. 1: An der (S)-Spitze mit den Grundfalten 1 und 2 beginnen (S. 28). Öffnen Sie die Innenfalten entsprechend der Zeichnung. Kleben.
Abb. 2: Dann die Grundfalte 3 dazu bilden. Öffnen Sie diese Falte, der Zeichnung entsprechend. Kleben.
Inzwischen klappen Sie die untere Kante des (Z)-Zentrums auf die (S)-Spitze.
Abb. 3: Diese Kante wieder auf die neue darunterliegende Basiskante knicken.

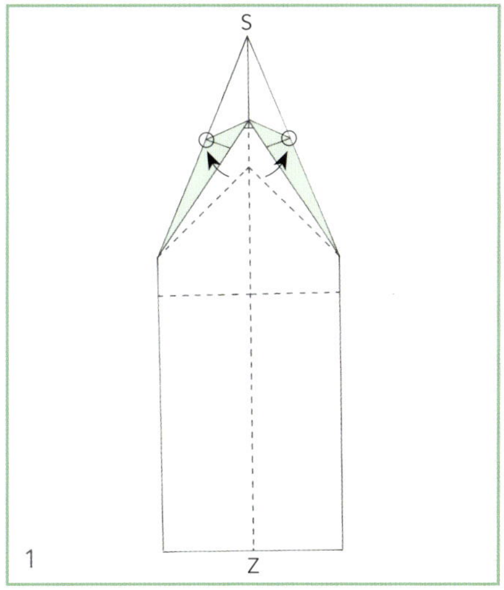

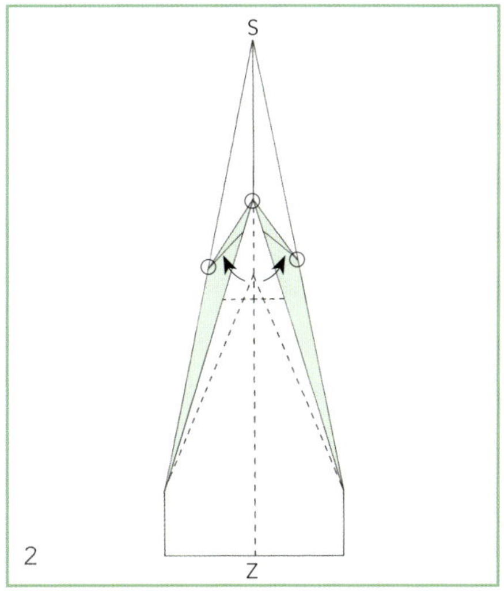

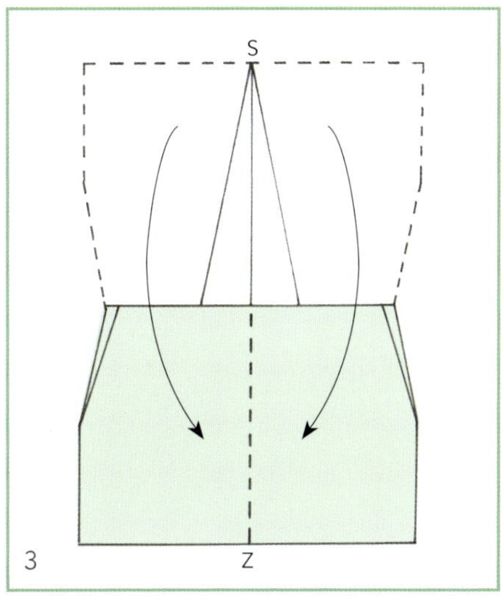

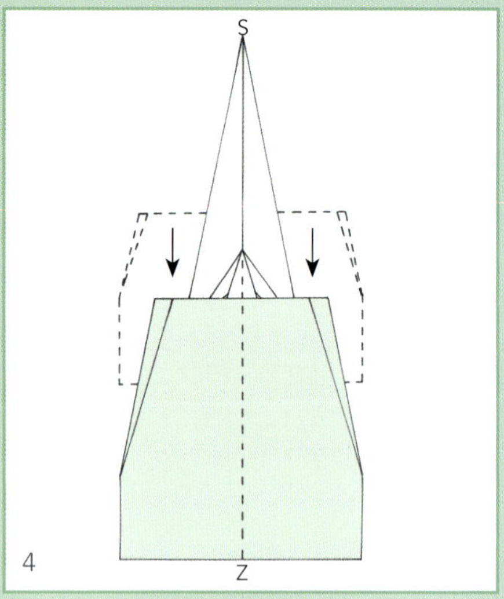
S
Z
4

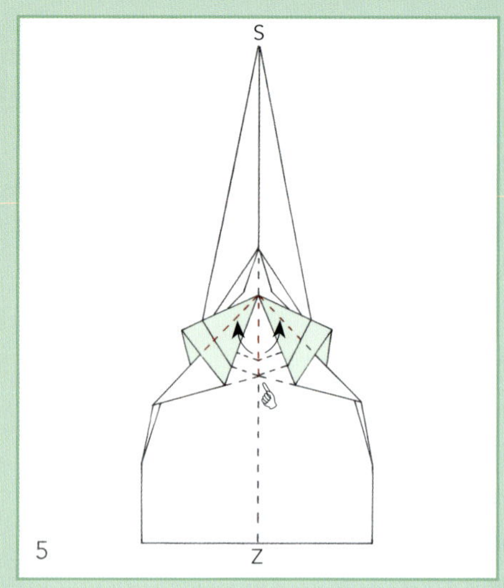
S
Z
5

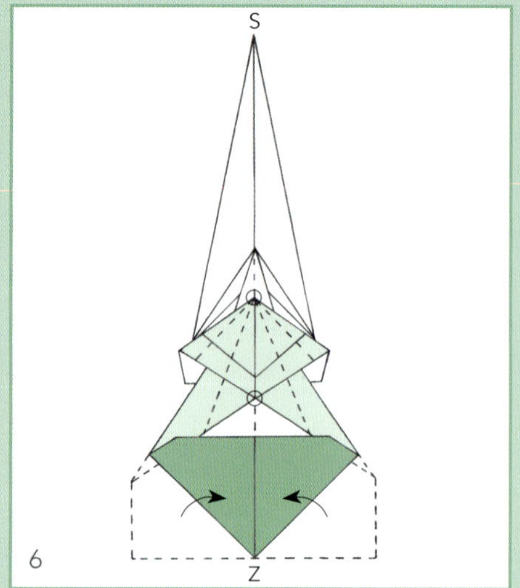
S
Z
6

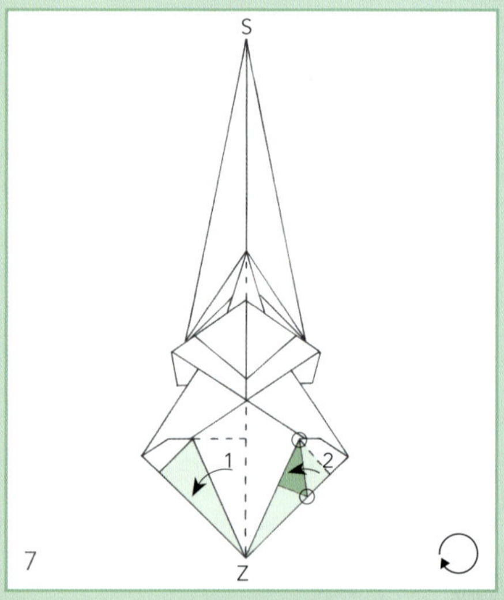
S
1
2
Z
7

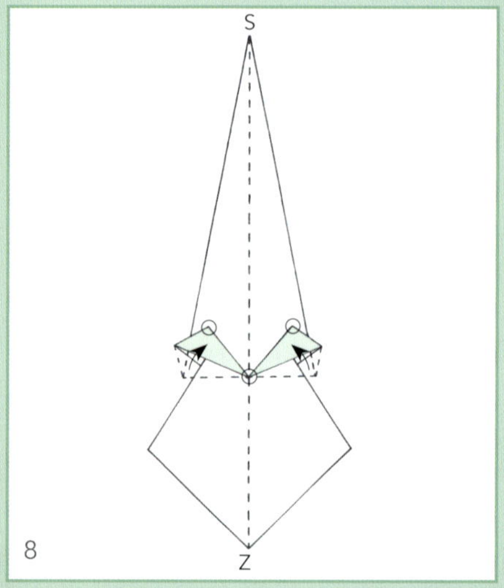
S
Z
8

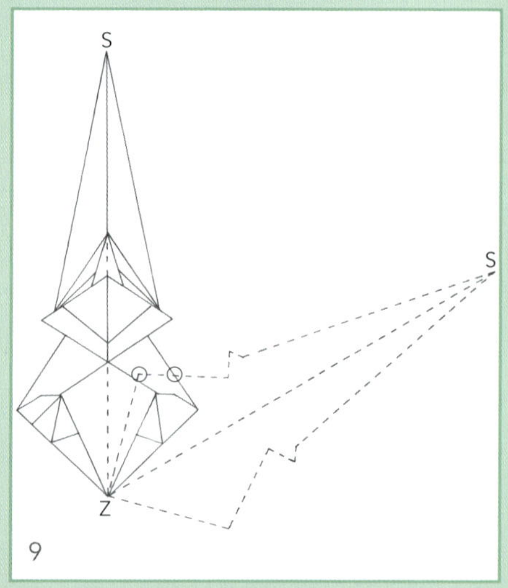
S
S
Z
9

Abb. 4: Anschließend lassen Sie diese Kante weiter herabgleiten und legen sie auf die verdeckte Basiskante (Pfeile). Danach im mittleren Teil die Grundfalte 1 auf dieser neuen Kante bilden.

Abb. 5: Es folgen zwei «Trichterfalten» (S. 29) an dieser Stelle (rot punktierte Linien).

Abb. 6: Versetzen Sie die Innenkanten der Trichterfalten auf die Mittellinie. Zwei Klebepunkte anbringen. Ferner bilden Sie am (Z)-Zentrum die Grundfalte 1.

Abb. 7: Im Zweierschritt auf beiden Seiten das (Z)-Zentrum fertig falten. *Jetzt wenden Sie Ihren Schnitt!*

Abb. 8: Knicken Sie auf der Rückseite die Ecken so weit wie möglich nach oben zurück. Kleben.

Abb.: 9 Die Zusammensetzung erfolgt mit dem sechsstrahligen Diagramm (S. 25f.).

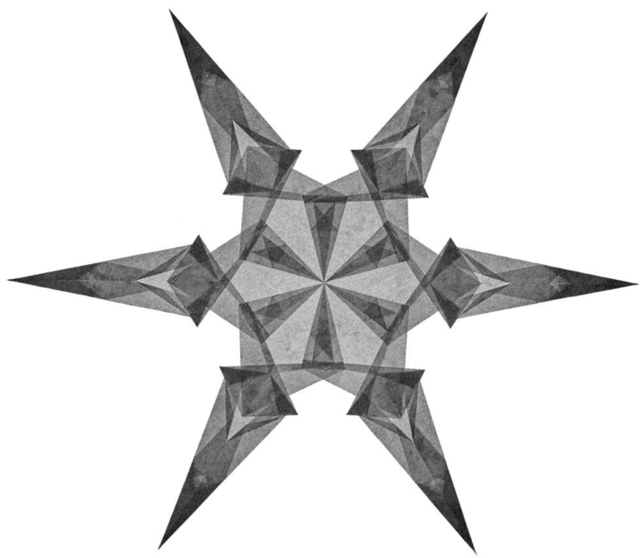

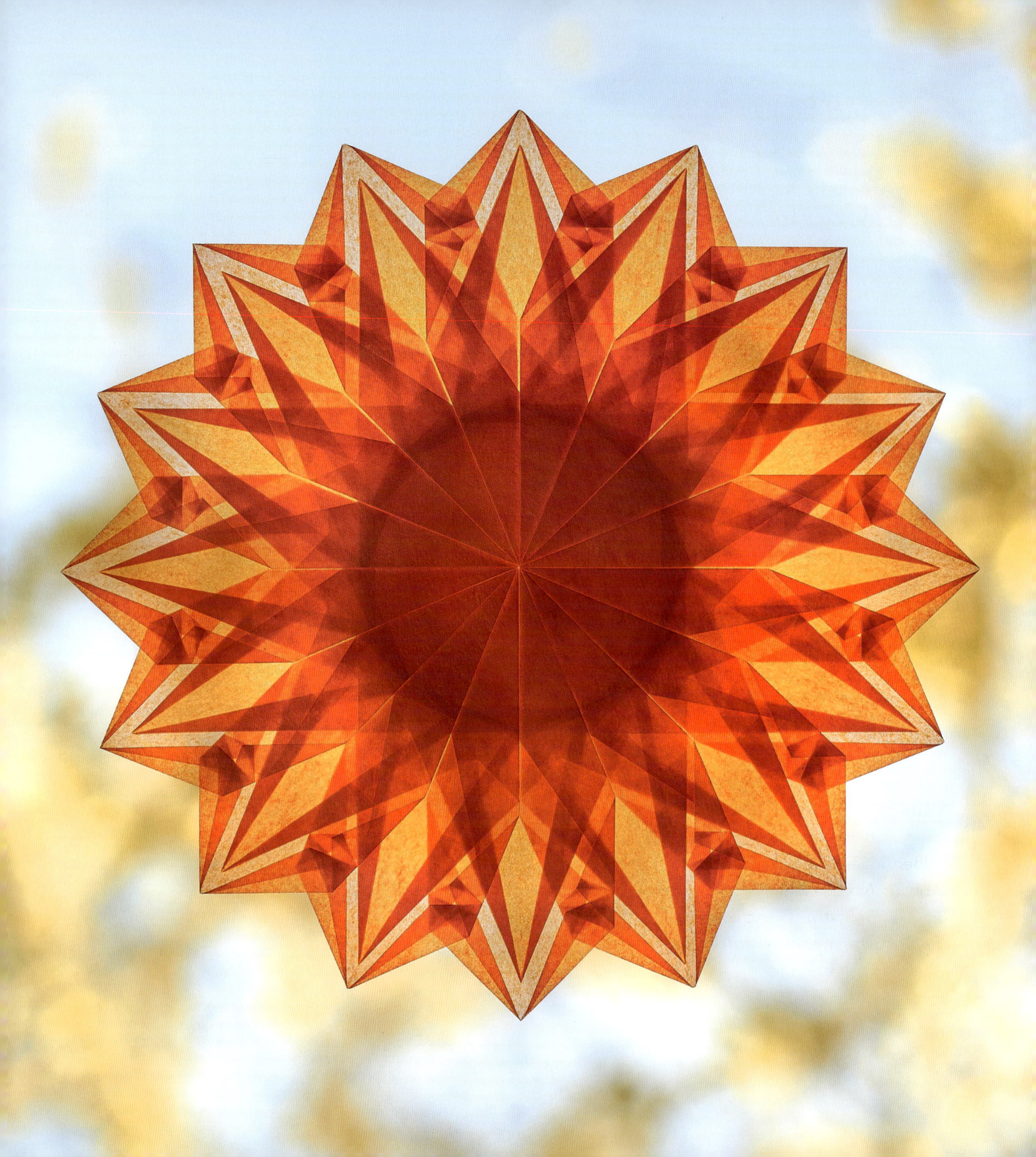

Sonnenglut **

Sechzehnstrahlig
Ø 35 cm, Schnitt 5
Ø 25 cm, Schnitt 4

Obwohl diese kräftige Sonne zahlreiche Strahlen zeigt, offenbart sie aus ihrem Inneren heraus Ruhe und ausgewogene Wärme. Zwischen ihren kurzen Strahlenspitzen erscheinen winzige dekorative Kreuzungsmotive.

Dieses eher klassische Sonnengebilde ist ziemlich einfach zu gestalten. Sechzehn rechteckige Streifenschnitte nehmen, wie oben angegeben. Die lange Mittellinie falten. Öffnen. An beiden Schnittenden die Grundfalten 1 und 2 (S. 28) bilden.
Abb. 1: Öffnen Sie bei der (S)-Spitze die letzte Grundfalte 2 wieder. Dann kommt eine erste Vorbereitungsfalte (Pfeil 1), wobei die (S)-Spitze auf die Kreuzung Mittellinie/Grundfalte 1-Basis gelegt und wieder geöffnet wird. Nun kommt eine zweite Vorbereitungsfalte (Pfeil 2): die (S)-Spitze auf die neue Hilfslinie/Mittellinie legen. Diese Falzung gut andrücken, dann öffnen. Beim (Z)-Zentrum die inneren Kanten nach außen legen. Kleben.
Abb. 2: Am (Z) weiter nach der Zeichnung vorgehen. Kleben. An der (S)-Spitze: Grundfalte 1 öffnen. Dann im Dreierschritt genauso beidseitig weiter falten. Die Zeichnung zeigt links eine fertige Faltung.

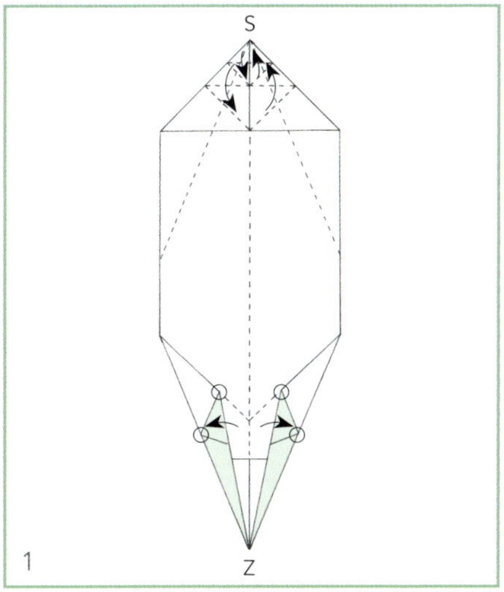

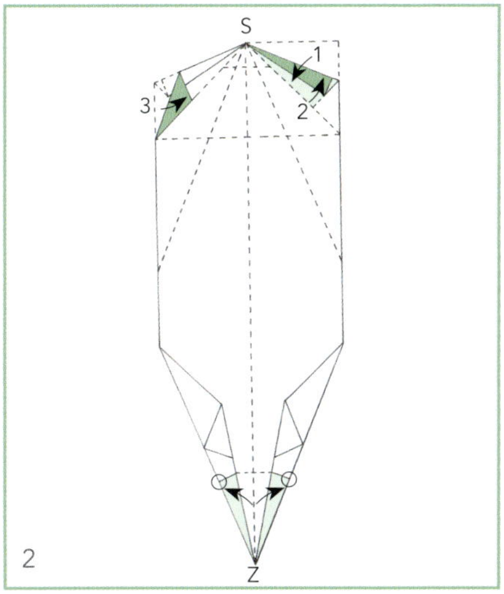

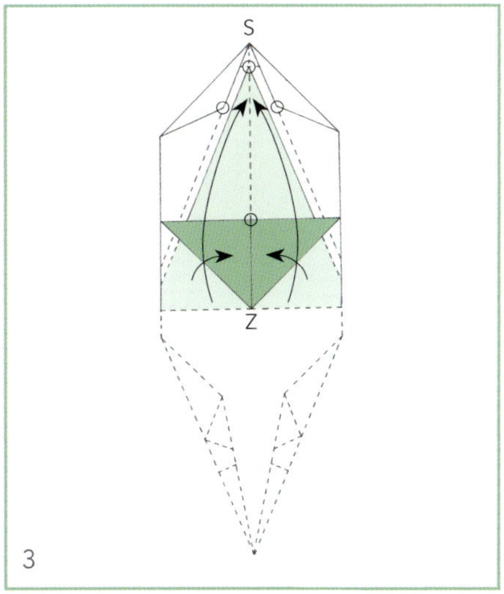

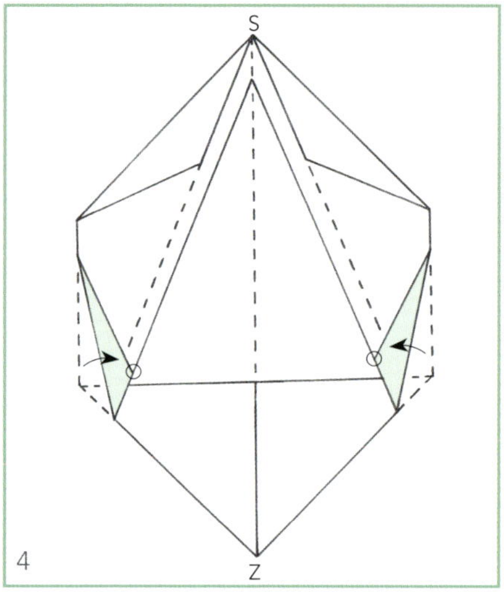

4

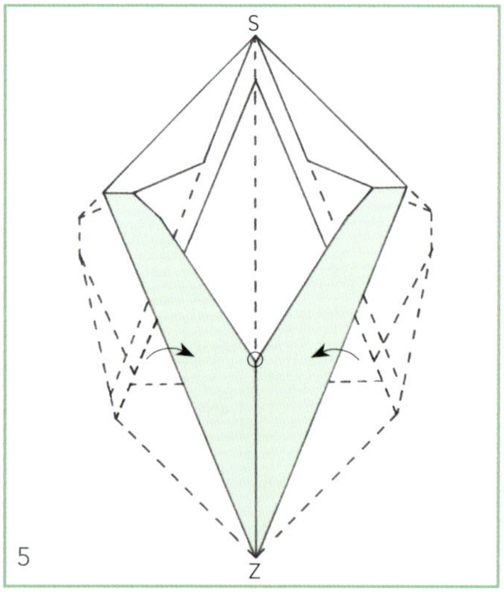

5

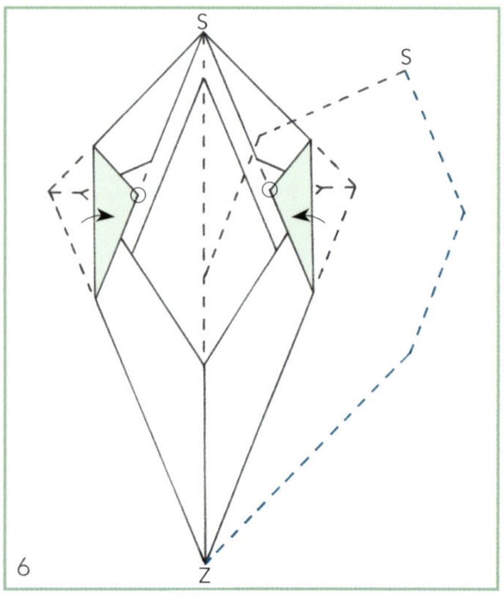

6

Abb. 3: Dann, wie angedeutet, beide (S)-Seiten auf die entsprechenden Hilfslinien schließen und kleben.
Nun klappen Sie das (Z)-Zentrum zu, indem Sie es auf die kleine Hilfslinie an der (S)-Spitze legen. Kleben. Danach für das neue (Z)-Zentrum eine Grundfalte 1 bilden. Kleben.
Abb. 4: Nach der Zeichnung vorgehen. Kleben.
Abb. 5: Schließen Sie beide Flügel. Kleben.
Abb. 6: Am (S)-Bereich beiderseits die zwei Seitenecken auf die angedeuteten Hilfslinien zurückknicken. Kleben.
Die Zusammensetzung bei diesem sechzehnstrahligen Transparent ist ganz klassisch (S. 24f.).
Eine milde Sonnenglut im Seelenraum!

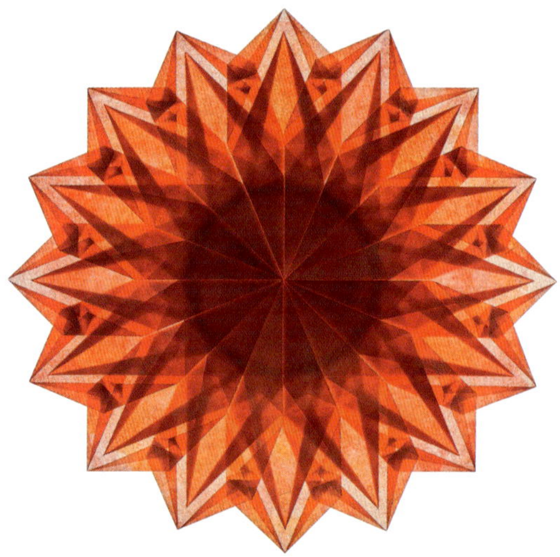

Heckenrose ****

Achtstrahlig
Ø 25,5 cm, Schnitt 8
Ø 36 cm, Schnitt 7

Eine zarte Blütenzier belebt hier das Fenster. Das feine Seidenpapier entfaltet sich in einer leicht spiraligen Bewegung und grüßt die Morgensonne.

Das Anfertigen dieses anmutigen Transparents erfordert mehr Fingerspitzengefühl und viel Exaktheit beim Falten. Acht lange Streifenschnitte nach der obigen Größe nehmen. Nur die kurze vertikale Mittellinie bilden. Öffnen.
Abb. 1: Nach der Zeichnung vorgehen. *Wenden Sie dann den Schnitt!*
Abb. 2: Auf der Rückseite weiter nach der Zeichnung falten. Ein leichter Klebepunkt nur an der linken Seite, nicht bei der rechten!
Abb. 3: Es folgt gleich die klassische Zusammensetzung der acht gefalteten Teile (S. 24f.). Dafür ist es sehr ratsam – gerade bei diesem Transparent –, die Plastikfolie gleich als Unterlage zu nehmen. Sie brauchen nur die Folie zu drehen; damit vermeiden Sie, dass Ihre noch beweglichen Schnitte auseinandergeraten.
Abb. 3 zeigt ansatzweise drei aneinandergeklebte Schnitte (punktierte Klebestellen zwischen zwei Schichten).

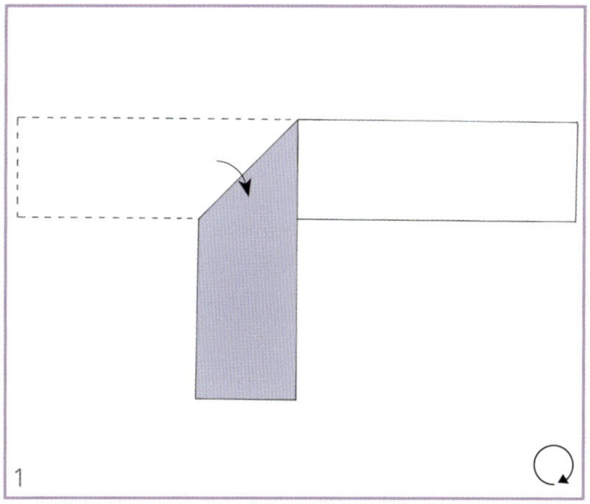

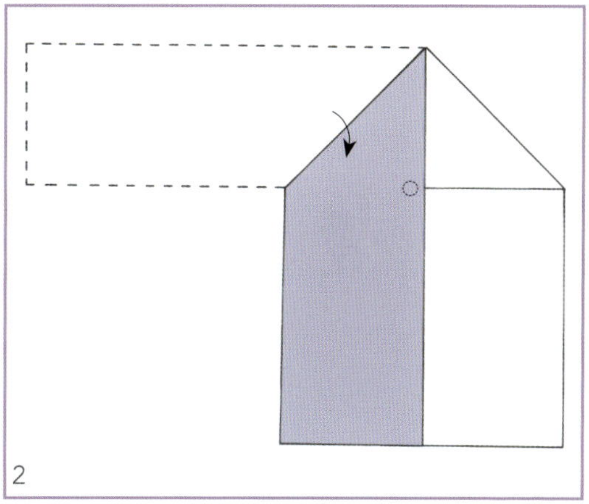

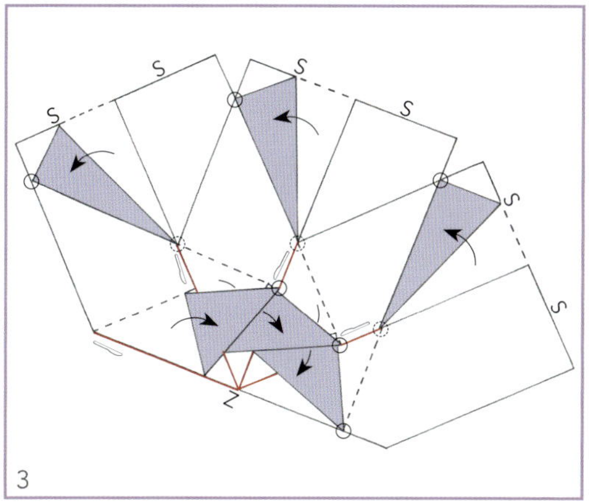

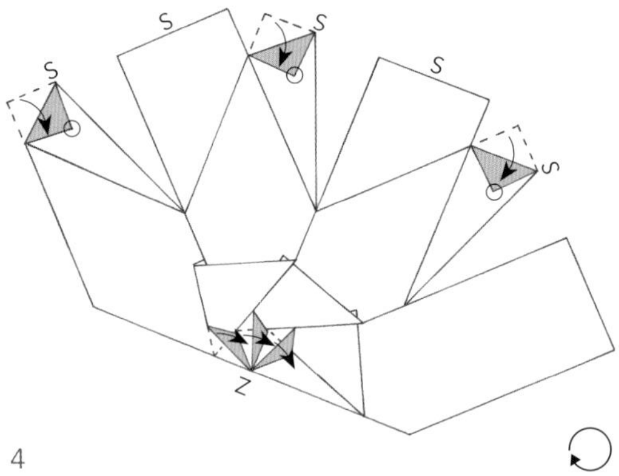

4

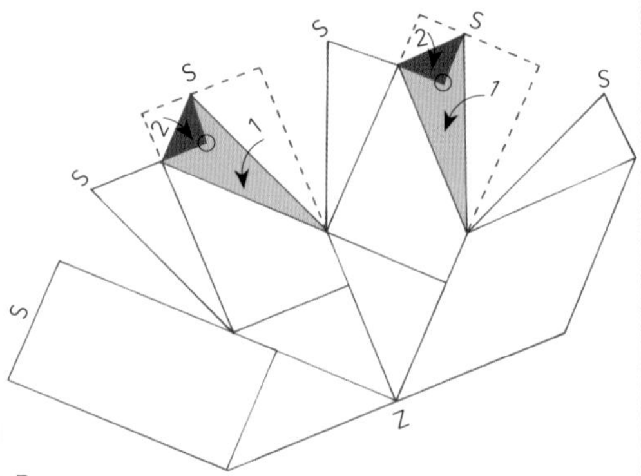

5

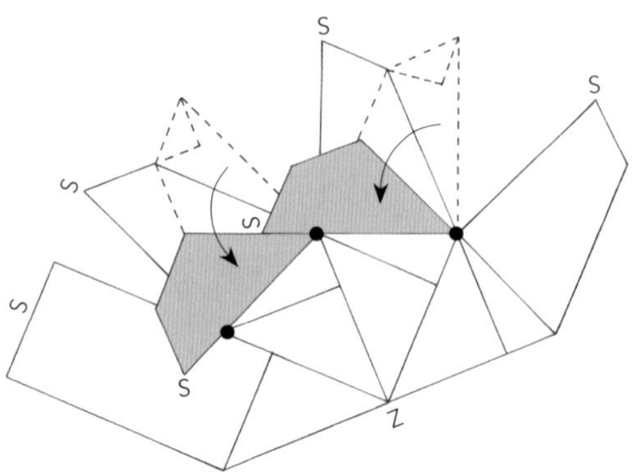

6

Um die mittlere Spiralform zu gestalten, vorsichtig mit einer scharfen Messer- bzw. Rasierklinge die angezeigten linken Kanten am (Z)-Zentrum bis zum (Z)-Punkt aufschlitzen (rote Striche). Dann nacheinander die gelösten Winkel (ohne sie zu kleben) auf die angegebenen Kreuzungsstellen knicken. Erst wenn diese acht Falten richtig spiralförmig angeordnet sind, können Sie leichte Klebepunkte anbringen.
Für die angezeigten (S)-Spitzen die rechte Kante entlang der jeweiligen durchschimmernden Kante des vorigen Schnittes knicken. Kleben.
Abb. 4: Am (Z)-Zentrum einfach die kleinen Eckchen auf die jeweiligen gegenüberliegenden Kanten setzen. Diese kleinen Falten können ungeklebt bleiben. Für die (S)-Spitzen: Nach der Zeichnung vorgehen. *Wenden Sie das Gebilde!*
Abb. 5: Im Zweierschritt die übrigen ungefalteten (S)-Spitzen so falten wie bei Schritt 3 und 4. Kleben.
Abb. 6: Klappen Sie diese (S)-Spitzen so nach links zurück, dass die erste rechte Kante auf den angedeuteten Winkelpunkt kommt (dicke schwarze Punkte auf der Zeichnung). Alle weiteren Spitzen folgen rotierend nach; ihre rechten Kanten werden an die vorigen gelehnt. Mit langen Klebestrichen gut befestigen. Dann das Transparent auf die Vorderseite drehen und weiterhin an den Stellen befestigen, wo es nötig ist. Nach Wunsch können Sie die kleinen losen Dreieckchen in der Mitte, die wie Staubgefäße aussehen, leicht dreidimensional hervorheben.

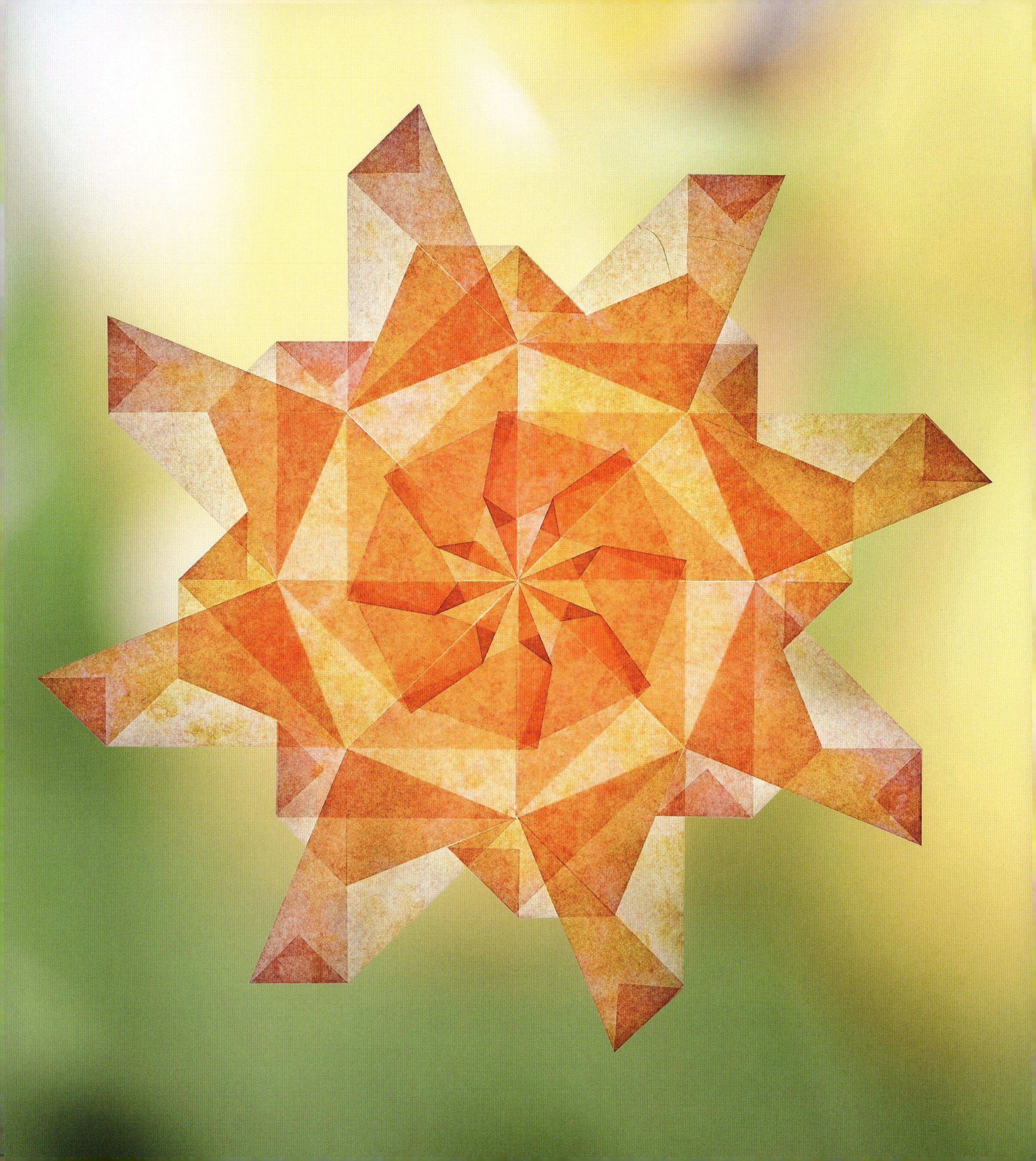

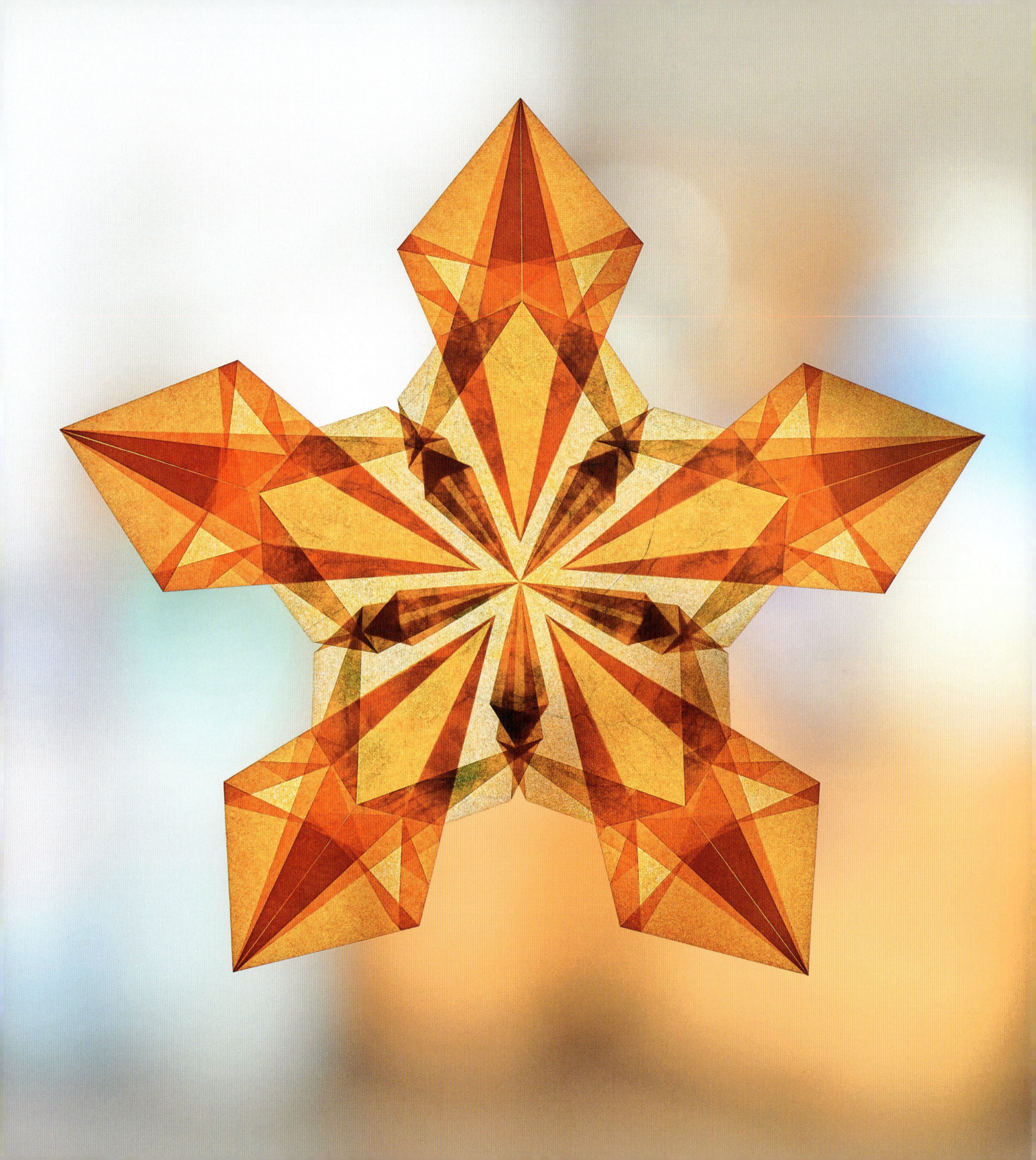

Castor ****

Fünfstrahlig
Ø 35 cm, Schnitt 5
Ø 25 cm, Schnitt 4

Die beiden folgenden Sterne, Castor und Pollux, sind aus einer Verwandlungsfolge von «Sonnenglut» geboren. Zwar verbindet die beiden eine innige Verwandtschaft, doch können Zwillinge auch andere Charaktere entwickeln: ähnliche Gestaltungen, aber mit stark strukturierter Dualität.

Nehmen Sie fünf rechteckige Streifenschnitte nach dem obigen Format. Die lange Mittellinie bilden. Öffnen. Auf beiden Schnittenden bilden Sie die Grundfalten 1 und 2 (S. 28). Als weitere Folge von «Sonnenglut» greifen Sie anfangs auf die Schritte 1 bis 2 (S. 121) zurück.
Danach geht es folgendermaßen weiter:
Abb. 1: Am (Z)-Zentrum die angezeigten Falten zurücklegen. Kleben. Dann schließen Sie an der (S)-Spitze die beiden Falten nach innen. Kleben. Jetzt das (Z)-Zentrum auf den ersten Kreuzungspunkt Mittellinie/Hilfslinie direkt vor der (S)-Spitze umklappen. Kleben.
Wenden Sie den Schnitt auf die Rückseite, und drehen Sie ihn so, dass ab sofort die (S)-Spitze zum (Z)-Zentrum wird (siehe Schnittumriss bei Abb. 2).

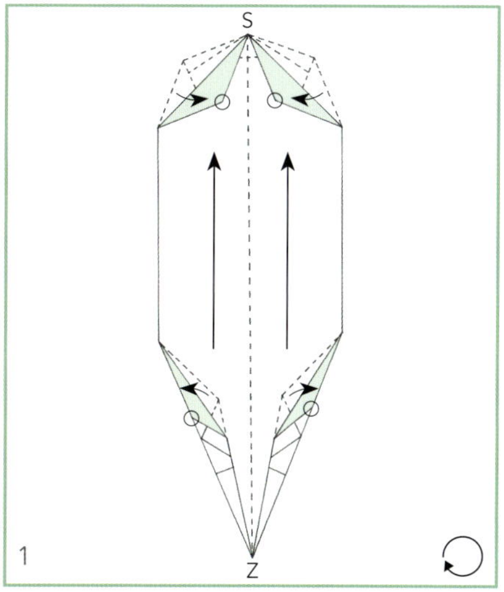

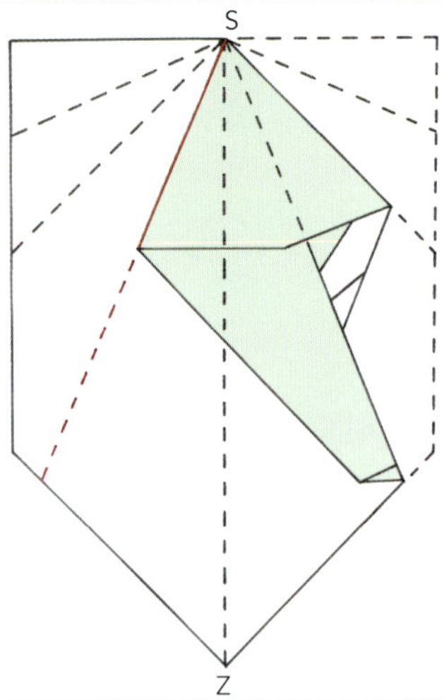

2

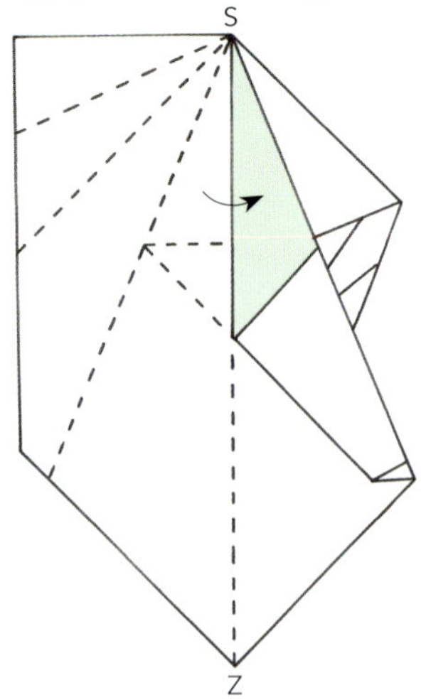

3

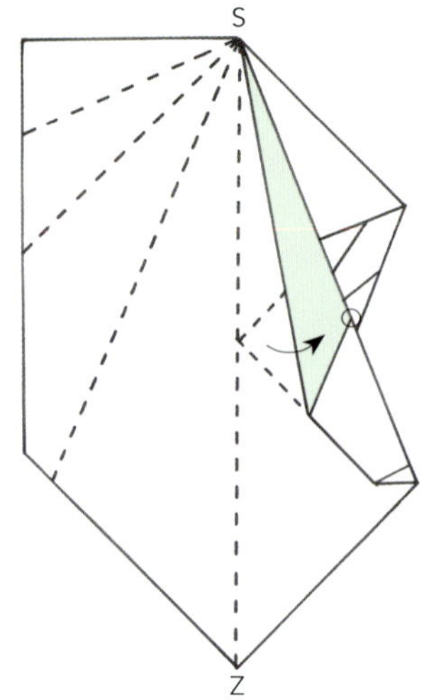

4

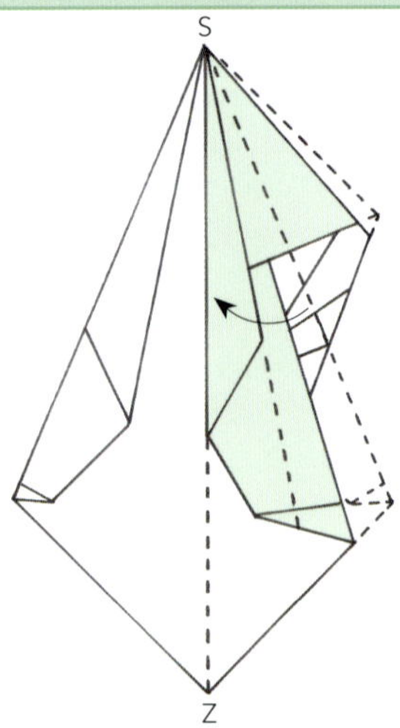

5

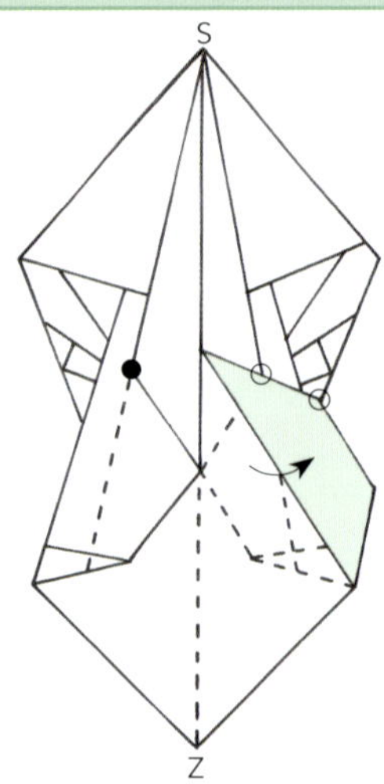

6

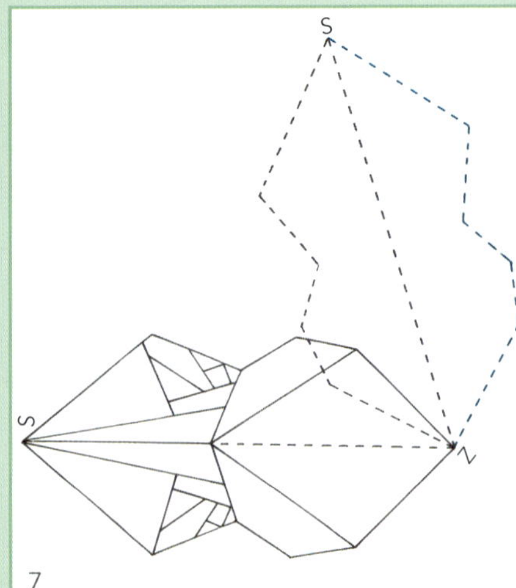

7

Abb. 2: Für die neu entstandene Basiskante von (S) bilden Sie die Grundfalten 1 und 2 (S. 28). Wieder öffnen. Danach kommt eine «Trichterfalte» (S. 29) zuerst auf der rechten (S)-Seite. Die Innenfalte der Trichterfalte auf die angezeigte Hilfslinie (rot punktiert) versetzen. So sieht der Schnitt momentan aus (Abb. 2).
Abb. 3 und 4: Nach der Zeichnung fortfahren. Nur diesen angegebenen Klebepunkt anbringen. Dann falten Sie die andere (S)-Schnittseite spiegelbildlich genauso ab der Trichterfalte mit Schritt 3 und 4.
Abb. 5: Setzen Sie jetzt auf beiden Seiten die Innenkanten der Faltungen auf die Mittellinie. (Die Zeichnung zeigt nur den rechten Vorgang.)
Abb. 6 illustriert den aktuellen Stand. Dann öffnen Sie auf beiden Seiten nach der Zeichnung die Seitenflügel, indem Sie sich an dem Kantenwinkel als Stützpunkt (•) orientieren. Gleichzeitig müssen die Falten so flach wie möglich nach unten spitz verlaufen. Beidseitig die Klebepunkte anbringen (die Zeichnung zeigt nur den rechten Vorgang).
Abb. 7: Sie haben jetzt diese abgebildete Schnittform. Die Zusammensetzung erfolgt nach dem fünfstrahligen Diagramm (S. 25f.).

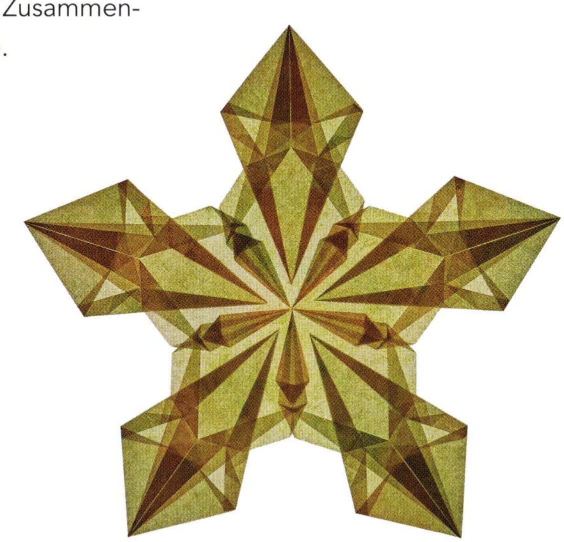

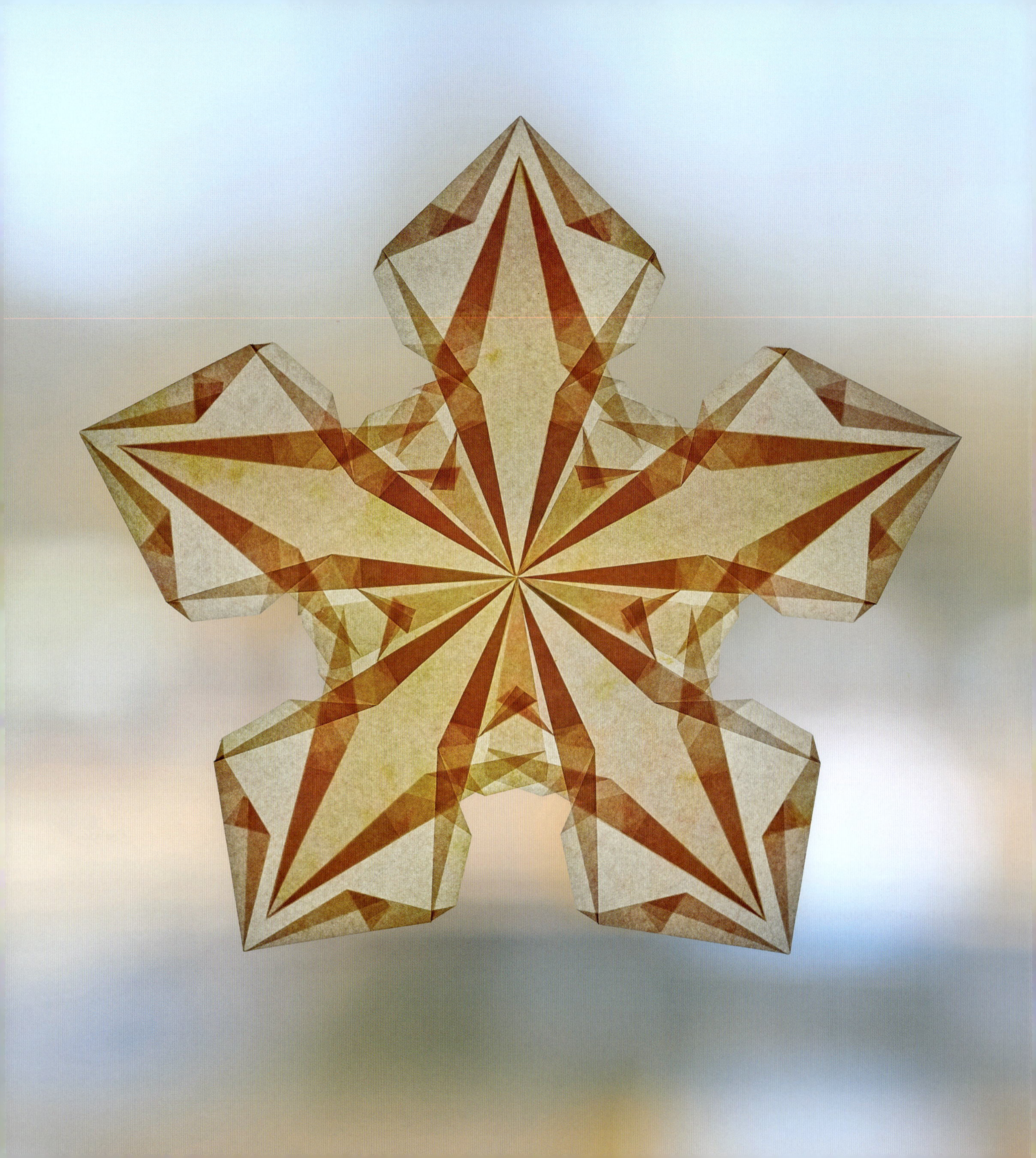

Pollux ****

Fünfstrahlig
Ø 35 cm, Schnitt 5
Ø 25 cm, Schnitt 4

Die vielfältigen fantasievollen Falten dieses Transparents erwecken den Anschein, als ob leuchtende Strahlenwirkungen aus dem Sternbild der Zwillinge in das Gebilde hereinspielen. Dieser «Pollux»-Fünfstern erweitert die Faltmöglichkeiten von «Castor» und stellt eine verfeinerte Metamorphose des vorigen Sterns dar.

Nehmen Sie fünf Streifenschnitte, wie oben angegeben. Die lange Mittellinie bilden. Wieder öffnen. Greifen Sie auf die Anfangsanleitungen von «Castor» (S. 127) bis einschließlich Schritt 4 zurück. Allerdings werden bei Schritt 1 die (Z)-Falten ausgelassen! *Dann drehen Sie Ihren Schnitt, aber nur so, dass die Spitze (S) zum (Z)-Zentrum wird und umgekehrt.* Abb. 1: Mit einer scharfen Messerklinge (oder Rasierklinge) schlitzen Sie vorsichtig die Ansätze der (Z)-Seitenkanten auf (rote Striche). Die zwei unteren Eckchen der obersten Papierschicht auf die Innenkanten zurückknicken. Nicht kleben! Danach legen Sie im (S)-Bereich die angezeigten Innenflügel so nach außen, dass einerseits ihre unteren Kanten auf die darunterliegenden Falten treffen (dicke schwarze Punkte) und andererseits ihre Innenkanten nach oben fein spitz verlaufen.

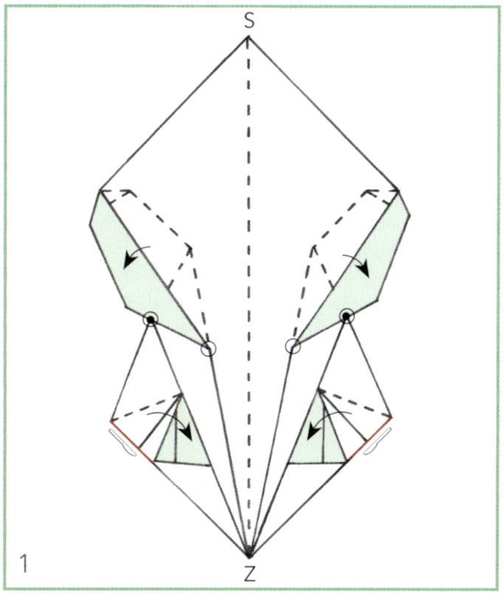

1

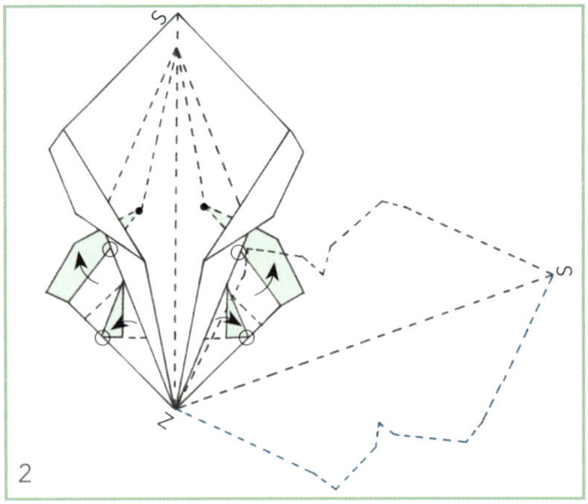

2

Abb. 2: Knicken Sie die unteren Eckchen am (Z)-Bereich zurück. Kleben. Am Schluss heben Sie leicht die obersten (S)-Seitenflügel, um die darunterliegenden angezeigten Kanten zu befreien. Diese werden so weit zurückgeknickt, bis ihre spitzen Winkel an die kleinen schrägen Kanten (schwarze Punkte) stoßen. Kleben. Anschließend erfolgt die Zusammensetzung mit dem fünfstrahligen Diagramm.

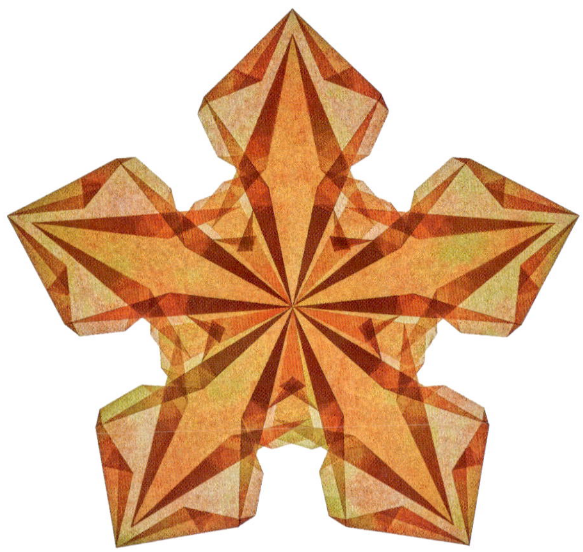

Sommersonnenwende ****

Achtstrahlig
Ø 45 cm, Schnitt 14
Ø 33 cm, Schnitt 11
Ø 22 cm, Schnitt 12

Dieses mächtige, ausdrucksvolle Transparent zeigt eine gewisse Starrheit im mittleren Bereich. Durch die steifen Strahlen des Achtsterns ist so etwas wie ein Stillstand der Zeit eingetreten. Dagegen deutet sich im Sonnenkern eine leicht drehende Bewegung an, die sich bei den Außenstrahlen zu einem Flammenwirbel entwickelt.

Diese Sonne verlangt eine gewisse Exaktheit und ausnahmsweise bestimmte Abmessungen bei Schritt 2. Deswegen ist hier ein vorpräpariertes Seidenpapierblatt nicht geeignet. Nehmen Sie acht Streifenschnitte, wie oben angegeben. Die lange Mittellinie falten. Öffnen. Bilden Sie an einem Schnittende die Grundfalten 1 und 2 (S. 28).
Abb. 1: Befestigen Sie hier gleich mit dem angegebenen Klebepunkt an der Mittellinie die Grundfalte 2, bevor Sie die angezeigte Grundfalte 3 bilden. So vermeiden Sie, dass die unteren Ecken dabei wegrutschen. Dann die (S)-Spitze öffnen. Vier Klebepunkte. *Wenden Sie jetzt den Schnitt (Rückseite).*
Abb. 2: Klappen Sie die (Z)-Basiskante je nach Schnittgröße um. Beachten Sie dabei den Abstand vom (Z)-Zentrum aus;

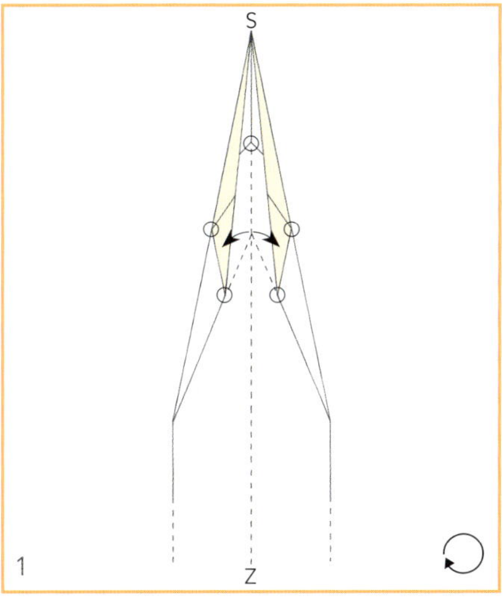

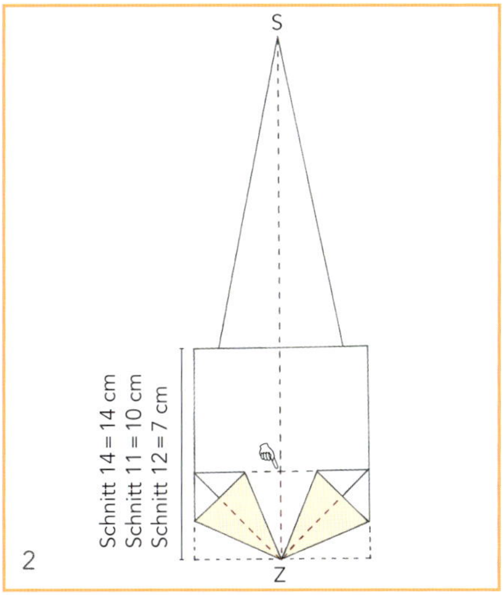

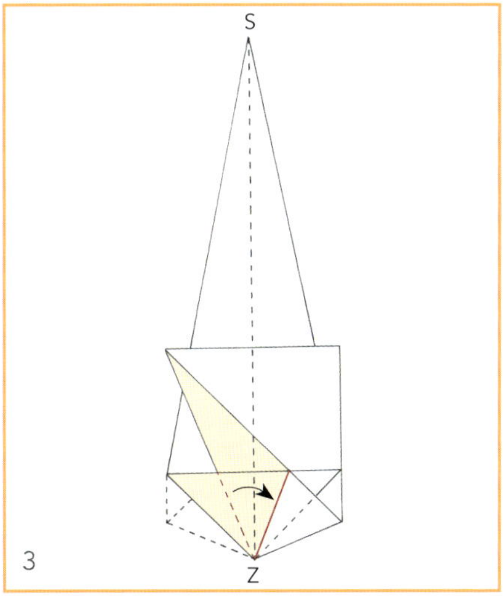

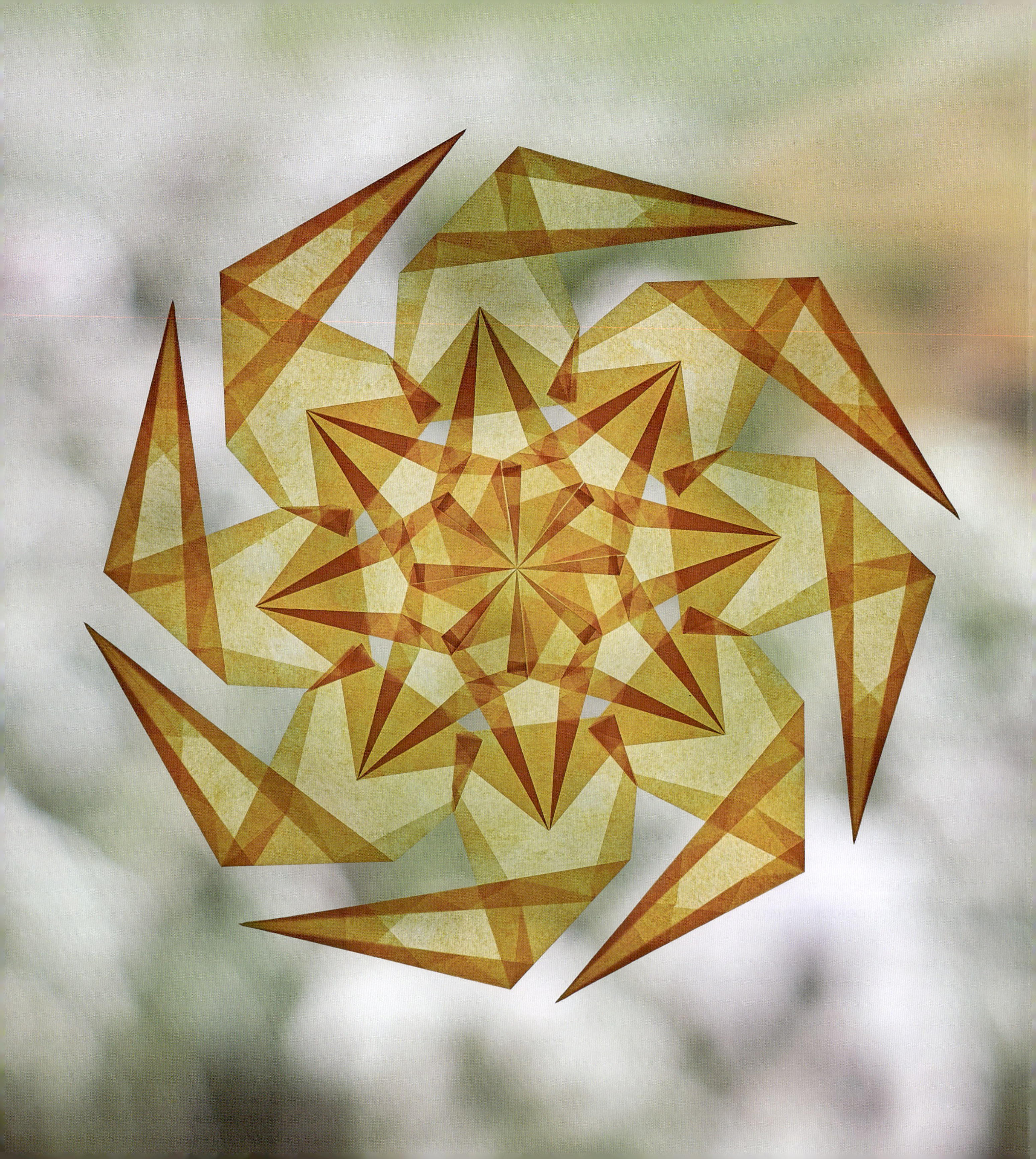

für die drei verschiedenen Schnittgrößen gelten folgende Abstände:

für 45 cm Ø, Schnitt 14: Abstand von 14 cm
für 32 cm Ø, Schnitt 11: Abstand von 10 cm
für 22 cm Ø, Schnitt 12: Abstand von 7 cm.

Zuerst kommt die Grundfalte 1. Gleich anschließend bilden Sie die zwei «Trichterfalten» (S. 29).

Abb. 3: Die Innenkante der linken Trichterfalte wird auf die innere Kante der rechten gelegt (Pfeil und roter Strich).

Abb. 4: Nach der Zeichnung vorgehen. Kleben. Vorsicht: *Die untere Papierschicht nicht mitkleben!* Dann genauso exakt denselben Faltprozess von Abb. 3 bis 4 für die rechte Trichterfalte vollziehen. Dabei genau darauf achten, dass die Mittellinie immer geradlinig verläuft.

Abb. 5: Weiter am (Z)-Zentrum – knicken Sie im Zweierschritt die angezeigten Falten zurück. Kleben, aber Vorsicht: die unterste Schicht nicht mitkleben! So sieht der jetzige Stand aus.

Abb. 6: Nun kommt wieder der Kunstgriff: Legen Sie am besten den Schnitt mit dem (Z) nach unten an die Tischkante vor sich hin. Heben Sie das (Z) leicht hoch und *wenden Sie den ganzen Schnitt*, damit Sie gleichzeitig im Handumdrehen das Zentrum umstülpen können: Die (Z)-Basis-Kante (in Abb. 5 rot markiert) wird durch die rotierende Bewegung so umgeklappt, dass sie darunter versetzt wird (roter Strich). Das alte (Z) wird dann auf die Mittellinie geklebt.

Anschließend bei der neuen (Z)-Kante die Grundfalte 1 bilden. Die beiden unteren Ecken zurückknicken.

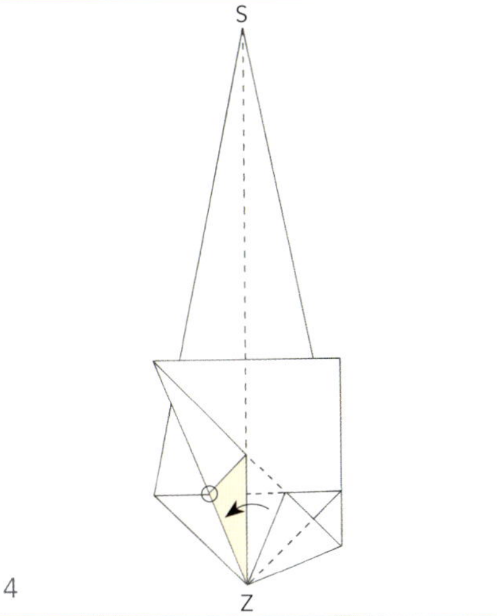

4

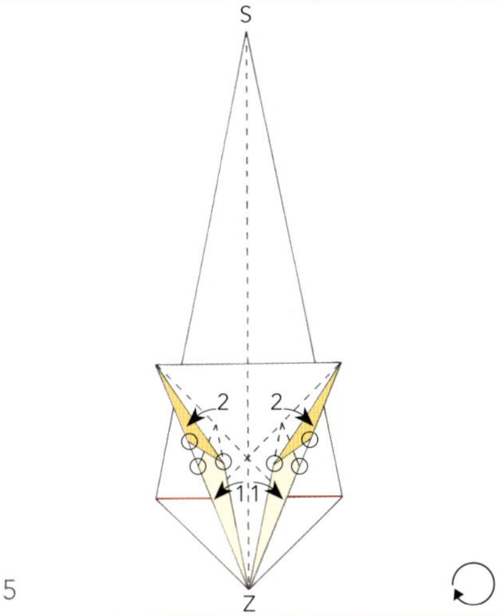

5

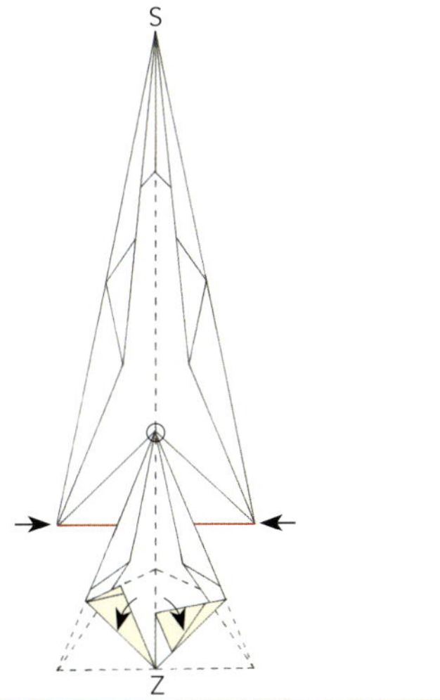

6

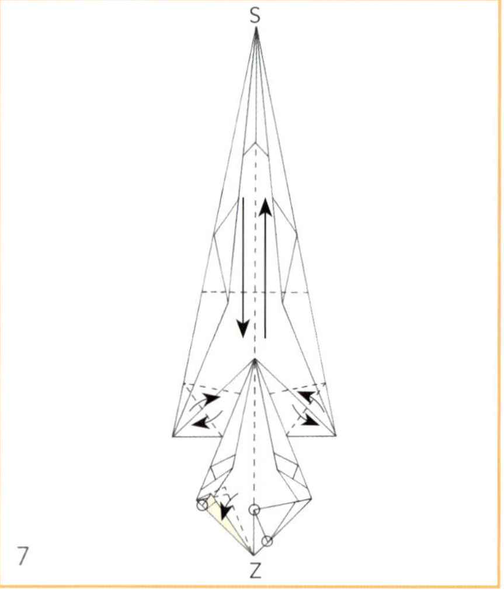

7

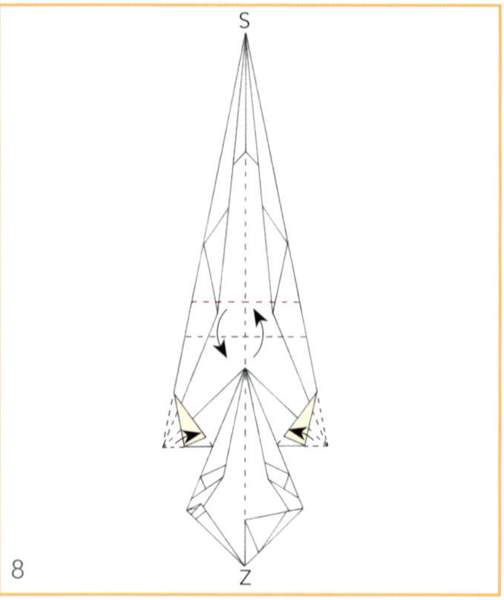

8

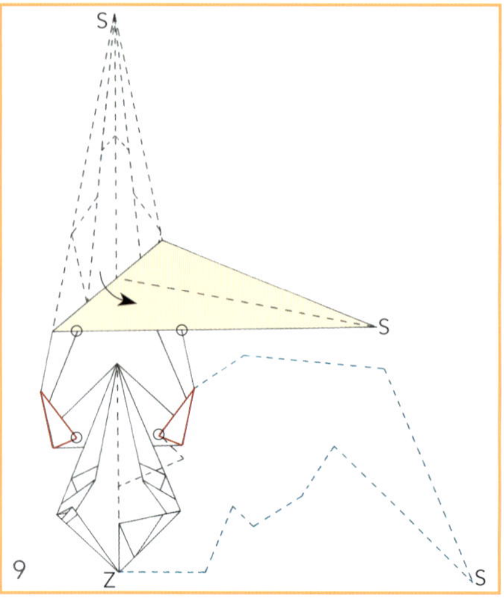

9

Abb. 7: Am linken (Z)-Zentrum fertig falten. Kleben. Es kommen noch zwei verschiedene Vorbereitungsfalten. Erstens: an den beiden Ecken vom (Z)-Bereich; und zweitens: durch Umknicken von (S) auf (Z). Wieder öffnen.

Abb. 8: Wieder eine Vorbereitungsfalte an der Schnittmitte: Kniffen Sie die eben gebildete Hilfslinie (rot punktiert) und tragen Sie sie auf den angezeigten Winkel (schwarzer Punkt) herab. Wieder öffnen. Am (Z)-Bereich knicken Sie die zwei Ecken zurück. Aber nicht kleben!

Abb. 9: Jetzt die (S)-Spitze nach rechts auf die neue Hilfslinie umbiegen. Kleben.

Die Zusammensetzung für die achtstrahlige Sonne ist einfach (siehe S. 24f.). Die noch losen Ecken vom (Z)-Bereich müssen sich richtig überlappen (siehe rot markierten Umriss). Falls eine minimale Unregelmäßigkeit besteht, können Sie leicht nachkorrigieren. Erst dann kleben.

Die entstandenen spitzigen Ecken nehmen sich bei diesem Transparent wie dekorative «Funken» an dem hellen Achteck aus.

Das flammende Sonnenrad erreicht seinen höchsten Stand am Sommerhimmel …

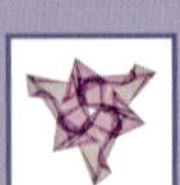
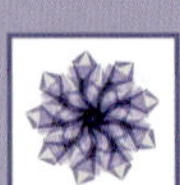
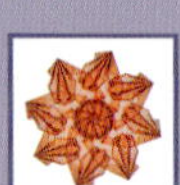

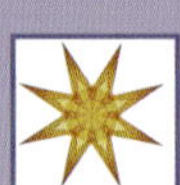
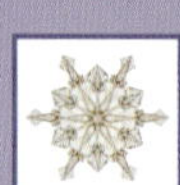

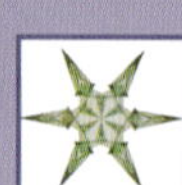
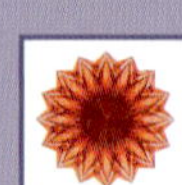

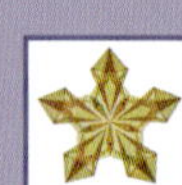

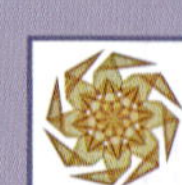